浙江省生态经济促进会组织编写
《浙江生态经济发展报告》年度系列

2017/2018浙江生态经济发展报告

——生态旅游发展的浙江实践

谢慧明 张 迅 李植斌 等著

中国财经出版传媒集团
中国财政经济出版社

图书在版编目（CIP）数据

2017/2018 浙江生态经济发展报告：生态旅游发展的浙江实践/谢慧明等著. —北京：中国财政经济出版社，2018.1
ISBN 978 – 7 – 5095 – 7917 – 6

Ⅰ.①2… Ⅱ.①谢… Ⅲ.①生态经济 – 经济发展 – 研究报告 – 浙江 – 2017 – 2018 Ⅳ.①F127.55

中国版本图书馆 CIP 数据核字（2017）第 304416 号

责任编辑：周桂元　　　　　　　责任校对：胡永立
封面设计：秦聪聪　　　　　　　责任印制：张　健

中国财政经济出版社 出版

URL：http：//www.cfeph.cn
E – mail：cfeph @ cfeph.cn

（版权所有　翻印必究）

社址：北京市海淀区阜成路甲 28 号　邮政编码：100142
营销中心电话：010 – 88191537　北京财经书店电话：64033436　84041336
北京富生印刷厂印刷　各地新华书店经销
787×1092 毫米　16 开　17.5 印张　233 000 字
2018 年 4 月第 1 版　2018 年 4 月北京第 1 次印刷
定价：54.00 元
ISBN 978 – 7 – 5095 – 7917 – 6
（图书出现印装问题，本社负责调换）
本社质量投诉电话：010 – 88190744
打击盗版举报热线：010 – 88191661　　QQ：2242791300

《2017/2018浙江生态经济发展报告
——生态旅游发展的浙江实践》

组织编写： 浙江省生态经济促进会
编委会主任： 沈满洪
承担单位： 浙江省哲学社会科学重点研究基地
　　　　　　——浙江省生态文明研究中心
作　　者： 谢慧明　张　迅　李植斌　邓　进
　　　　　　张　蕾　申　晨　沈玲佳　陈柏燚
　　　　　　赵忠诚　赵容丽　吴应龙　张婉清
　　　　　　马　捷　赵　冰　张璇珂

序　言

　　2005年8月15日,时任中共浙江省委书记的习近平同志到安吉天荒坪镇余村考察时,明确提出了"绿水青山就是金山银山"的科学论断。2005年8月24日,习近平同志在《浙江日报》的"之江新语"栏目发表了《绿水青山也是金山银山》的文章。文章指出:"如果能够把这些生态环境优势转化为生态农业、生态工业、生态旅游等生态经济的优势,那么绿水青山也就变成了金山银山。绿水青山可带来金山银山,但金山银山却买不到绿水青山。绿水青山与金山银山既会产生矛盾,又可辩证统一。"2017年10月18日,习近平同志在中国共产党第十九次代表大会上再一次强调:"必须树立和践行绿水青山就是金山银山的理念,坚持节约资源和保护环境的基本国策,像对待生命一样对待生态环境,统筹山水林田湖草系统治理,实行最严格的生态环境保护制度,形成绿色发展方式和生活方式,坚定走生产发展、生活富裕、生态良好的文明发展道路,建设美丽中国,为人民创造良好生产生活环境,为全球生态安全作出贡献。"

　　浙江省委、省政府一直以来自觉践行"两山"重要思想。2003年7月,浙江省委十一届四次全会提出"八八战略",明确了"进一步发挥浙江的生态优势,创建生态省,打造'绿色浙江'"。2012年12月，浙江省委召开十三届二次全会通过的《中共浙江省委关于认真学习贯彻党的十八大精神，扎实推进物质富裕精神富有现代化浙江建设的决定》提出建设"美丽浙江"。2014年5月23日，浙江省委十三届五次全会通过的《中共浙江省委关于建设美丽浙江创造美好生活的决定》指出，建设美丽浙江、创造美好生活，即"两美浙江"。浙江省生态文明建设之路正越走越好，也越走越宽。发展生态旅游便是浙江全面建设生态文明和彰显生态文明建设成效的有效途径，也是实现区域旅游脱贫和精准扶贫的有效战略。2000年以来，浙江省生态旅游实践在各地如火如荼地开展，"农家乐"、"洋家乐"、"渔家乐"、"民宿"等新兴旅游业态在浙江大地遍地开花，滨海生态旅游、湿地生态旅游、山水生态旅游、生态旅游产业和生态文化旅游等各个层面的"浙江实践"异彩纷呈。

虽然国际自然保护联盟（IUCN）特别顾问 Hector Ceballos-Lascurain 早在 1983 年便正式提出了"生态旅游"的概念，但是国内外生态旅游实践过程却遭遇了各种瓶颈。一方面，人们对生态旅游的认识并不充分。有一些学者认为旅游是一种意识或主义，生态旅游就是一种生态意识或生态主义，它是指人们在旅游过程中所秉持的一种思想，"形而上"的色彩十分浓郁。有一些实践者则认为生态旅游是一个大杂烩，凡是与生态产品相关的旅游业态都可以归结为生态旅游。狭义和广义、理论与实践层面上对生态旅游认识的不一致使得生态旅游的发展之路充满争议。另一方面，生态旅游在发展过程中往往面临着开发、投资、消费和系统性矛盾等突出的问题，具体包括生态旅游资源过度开发、生态自然环境严重破坏、生态旅游开发规划不合理、生态旅游产品开发同质化、投资主体行为不规范、投资项目缺乏规划、投资渠道过于狭窄、文化产业投资过度商业化、基础设施投资全面性不足、消费者生态保护意识不强、消费服务信息化覆盖不够全面、生态旅游消费结构有待优化、生态旅游消费品的价格偏高、缺乏生态旅游消费激励机制、生态旅游者主体性缺失和异化、生态旅游区管理体制不健全、生态旅游系统法制化发展缓慢等。诸如此类现实问题亟待分析、关注与解决。当然，浙江生态旅游发展的早期探索和地区实践也为全面实施生态旅游发展战略积累了初步经验，譬如始终坚持生态旅游政府主导、积极推动生态旅游标准化认证、努力实施生态旅游全域化工程、大力提倡生态旅游均衡发展、不断创新生态旅游发展模式。因此，遵循"战略思想——具体做法——突出成效——基本经验——主要问题——关键对策"的思路，回顾生态旅游发展的典型浙江实践、全面总结生态旅游发展的浙江经验、深入剖析生态旅游面临的主要问题对于促进生态旅游可持续发展、实现旅游扶贫和精准扶贫等地方政府的具体战略和建设美丽浙江、美丽城市和美丽乡村等具有重要的意义。

总之，《2017/2018浙江生态经济发展报告——生态旅游发展的浙江实践》是继《2012浙江生态经济发展报告》、《2013浙江生态经济发展报告》、《2014/2015浙江生态经济发展报告——"五水共治"的回顾与展望》和《2016浙江生态经济发展报告——生态文明制度建设的浙江实践》后的又一部数据翔实、内容丰富、特色鲜明的省级层面的生态经济发展报告。本报告受浙江省生态经济促进会委托，由浙江省哲学社会科学重点研究基地——浙江省生态文明研究中心组织专家学者编撰。课题组在撰写过程中坚持理论联系实际，并在生态旅游发展指标问题上实现了可量化，在生态旅游发展模式问题上实现了可比较，在生态旅游发展经验问题上实现了可推广。本书是一本兼具理论性与实践性的读物，对于关注生态旅游的研究者和实践者具有重要的参考价值。作为该书征求意见稿和最终定稿的审读者，我为作者们富有创新性的研究而感到欣慰，并向读者们推荐该书。

宁波大学校长

浙江省生态经济促进会会长　沈满洪

浙江省生态文明研究中心首席专家

2017 年 10 月 25 日

目 录

总 论 ··· (1)

  生态旅游发展的浙江实践 ································ (3)

    一、生态旅游发展的战略思想 ························ (3)

    二、生态旅游发展的具体做法 ························ (12)

    三、生态旅游发展的突出成效 ························ (30)

    四、生态旅游发展的基本经验 ························ (35)

    五、生态旅游发展的主要问题 ························ (39)

    六、生态旅游发展的主要对策 ························ (49)

分 论 ··· (71)

  分论之一：滨海生态旅游发展的浙江实践 ············· (73)

    一、浙江滨海生态旅游发展的基本做法 ·············· (73)

    二、浙江滨海生态旅游发展的主要成就 ·············· (84)

    三、浙江滨海生态旅游发展的基本经验 ·············· (88)

    四、浙江滨海生态旅游发展存在的问题 ·············· (98)

    五、浙江滨海生态旅游发展的对策建议 ·············· (101)

  分论之二：湿地生态旅游发展的浙江实践 ············· (109)

    一、浙江湿地生态旅游发展的成功案例 ·············· (110)

    二、浙江湿地生态旅游发展的主要成就 ·············· (124)

    三、浙江湿地生态旅游发展的基本经验 ·············· (130)

四、浙江湿地生态旅游发展存在的问题 …………………（137）
五、浙江湿地生态旅游发展的对策建议 …………………（140）

分论之三：山水生态旅游发展的浙江实践 …………………（147）
一、浙江山水生态旅游发展的历史回顾 …………………（147）
二、浙江山水生态旅游发展的典型模式 …………………（157）
三、浙江山水生态旅游发展的基本经验 …………………（172）
四、浙江山水生态旅游发展存在的问题 …………………（178）
五、浙江山水生态旅游发展的对策建议 …………………（181）

分论之四：生态旅游产业发展的浙江实践 …………………（186）
一、浙江生态旅游产业发展的历史回顾 …………………（186）
二、浙江生态旅游产业发展的典型模式 …………………（190）
三、浙江生态旅游产业发展的总体成就 …………………（202）
四、浙江生态旅游产业发展的基本经验 …………………（209）
五、浙江生态旅游产业发展的主要问题 …………………（216）
六、浙江生态旅游产业发展的对策建议 …………………（219）

分论之五：生态文化旅游发展的浙江实践 …………………（226）
一、浙江生态文化旅游发展的历史回顾 …………………（226）
二、浙江生态文化旅游发展的典型模式 …………………（232）
三、浙江生态文化旅游发展的基本经验 …………………（242）
四、浙江生态文化旅游发展的主要问题 …………………（247）
五、浙江生态文化旅游发展的对策建议 …………………（254）

附录：浙江生态旅游发展中的企业实践 …………………（265）

总　　论

总 针

生态旅游发展的浙江实践

发展生态旅游是生态文明建设大背景下实现旅游业可持续发展的必由之路，也是实现国家和地区旅游脱贫和精准扶贫的有效战略。浙江省城乡协调发展水平全国领先，生态文明建设也走在全国前列，回顾和总结浙江省生态旅游发展的历程、做法、经验和成效对于进一步明确美丽浙江建设过程中旅游业的贡献十分重要，而且对其他地区生态旅游发展同样具有重要的启示意义。虽然"生态旅游"概念的提出较早，然而在中国和浙江的实践也就二十来年，实践中各地区对生态旅游的认识也并不充分或十分泛化。本篇将基于浙江省188家4A级景区和5A级景区的携程数据对生态旅游发展水平进行测度以明确浙江省生态旅游发展的标准化思路和均衡化路径，将基于浙江省生态旅游发展的实践和政策探索揭示浙江省生态旅游发展过程中的政府定位和创新模式，将基于浙江省生态旅游发展战略和思路找出旅游业发展过程中可能面临的突出问题并提出相应对策。

一、生态旅游发展的战略思想

（一）生态旅游的概念

人类社会经过了农业文明、工业文明和生态文明三个阶段。在农业文明时期，人类社会简单依附于自然界，人与自然的关系是简单的索取与被索取，人类对自然抱有敬畏和崇拜之心。在工业文明时期，工业化和机械化的生产增加了人类对自然资源的需求,同时科技发展也增强了人类挖掘自然资源的能力,人类社会从依附于自然向征服自然转变。对自然界粗犷地掠夺和蛮横地征服造成了人与自然的紧张关系,同时也引发了环境污染、全球变暖、植被破坏、生物灭绝等一系列生态问题。日益严重的生态危机不断威胁着人类的生存与发展,人们开始意识到人与自然和谐相处的重要性,生态文明的理念应运而生,人类社会进入生态文明发展阶段。生态文明追求的是人类社会与生态环境的有机统一,强调可持续发展。

从工业文明到生态文明,旅游业也经历着从传统旅游向生态旅游的转变。1983年,国际自然保护联盟(IUCN)特别顾问Hector Ceballos-Lascurain首次正式提出"生态旅游"的概念。1990年,国际生态旅游协会将其定义为:在一定的自然区域中保护环境并提高当地居民福利的一种旅游行为。随后,生态旅游的思想随着全球化的潮流进入中国,得到了积极反响与回应,激发出旺盛的活力,其内涵也被不断地深入与丰富。学者们结合生态旅游在中国发展的实际情况,提出了各自的见解,大致可以分为三类:第一类观点侧重生态旅游应满足保护和发展的目标,将旅游发展与社区发展、环境保护相结合。第二类观点侧重生态旅游是向市场提供一类没有或很少受到干扰和破坏的自然和原生文化遗存的旅游产品;认为这种类型的旅游活动对环境影响小,可增加旅游者的环境意识(刘家明、杨新军,1999)。第三类观点既认为生态旅游强调环境保护责任又向社会提供一种回归自然的旅游产品(李东和、张结魁,1999)。总之,生态旅游是指以自然界为对象、以生态学思想为指导、以可持续发展为理念所展开的既能获得旅游者身心愉悦,又能获得社会经济绩效,还能保护生态环境的集社会效益、经济效益和生态效益的人类活动。它具有以下基本特征:

第一,以自然界为依托。工业文明的生态危机使人类意识到,人与自然不是征服与对立的关系。人类社会起源于自然界,人类的生产与生活资料都来源于自然界,人类的生存、繁衍和发展都依附于自然界。生态旅游的对象就是与人类共生的自然界的自然生态系统以及在此基础上合理开发的人文生态系统。生态旅游地主要包括自然保护区、风景名胜区、国家公园、森林公园以及生态实验站。这类旅游地的共同特点是保持着大自然的原有风貌和良好的生态环境，有些还有丰富独特的人文积淀、浓郁的风俗民情（刘家明、杨新军，1999）。

第二，以生态学为指导。旅游业是资源型产业，它的可持续发展需要自然资源的永续利用。传统旅游业存在诸多内在矛盾，最主要的就是生态资源与旅游产业发展的矛盾。它虽然能够带动地区经济的发展和提高居民收入，但也会造成生态资源的损耗与破坏。生态旅游以生态学规划思想为指导，很大程度上协调了两者之间的矛盾。生态规划指导思想的精髓在于，以社会经济发展为参数，以环境生态容量与潜力为约束机制，通过系统动力学模型进行优化，取得在保证环境与生态效益前提下的经济发展最佳目标（郭来喜，1997）。

第三，旅游活动的效益性。生态旅游强调以生态效益为前提，以经济效益为依据，以社会效益为目标，力求达到三者结合的综合效益最大化（李东和，1999）。传统的旅游业只片面追求经济利益，忽略了由此带来的自然资源的消耗和生态平衡的破坏，无法实现旅游产业可持续发展。生态旅游在兼顾了经济绩效和生态绩效，推动旅游产业长久发展的同时，给人们提供了修身养性、陶冶情操的场所。让人们感受名山大川的魅力，体味大自然的恩泽，获得全新的精神与物质享受。

第四，强调旅游责任。生态旅游活动的从业者和生态旅游的旅游者应该分别承担旅游地生态环境的维护责任。旅游从业者是生态旅游活动经营者、组织者、管理者，他们的使命就是管理旅游地事务，维护当地生态平衡。对当地生态旅游可持续发展负有最直接责任（卢云亭，1996）。旅游者在旅游地进行旅游活动的同时，应该考虑自身对环境、生态、文化的影响。旅游者必须履行生态义务、奉行生态道德、对生态旅游地的可持续发展负间接责任。

（二）浙江生态旅游的发展沿革

生态旅游思想对国内旅游业发展产生了深远影响。浙江作为全国重点旅游省份，拥有丰富的自然资源，自然风光与人文景观交相辉映，生态旅游发展基础良好。生态旅游业的迅猛发展又推动了浙江生态旅游地的建设和保护。浙江积极拓展生态旅游发展思路、改进生态旅游发展策略、完善全省旅游业发展策略经历了如下三个发展阶段：1978—1999年的传统旅游发展阶段，2000—2013年的生态旅游业探索阶段，2014至今的生态旅游业全面发展阶段。

第一阶段是传统旅游发展阶段（1978—1999）。在这一阶段，政府注重传统旅游业的发展，将经济收益作为旅游产业发展的第一考虑因素，该阶段旅游业发展有两个特点。第一，经济效益明显。浙江抓住了改革开放的历史机遇，在开发和利用旅游资源的基础上推出了一系列政策措施推动旅游业发展。1978年4月19日，浙江省旅行游览事业管理局成立；1983年5月17日，改为浙江省旅游局。1987年1月5日，浙江省旅游学会成立；1988年，改名为浙江省旅游协会。1996年1月，全省旅游工作会议召开，会议提出把旅游业作为重要产业来抓，尽早将浙江省建设成旅游经济发达省份。在1997年3月的全省旅游工作会议期间，省政府下发了《关于加快旅游业发展若干意见的通知》，确定将旅游业作为全省的支柱产业。"八五"期间，浙江旅游业发展水平不断提高。在全国各省（市、自治区）中，接待海外旅游者人数和创汇数分别从"七五"期末的第七位和第八位上升到第六位，仅次于广东、北京、上海、福建、江苏。第二，环境破坏和资源损耗严重。浙江传统旅游产业得到大力发展的同时也出现不少问题，主要是：（1）旅游地污染严重、生态破坏。由于游客缺乏环保意识，旅游景点内的环境破坏更加严重，各个景区内随处可见各种垃圾、污水等。例如，太湖等旅游名地，由于常年"超负荷"接收游客，已经被严重污染（赵璐琪，2014）。（2）不合理地开发造成景区人文价值和社会价值不可逆转的损害。在很多景区的开发上，人们片面地追求经济效益，缺乏对景区历史文化内涵的挖掘。昔日的名山大川、自然奇观，那些存在在记忆里的美好，如今充斥着商业和工业的气息。（3）缺乏旅游资源整合。地区旅游开发各自为政，旅游规划和项目策划总体水平不高，旅游产品市场化程度低且产品雷同，有的甚至是低水平重复，资源浪费问题突出。此外，地区发展的不平衡造成了各资源共享能力差且区域旅游的分工协作体系不健全（张芳，郑胜华，2004）。

第二阶段是生态旅游萌芽阶段（2000—2013）。在这一阶段，人们开始寻求一种方式来缓解传统旅游业所带来的生态破坏、环境污染等问题，生态旅游思想开始受到政府的重视。这个阶段的旅游有两个特点。第一，旅游地管理制度日渐完善。2000年12月28日，浙江省第九届人民代表大会常务委员会第二十四次会议通过了《浙江省旅游管理条例》，提出保护和合理开发利用旅游资源，规范旅游市场秩序，改善旅游环境，坚持环境效益、社会效益、经济效益相统一的原则。2006年4月20日，浙江省政府发布《浙江省自然保护区管理办法》，规范自然保护区建设和管理，保护自然环境、自然资源和生物多样性，维护自然生态平衡。2011年，浙江省第十一届人大通过《浙江省风景名胜区条例》，旨在加强对风景名胜区的管理，有效保护和合理利用风景名胜资源。第二，旅游体现生态思想。2003年，《浙江省生态省建设总体规划纲要》提出大力发展生态经济、改善生态环境、培育生态文化，全面推进"绿色浙江"建设，走生产发展、生活富裕、生态良好的文明发展道路。该纲要把生态旅游列入生态省建设，要求把生态观念和生态文化融入旅游的各个环节，使生态旅游成为浙江省的重要品牌，带动全省旅游业整体水平的提高（俞益武、于由，2004）。同年，浙江提出创建生态省，旅游产业实力明显增强，产业规模迅速扩张，产业素质大幅提升。2006年《全国生态环境状况评价报告》显示，浙江省的生态环境总体状况以总分87.1分名列全国第一。在全国14个生态省试点中，浙江省经济总量大与环境容量小的矛盾最为突出，极具代表性（卢晓梅，2008）。2008年，浙江省旅游局确定该年为"旅游重点项目推进年"。

第三阶段是生态旅游全面发展阶段（2014— ）。2014年以来，浙江进入了生态旅游发展的新时期，这一阶段的特征包括以下两个方面。

第一，旅游规划科学合理。2014年，浙江省发布《旅游产业发展规划(2014—2017)》，提出以"一核两翼五圈多点"为总体构架，着力提升杭州旅游的核心带动作用，大力推进"东扩西进"两翼发展，加快建设浙北、浙东、浙东南、浙中和浙西南五大旅游经济圈，加快培育多层级、多类型的优秀旅游目的地，不断提高全省旅游业空间运行的整体效率。第二，生态保护与旅游开发完美契合。2014年3月，浙江省台州市仙居县和浙江省衢州市开化县开始了国家公园试点工作。国家公园制度旨在保护一个地区生态系统的完整性，实现生态资源开发和保护的双赢。浙江国家公园的试点实践，走在全国的前列，为全国提供了生态旅游创新发展的样本。

（三）浙江生态旅游发展战略

1. 顺应自然与细水长流

顺应自然是指遵循大自然的规律，在大自然的规律之下行动。这里的顺应指的不是被动顺服，而是主动遵循与契合。细水长流是指合理有序地开发自然资源，在自然界可接受范围内进行人类活动。1987年，世界环境及发展委员会指出，可持续发展是既满足当代人的需求又不对后代人满足其需求的能力构成危害的发展。它既要求达到发展经济的目的，又要求保护好人类赖以生存的大气、淡水、海洋、土地和森林等自然资源和环境，使子孙后代能够永续发展和安居乐业。可持续发展的核心是发展，但要求在严格控制人口、提高人口素质和保护环境、资源永续利用的前提下进行经济和社会的发展。顺应自然与细水长流思想就是可持续发展思想在生态旅游行业的具体体现。它要求人们开发旅游资源和进行旅游活动时，要契合自然规律，有序并且合理地开发旅游资源；不仅要满足当代人的旅游需求，还要给子孙后代留下有价值的自然景观。

顺应自然与细水长流战略主要有两方面举措：一是制定生态旅游战略。2002年，《浙江省可持续发展规划纲要》明确提出要加大对风景旅游资源的保护与可持续利用。2003年浙江的"八八战略"提出要进一步发挥浙江的生态优势，创建生态省，打造"绿色浙江"。2016年，浙江制定《浙江省旅游业发展"十三五"规划》，将绿色发展作为基本原则，助推美丽浙江建设，将"绿水青山"转变为"金山银山"。二是全面推进旅游生态化发展。积极倡导资源保护型旅游开发、资源节约型旅游经营和环境友好型旅游消费。规划一批以旅游业为主导的主体功能区。加快推进旅游目的地的绿化、洁化和美化，打造更高品质的生态旅游环境和旅游产品。

2. 和谐共存与天人合一

生态系统由生物和环境构成统一的整体。在这一整体中，生物与环境之间相互影响、相互制约，并在一定时期内处于相对稳定的动态平衡状态。早在古代，以老子和庄子为代表的道家就提出了"天人合一"的思想。《庄子·齐物论》中这样记载："天地与我并生，而万物与我为一"。在道家看来，天是自然，而人是自然的一部分。人作为自然界中最活跃的要素，应该和自然和平共处，人与物质、物质与物质极度巧妙完美的结合。和谐共存与天人合一的生态旅游思想讲究自然景观和人类组成一个有机整体。

和谐共存与天人合一战略主要对应两方面举措：一是全面推行全域旅游。积极呼应全省"一体两翼"总体框架，围绕"一核两翼四圈多点"的旅游业布局，切实发挥四大都市区在区域旅游发展的主导地位，加快"东扩"发展海洋海岛旅游、"西进"发展生态旅游和乡村旅游，优化空间组织秩序，提高空间运行效率。全域旅游举措实现了自然资源内部的和谐统一。二是全面推动融合发展。充分利用旅游业综合性、关联性、带动性强的特点，加强旅游与文化、体育、农业、工业、林业、水利、交通、商业等相关产业和行业的融合，不断拓展旅游发展空间，催生旅游新产品、新业态和新模式，创造旅游消费新热点，增加旅游消费市场有效供给，使旅游业进一步成为带动国民经济转型发展和满足国民旅游消费需求的综合性大产业。

3. 传承文明与弘扬文化

从夸父追日、女娲补天的神话故事，到春秋战国时期诸子百家思想的争鸣，再到苏轼笔下的"大江东去，浪淘尽，千古风流人物"。中华文化源远流长，其最精华的部分在历史的长河中沉淀，渗透在人类文明的每一个角落。各个名山大川、风景名胜是人类文明的见证者，是中华文化的保存着。传承文明与弘扬文化的生态旅游思想是指在生态的开发之中，深度挖掘旅游地的文化底蕴，让游客在旅游过程中体会和理解传统文化。

传承文明与弘扬文化战略主要对应两个方面举措：一是深度挖掘生态文化旅游。充分利用多样化文化旅游资源，创新开发利用手段和产品表现形式，把特色文化内涵和地域文化元素融入生态旅游项目建设的全过程、生态旅游消费的各环节和生态旅游活动的各方面，增强生态文化旅游的参与性、体验性、娱乐性和教育性。二是加强生态文化品牌建设。构建"诗画浙江"品牌体系。加强对"诗画浙江"品牌的研究、建设与传播，将"诗画浙江"作为浙江生态旅游的整体品牌形象。

4. 回归自然与神形兼养

《黄帝内经》指出："形乎形，目冥冥。问其所病，索之于经，慧然在前，按之不得，不知其情，故曰形。""神乎神，耳不闻。自明心开而志先，慧然独悟，口弗能言，供视独见，适若昏，昭然独明，若风吹去，故曰神。"也就是说，"形"就是现实的可感知的人体，"神"则是可悟而不可见闻的精神意识。随着城市居民生活节奏的加快，人们身处在喧嚣、嘈杂的工作环境之中，身体的劳累和心情的烦乱都会损害人体的健康水平。回归自然与神形兼养的生态旅游思想指的是人们回归到静谧安宁的自然景观之中，锻炼身体的同时又带来身心愉悦。回归自然与神形兼养战略举措主要包括以下三个方面：一是培育发展森林旅游。依托森林生态景观、优质的森林环境、健康的森林产品、深厚的森林文化等资源，开发建设一批景观优美、林相优化、生态优良的森林旅游产品，打造一批进森林氧吧、品森林美食、赏森林美景的森林旅游品牌，促进林业产业转型升级。二是大力发展体育旅游。加强健身休闲、竞赛表演与旅游活动的融合发展，支持和引导有条件的体育运动场所面向游客开展体育旅游服务。积极开发步行、骑行、车行、马拉松、户外拓展、陆海垂钓、帆船冲浪、滑翔飞行、极限挑战等运动休闲旅游产品，打造体育旅游品牌。三是积极发展养生旅游。以温泉、湖泊、森林、湿地、海岛和乡村为依托，建设一批各具特色的养生旅游基地。利用整形整容、内外科、中医药等优质医疗资源，开发建设一批特色医疗、中医药疗养和美容保健等医疗养生旅游基地。

5. 生态修复与返璞归真

返璞归真是道教教义，其目的就是要通过自身的修行和修炼使生命返复到始初的状态，道教称之为"返璞归真"。所有的自然环境最初都处在纯净、美丽的原始状态。随着人类的发展，自然环境在各种人类活动中，失去了原有的美丽，甚至造成了严重的生态破坏。生态修复与返璞归真的生态旅游思想就是指对生态系统停止人为干扰，以减轻负荷压力，依靠生态系统的自我调节能力与自我组织能力使其向有序的方向进行演化，或者利用生态系统的这种自我恢复能力，辅以人工措施，使遭到破坏的生态系统逐步恢复或使生态系统向良性循环方向发展。生态旅游的开发要致力于修复生态系统，回归旅游地本来面貌，给旅客带来天然的环境享受。

生态修复与返璞归真战略主要采取三方面举措：一是重点区域生态保护。加大对重要生态功能区、生态环境敏感区和脆弱区的保护力度，确保钱塘江、瓯江、太湖等主要流域源头地区和海洋生态功能区维持原生态。加强湖泊和湿地生态保护，遏制面积萎缩、功能退化趋势。控制低丘缓坡开发，遏制水土流失。二是加大生态修复力度。坚持自然修复为主、人工修复为辅，让生态系统休养生息，对无法实现自我修复的生态系统开展工程修复。三是大力推进生态屏障建设。加强绿色生态屏障建设，加大森林资源保护力度，全面推进平原绿化和森林扩面提质，提升森林生态系统功能。加强海洋蓝色生态屏障建设，实施海域海岛海岸带整治修复重点工程，开展滨海生态走廊建设。

二、生态旅游发展的具体做法

(一) 生态旅游发展的浙江做法

浙江生态旅游发展具有代表性,也形成了"浙江做法"。第一,浙江生态旅游发展通过制定生态旅游发展战略规划,不断明确生态旅游目标。通过制定《浙江省旅游产业发展规划》、《浙江生态旅游生态旅游区总体规划》等,从战略层面为生态旅游健康发展提供重要的制度保障。一般而言,生态旅游规划包括生态旅游可持续发展目标,发展计划(近期、中期和远期),主要开发项目,战略布局,开发建设步骤,规划实施的主要措施,资金和人才需求等。它是一个以生态旅游资源为基础,充分考虑各地区、各行业综合协调发展的综合性的旅游发展规划。根据浙江省十一个地市独特的旅游资源优势,浙江省积极建设生态旅游大省,按照《旅游资源分类、调查与评价》的标准,对浙江全省的生态旅游资源进行全面的调查、评价与建档,摸清家底,把生态旅游产业作为重要支柱产业发展。

第二,浙江生态旅游发展注重基础设施建设,充分考虑生态旅游开发过程中涉及的资金、资源和知识的综合投入等问题。以浙江安吉为例,根据安吉竹乡特点,当地建立了完备的生态旅游接待系统、初步完善景区内道路基础设施建设,这一切都为生态旅游业的迅猛发展创造了良好的条件。安吉不断按照"四个一"的总体要求,打响最佳人居环境这一品牌,明确休闲度假旅游这一定位,突出旅游基础设施配套建设这一重点,加强、完善基础设施建设。浙江生态旅游的发展充分适应了市场经济的要求,从资源导向型的生态旅游产品转变为市场导向型的生态旅游产品开发,形成了新型的生态旅游产品观念和生态旅游品牌观念(陈剑峰,2004)。

第三,浙江生态旅游发展坚持政府主导、市场运作的原则,实行多元化投资机制。生态旅游开发需要一定的开发资金,比如在开发初期的基础设施建设、生态旅游宣传促销和长期的生态旅游资源保护等方面。

浙江在生态旅游发展初期，主要是依靠政府进行支持和引导，但就目前的发展阶段而言，主要是通过市场运作的手段，实现投资主体的多元化。为了保证生态旅游强省建设的成功，浙江积极鼓励多元化投资，在符合旅游发展总体规划的前提下，实行"谁投资、谁受益"的政策，并且在各个方面都给予地区全力支持。浙江还非常重视对欠发达地区发展生态旅游的扶持，政府通过提供政策保障、建立协调机制、加强跨区合作、坚持生态补偿原则等方式，建立生态旅游产业发展共同利益最大化机制，做到生态旅游发展利益共享、责任共担。

第四，浙江生态旅游发展努力加强管理体制和法制建设，强化法制功能。随着浙江省生态旅游产业的全面发展，生态旅游市场也暴露出各类弊端。尤其是管理体制上的弊端所形成的制度瓶颈强烈制约了浙江省生态旅游发展的全面深化。因此，浙江不断加强生态旅游的行业管理，形成了一整套生态旅游动态管理机制，相关部门和行业通力合作并参与其中，确保生态旅游在浙江又好又快的发展。通过营造良好的生态旅游环境和市场经营环境、加大生态旅游产业监管力度和依法监督力度、建立健全法制体系及各部门责任联动机制，使浙江生态旅游产业的发展在法制化道路上越走越远。

生态旅游发展的浙江做法可以表现得多种多样，最直观的表现是生态旅游发展指数的景区和地区差异。通过比较生态旅游发展指数可以综合地分析景区生态化发展过程中的"短板"，也可以揭示出景区加总情形下地区生态化发展过程中的"短板"，指标量化为推广生态旅游发展的浙江做法提供保障。因此，为进一步发展生态旅游产业，实现生态旅游资源的最有效利用，报告选择以浙江省范围内188个具有典型代表性的4A级及以上风景名胜区作为研究对象，基于携程网相关大数据的搜索整理和统计分析，在借鉴前人研究成果的基础上，通过构建生态旅游携程指数评价浙江省4A级以上风景名胜区的生态旅游发展状况。

（二）生态旅游发展指数构建

生态旅游面临着旅游发展和环境保护的矛盾，在实践中表现为生态效益、社会效益和经济效益的协调统一（于玲，王祖良，李俊清，2007）。浙江省生态旅游携程指数的构建需要提取多种指标并将所有指标归类形成一个有机整体。基于系统论和控制论等相关原理，浙江省生态旅游携程指数从"水平"和"垂直"两大维度进行构建，"水平维度"主要从环境、经济和社会三大领域出发将指标评价体系分为 A 生态旅游环境指标、B 生态旅游经济指标、C 生态旅游社会指标；"垂直维度"主要从一级指标、二级指标、指标评分标准三个层面分等级构建评价体系。

本报告共选取了 3 个一级指标、30 个二级指标和指标评分标准，依据相关国家标准中科学性、可行性、代表性、层次性的原则构建了浙江省生态旅游携程指数评价体系，见表 0-1。一级指标中，A 生态旅游环境指标包括 A1 景区等级、A2 世界文化遗产、A3 综合评分、A4 景色评分、A5 性价比评分、A6 公共交通通达性、A7 景区公共卫生条件、A8 恶劣天气影响、A9 气候条件、A10 四季特色 10 类二级指标；B 生态旅游经济指标包括 B1 门票价格、B2 门票数量、B3 门票种类、B4 酒店数量、B5 酒店价格、B6 餐厅数量、B7 餐饮价格、B8 景区交通消费、B9 优待政策数、B10 周边景点个数 10 类二级指标；C 生态旅游社会指标包括 C1 趣味评分、C2 人文气息、C3 饮食特点、C4 出游目的、C5 游友点评、C6 社会影响、C7 潜在客户数、C8 开放时间、C9 建议游玩时间、C10 官方网站 10 类二级指标。以上二级指标均通过携程网相关统计搜索结果归纳提炼而来，均在一定程度上反映出某一风景名胜区的生态旅游环境状况、经济状况和社会状况。

生态旅游环境指标中，A1 景区等级指标根据携程网显示某景区的景区等级评分，5A 级景区计 5 分，4A 级景区计 4 分，由于本篇仅选取浙江省 4A 级及以上景区进行生态旅游发展分析，因此该指标最低分为 4 分；A2 世界文化遗产指标根据携程网显示某景区是否为世界文化遗产评分，若是世界文化遗产计 5 分，不是计 0 分；A3 综合评分、A4 景色评分、A5 性价比评分指标均根据携程网显示的网友实际评分计分，总分为 5 分；A6 公共交通通达性指标根据携程网显示途径某景区的公交线路条

表0-1　　浙江省生态旅游携程指数评价体系

名称	一级指标	二级指标	指标评分标准
浙江省生态旅游携程指数	A 生态旅游环境指标	A1 景区等级	5（AAAAA）；4（AAAA）
		A2 世界文化遗产	5（是）；0（否）
		A3 综合评分	5（携程分）
		A4 景色评分	5（携程分）
		A5 性价比评分	5（携程分）
		A6 公共交通通达性	5（40以上）；4（31—40）；3（21—30）；2（11—20）；1（0—10）
		A7 景区公共卫生条件	5（50以上）；3（11—50）；1（0—10）
		A8 恶劣天气影响	5（无）；0（有）
		A9 气候条件	5（可避暑）；0（不可避暑）
		A10 四季特色	5（四季）；3（两到三季）；1（一季）
	B 生态旅游经济指标	B1 门票价格	5（120以上）；4（91—120）；3（61—90）；2（31—60）；1（0—30）
		B2 门票数量	5（20以上）；3（11—20）；1（0—10）
		B3 门票种类	5（5以上）；3（2—4）；1（0—1）
		B4 酒店数量	5（500以上）；3（101—500）；1（0—100）
		B5 酒店价格	5（500以上）；4（401—500）；3（301—400）；2（201—300）；1（0—200）
		B6 餐厅数量	5（300以上）；3（101—300）；1（0—100）
		B7 餐饮价格	5（100以上）；4（76—100）；3（51—75）；2（26—50）；1（0—25）
		B8 景区交通消费	5（50以上）；3（11—50）；1（0—10）
		B9 优待政策数	5（0—1）；3（2—4）；1（4以上）
		B10 周边景点个数	5（32以上）；4（25—32）；3（17—24）；2（9—16）；1（0—8）
	C 生态旅游社会指标	C1 趣味评分	5（携程分）
		C2 人文气息	5（有）；0（无）
		C3 饮食特点	5（10以上）；3（6—10）；1（0—5）
		C4 出游目的	5（A类）；4（B类）；3（C类）；2（D类）；1（E类）
		C5 游友点评	5（10000以上）；3（501—10000）；1（0—500）
		C6 社会影响	5（有）；0（无）
		C7 潜在客户数	5（10000以上）；3（1001—10000）；1（0—1000）
		C8 开放时间	5（全天开放）；3（10小时以上）；1（10小时及以下）
		C9 建议游玩时间	5（2天以上）；3（1—2天）；1（1天以内）
		C10 官方网站	5（有）；0（无）

数评分,将1.5公里范围内公交线路数在40条以上的景区计5分,将31—40条的景区计4分,将21—30条的景区计3分,将11—20条的景区计2分,将0—10条(包含10)的景区计1分;A7景区公共卫生条件指标根据携程网显示景区内部及周边1.5公里范围内公厕的数量按比例分析进行评分,将公厕数量在50个以上的景区计5分,将11—50个的景区计3分,将0—10个的景区计1分;A8恶劣天气影响指标、A9气候条件指标、A10四季特色指标根据携程网景区概况文字性描述,分析某景区旅游活动是否容易受到恶劣天气的影响、景区气候条件是否可以实现避暑功能及需求、景区四季中推荐的旅游时间具有季节性特色的季节个数,若不易受恶劣天气影响计5分、易受影响计0分,若可避暑计5分、不可避暑计0分,推荐旅游时间为四季的计5分、两到三季计3分、某一季节计1分。

生态旅游经济指标中,B1门票价格指标根据携程网显示某景区所有门票的平均价格按比例评分,将价格在120元以上的计5分,91—120元的计4分,61—90元的计3分,31—60元的计2分,0—30元的计1分;B2门票数量指标根据携程网显示景区的所有门票数量按比例评分,将数量在20张以上的计5分,11—20张的计3分,0—10张的计1分;B3门票种类指标根据携程网显示景区的所有门票种类数评分,基本包括成人票、儿童票、特惠套票、演出票、交通票、联票、其他票等多种类别,将种类数在5种以上的计5分,2—4种的计3分,0—1种的计1分;B4酒店数量指标和B6餐厅数量指标均根据携程网推荐的一定范围①内景区周边酒店或餐厅的总数按比例进行评分,酒店总数在500家以上的计5分、101—500家的计3分、0—100家的计1分,餐厅总数在300家以上的计5分、101—300家的计3分、0—100家的计1分;B5酒店价格指标和B7餐饮价格指标均根据携程网推荐的一定范围内景区周边酒店或餐厅的平均门市价格按比例评分,酒店均价在500元以上的计5分、401—

---

① 本篇报告中的一定范围设定如下:酒店数量系景区4公里范围内,餐厅数量系景区2.5公里范围内,交通和公共厕所系景区1.5公里范围内。

500元的计4分、301—400元的计3分、201—300元的计2分、0—200元的计1分，餐厅均价在100元以上的计5分、76—100元的计4分、51—75元的计3分、26—50元的计2分、0—25元的计1分；B8景区交通消费指标根据携程网关于景区内公共交通（如游览车等）的消费标准按比例评分，消费在50元以上的计5分，11—50元的计3分，0—10元的计1分；B9优待政策数指标根据携程网显示的某景区优待政策个数评分，优待政策数越多，经济收入越低，因此政策数为0—1个计5分，2—4个计3分，4个以上计1分；B10周边景点个数指标根据携程网推荐的周边景点个数按比例评分，周边景点可进一步带动区域经济的发展，周边景点越多，经济收入越高，景点在32个以上计5分，25—32个计4分，17—24个计3分，9—16个计2分，0—8个计1分。

生态旅游社会指标中，C1趣味评分指标根据携程网显示的网友实际评分计分，总分为5分；C2人文气息指标根据携程网景点相关文字描述等文化背景分析是否有历史名人、典故传说等评分，若有计5分，若无计0分；C3饮食特点指标同样根据携程网景点描述及推荐的必吃美食种类数按比例评分，10种以上计5分，6—10种计3分，0—5种计1分；C4出游目的指标根据携程网显示的五类出游目的进行评分，包括家庭亲子、朋友出游、情侣出游、单独旅行、商务旅行，选取评论最多的类别分别计5分、4分、3分、2分和1分；C5游友点评指标根据携程网显示游友的全部点评数评分，对所有研究景区游友点评人数按比例分析得分标准后，点评条数10000条以上计5分，501—10000条计3分，0—500条计1分；C6社会影响（热度）指标根据携程网显示微博点评条数的有无进行评分，有微博点评计5分，无微博点评计0分；C7潜在客户数指标根据携程网显示"想去"人数按比例分析进行评分，人数在10000人以上计5分，1001—10000人计3分，0—1000人计1分；C8开放时间指标根据携程网显示景区具体开放时间评分，全天开放计5分，限时开放且开放时间在10小时以上计3分，限时开放且开放时间在10小时及以下计1分；C9建议游玩时间指标根据携程网显示建议游玩时间按比例评分,时间在2天以上计5分,1—2天计3分,1天以内计1分;C10官方网站指标根据携程网显示景点是否有官网进行评分,有官方网站计5分,无官方网站计0分。

浙江省生态旅游携程指数评价体系一级指标中,生态旅游环境指标权重为50%、生态旅游经济指标权重为30%,生态旅游社会指标权重为20%[①]。二级指标均按上文说明的评分标准计分,计分总分5分,指标分值为计分总分的2倍,最终一级指标得分为各自10个二级指标的加总分,总分100分。生态旅游携程指数分为生态旅游环境指标、生态旅游经济指标、生态旅游社会指标的权重分之和,即生态旅游携程指数 = 生态旅游环境指标分 × 0.5 + 生态旅游经济指标分 × 0.3 + 生态旅游社会指标分 × 0.2。

(三) 生态旅游发展水平测度

根据浙江省生态旅游携程指数评价体系的构建及评分标准,浙江省188个5A和4A级风景名胜区生态旅游携程指数测度结果如图0-1所示,各景区柱形的顶点高度直观地刻画了生态旅游携程指数的大小。由图0-1可知,杭州市西湖风景名胜区、湖州市南浔古镇景区、鲁迅故里的生态旅游携程指数值列浙江省188个5A级和4A级风景名胜区中前三位,而缙云黄龙景区、浮盖山峡谷漂流、中国石雕文化旅游区得分列末三位。

杭州西湖风景名胜区位于浙江省杭州市中心,秀丽的湖光山色和众多的名胜古迹闻名中外,是中国著名的旅游胜地,也被誉为人间天堂。景区总面积达49平方公里,其中湖面6.5平方公里,以湖为主体,由大量乔灌木组成疏落有致、大小不同的空间;以植物造景为主,辅以亭、台、楼、阁、廊、榭、桥、汀。西湖傍杭州而盛,杭州因西湖而名。"天下西湖三十六,就中最美是杭州"。2007年5月8日经国家旅游局正式

---

① 权重设置是指标构造的关键,生态旅游携程指数也可以基于熵权法、变异系数法和主成分分析法等客观赋值法进行测度。本篇报告采用主观赋值法的原因主要是为了突出景区环境指标的重要性,也旨在体现生态旅游的"生态性"。

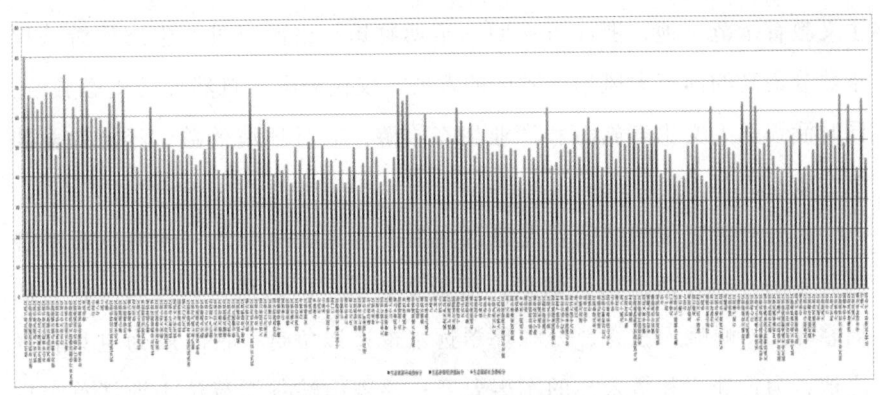

图0-1 浙江省5A、4A级风景名胜区生态旅游携程指数测度结果

批准为国家5A级旅游景区。2011年6月24日"中国杭州西湖文化景观"被列入《世界遗产名录》。南浔古镇位于湖州市南浔区,地处江浙沪两省一市交界处。明清时期为江南蚕丝名镇,是一个人文资源充足、中西建筑合璧的江南古镇。南浔古镇素有"文化之邦"和"诗书之乡"之称,出现过许多著名人物,2001年6月南浔张氏旧宅建筑群被评为第五批全国重点文物保护单位。2005年,南浔古镇获评第二批中国历史文化名镇、国家5A级旅游景区等荣誉称号,成为湖州市首个国家5A级旅游景区[①]。鲁迅故里位于浙江省绍兴市鲁迅中路,是原汁原味解读鲁迅作品、品味鲁迅笔下风物、感受鲁迅当年生活情境的真实场所,是绍兴市区保存最完好、最具文化内涵、水乡古城风貌经典和独具江南风情的历史街区,占地50公顷,总投资10亿元。鲁迅故里由鲁迅纪念馆演化而来,不仅再现了鲁迅当年生活的故居、祖居、三味书屋、百草园的原貌,还可看到鲁迅祖居从未对外开放的西厢房和业已恢复的周家新台门、寿家台门、土谷祠、鲁迅笔下风情园等一批与鲁迅有关的古宅古迹,是立体解读中国近代文豪鲁迅先生的场所,是浙江绍兴的"镇城之宝"。鲁迅故里是国家5A级旅游景区,全国优秀社会教育基地,全国百个爱国

---

① 中华人民共和国国家旅游局:《南浔古镇荣膺国家5A级旅游景区》,2015年7月24日,http://www.cnta.gov.cn/xxfb/xxfb_dfxw/zj/201507/t20150724_743291.shtml

主义教育示范基地，浙江省文明示范博物馆。由此可见，生态旅游携程指数分最高的前三大风景名胜区的发展不仅仅局限于自然界的生态旅游，同时涵盖了人文生态旅游和产业生态旅游，兼具环境效益、经济效益和社会效益。

得分列后三位的缙云黄龙景区内有一座东、南、北三面有低丘环绕的黄龙山，唯有西北留一缺口，海拔240米。山水清奇，石岩险怪，四周叠峰列石嵯峨而独秀，万峰环翠远水透迤以争奇。古时屡为屯兵扎寨之地，为古处州和缙云县的军事要塞；浮盖山峡谷漂流位于浙江首个世界自然遗产——江郎山以南30公里浮盖山峡谷内，紧邻廿八都古镇景区和浮盖山景区，沿线山多地少，植被茂盛，溪流弯道众多，落差适中，水流缓急分明，峡谷特征明显，是理想的皮筏漂流地。中国石雕文化旅游区是国家4A级旅游景区，位于侨乡青田的核心区，横跨鹤城、山口两大镇，由青田石雕博物馆、中国石雕城、千丝岩石文化公园等景点构成。中国石雕文化旅游区让世界了解青田石雕的过去、现在和未来，感悟青田的智慧和文化以及石雕一样大气精致、开放兼容的内涵和情感。生态旅游携程分较低的风景名胜区一般在环境、经济或社会等某一方面特色较为突出，如中国石雕文化旅游区主要特色在人文生态旅游上，而浮盖山峡谷漂流主要定位在产业生态旅游方面，这类景区与生态旅游携程指数分得分较高的景区有一定的差异，前者偏向特定的生态旅游，后者为更重综合的生态旅游，即生态旅游携程指数较高的风景名胜区注重自然生态旅游、人文生态旅游、产业生态旅游的融合性发展。

在生态旅游携程指数分排名前20的风景名胜区中，沈园、天一阁博物馆、西塘古镇旅游景区、老外滩、乔波冰雪世界旅游区、杭州清河坊历史特色街区、宁波海洋世界、大佛寺八大景区的生态旅游环境指标分相对经济与社会指标更高。以西塘古镇旅游景区为例，生态旅游携程指数分为68.08分，其中的生态旅游环境指标分相对经济和社会指标分较高，这表明西塘古镇作为旅游目的地，其生态环境质量较高，为当地的旅游开发和发展奠定了较好的基础。西塘与别的古镇最大的区别就在于她保持了水乡的原生态,被人们称为生活着的千年古镇。她首先是个社区,其次才是景区,她已经成为艺术家们描绘江南水乡的圣地、专家们研究民俗文化的基地、游客们躲避喧嚣释放压力的净地①。西塘古镇旅游景区吸引游客的优势更多在于其作为被国家旅游局批准新晋的5A级旅游景区,相比经济和社会因素,在生态环境上具有较高的景色评分和性价比评分,且其公共交通通达性和景区公共卫生条件较好,对生态环境保护具有一定的促进作用。其优越的气候条件和特有的季节性特色,全方位提高了其生态旅游环境指标分。京杭大运河杭州景区、雷峰塔景区、宋城旅游景区、西溪湿地旅游区、千岛湖风景名胜区5大景区的生态旅游经济指标分相对生态旅游环境和社会分更高。以宋城旅游景区为例,其生态旅游携程指数分为68.1分,生态旅游环境指标分最低,社会指标分其次。宋城旅游景区的生态旅游经济指标分最高,表明景区的经济标准相对较高,经济收入相对较高,比较容易带动区域经济的发展。宋城著名的演出《宋城千古情》是杭州宋城景区的灵魂,金戈铁马,美女如云。《宋城千古情》用先进声、光、电的科技手段和舞台机械,以出其不意的呈现方式演绎了良渚古人的艰辛,宋皇宫的辉煌,岳家军的惨烈,梁祝和白蛇许仙的千古绝唱,把丝绸、茶叶和烟雨江南表现得淋漓尽致,极具视觉体验和心灵震撼,其创造了世界演艺史上的奇迹,包括年演出2000余场,旺季经常每天演出9场,推出十余年来已累计演出20000余场,接待观众6000余万人次,演出门票为观众席300元/人、贵宾席310元/人、带桌豪华沙发席480元/人,这为宋城景区带来了丰厚的经济收入,其生态旅游携程指数中经济指标分自然就较高。此外,宋城景区周边的酒店价格、餐饮价格、景区交通消费等标准均相对较高,优待政策数相对其他景区较少,周边景点个数较多,这也为当地旅游经济的长足发展打下了坚实的基础。西湖风景名胜区、湖州市南浔古镇景区、鲁迅故里、桐乡乌镇古镇旅游区、江心屿景区、普陀山风景名胜区、嘉兴市

---

① 中国西塘古镇官网:《生活着的千年古镇》,http://www.xitang.com.cn/zjxt.asp

南湖旅游区7大景区的生态旅游社会指标分相对更高。以杭州市西湖风景区为例,其生态旅游携程指数分为80.26分,其中三个二级指标分中,生态旅游社会指标分最高,生态旅游经济指标分接近社会指标分,生态旅游环境指标分相对其他两个二级指标偏低,这并不意味着西湖风景区的生态环境不佳,而是代表其吸引游客的优势主要还是在其社会性上,包括携程网上的趣味评分、西湖景区自带的人文气息、西湖独具特色的当地美食、出游目的以家庭结伴旅行居多、携程网游友点评人数较多、社会影响(热度)响度较大、存在较多想来西湖一睹其风采的潜在客户数、景区开放时间相对宽泛,随时均可进入游玩,建议游玩时间相对较长,官方网站建设维护比较健全等。西湖景区以其优越的地理环境、丰富的自然资源、浓厚的人文底蕴,在全国享有盛名,生态旅游社会指标分在所有风景名胜区中最高。

总之,浙江省188个5A和4A级风景名胜区生态旅游携程指数分体现了景区综合性的旅游价值,景区生态旅游携程指数分越高,对于游客的生态旅游价值就越高。但每个风景名胜区在环境、经济和社会三方面均有其特色性和倾向性,景区优势及对游客的吸引力均存在一定程度的差异。

(四) 生态旅游发展景区评级

随着生态旅游在我国的广泛发展,为进一步因地制宜地对生态旅游景区进行发展和评级,以实现对生态旅游景区的合理开发和有效保护,有必要对生态旅游景区进行系统的分类。基于浙江省188个5A和4A级风景名胜区的生态旅游携程指数综合得分情况及景区特色,特将生态旅游分为滨海生态旅游、湿地生态旅游、山水生态旅游、生态旅游产业、生态文化旅游五大类,分类所包含的具体景区名单见本篇附录。各类生态旅游携程指数及其三类结构性指标的均值和中位数的情况如表0-2和表0-3所示。

表 0-2　生态旅游携程指数及其三类结构性指标的均值统计

	滨海生态旅游	湿地生态旅游	山水生态旅游	生态旅游产业	生态文化旅游
生态旅游环境指标得分均值	49.95	54.88	50.31	55.64	58.84
最接近生态旅游环境指标得分均值的景点名称	舟山市十里金沙景区	湖州市仙山湖国家湿地公园	台州市神仙居景区、丽水市遂昌南尖岩	湖州市金钉子远古世界	宁波市招宝山
生态旅游经济指标得分均值	48.15	54	40.85	47.81	48.52
最接近生态旅游经济指标得分均值的景点名称	宁波市中国渔村	湖州市下渚湖国家湿地公园、湖州市仙山湖国家湿地公园	杭州市建德灵栖洞景区、丽水市遂昌南尖岩、丽水市神龙谷景区、湖州市安吉中国大竹海、金华市双龙风景旅游区、宁波市五龙潭景区、宁波市九峰山	宁波市天下玉苑风景区、嘉兴市平湖东湖景区、温州市温州乐园景区、宁波市象山影视城、温州市楠溪江风景名胜区、金华市义乌国际商贸城购物旅游区	宁波市溪口风景区
生态旅游社会指标得分均值	53.94	50.08	51.41	45.47	54.92
最接近生态旅游社会指标得分均值的景点名称	舟山市乌石塘景区	浙江省杭州西溪湿地旅游区	金华市双龙风景旅游区	湖州市金钉子远古世界	绍兴市西施故里风景区
生态旅游携程指数得分均值	50.21	53.66	47.69	51.26	54.91
最接近生态旅游携程指数得分均值的景点名称	台州市大鹿岛景区	湖州市仙山湖国家湿地公园	湖州市安吉中国大竹海	宁波市雅戈尔动物园	杭州市龙门古镇

注：最接近均值处的景点有多个意味着这些景区的携程指数得分相同且最接近均值。

表0-3　生态旅游携程指数及其三类结构性指标的中位数统计

	滨海生态旅游	湿地生态旅游	山水生态旅游	生态旅游产业	生态文化旅游
生态旅游环境指标得分中位数	50.8	57.2	50.1	55.7	57.7
最接近生态旅游环境指标得分中位数的景点名称	舟山市大青山国家公园	湖州市仙山湖国家湿地公园	温州市玉苍山森林旅游区、台州市神仙居景区、丽水市遂昌南尖岩	湖州市金钉子远古世界、丽水市中国青瓷小镇	衢州市龙游石窟、舟山市朱家尖白山景区
生态旅游经济指标得分中位数	44	40	38	48	46
最接近生态旅游经济指标得分中位数的景点名称	舟山市塔湾金沙景区	湖州市下渚湖国家湿地公园、湖州市仙山湖国家湿地公园	衢州市天脊龙门、温州市南雁荡山风景名胜区、丽水市龙泉山	宁波市天下玉苑风景区、嘉兴市平湖东湖景区、温州市温州乐园景区、宁波市象山影视城、温州市楠溪江风景名胜区、金华市义乌国际商贸城购物旅游区	杭州市临安河桥古镇、衢州市龙游石窟
生态旅游社会指标得分中位数	53.8	44.2	50.5	46.6	53.7
最接近生态旅游社会指标得分中位数的景点名称	舟山市乌石塘景区	湖州市中国扬子鳄村	金华市方岩、丽水市东西岩、温州市寨寮溪风景区	宁波市雅戈尔动物园、丽水市中国畲乡之窗	丽水市云中大漈、衢州市清漾毛氏文化村
生态旅游携程指数得分中位数	49.18	49.36	47.48	50.29	52.8
最接近生态旅游携程指数得分中位数的景点名称	舟山市塔湾金沙景区	湖州市仙山湖国家湿地公园	台州市神仙居景区、湖州市安吉中国大竹海	杭州市余杭山沟沟景区、杭州市新沙岛景区	金华市诸葛八卦村、丽水市古堰画乡

注：最接近中位数的景点有多个意味着这些景区的携程指数得分相同且最接近中位数。

滨海生态旅游作为滨海旅游和生态旅游的有机结合，必然具有生态旅游的内涵特点，除此之外，它还有自身的一些特殊性，包括旅游资源中海水、海岛、海岸、沙滩、海湾、海洋生物、海洋气候天象、海蚀地貌等海洋生态资源占主导地位；以海为依托开展，以海、岛、礁、海洋生物为主题以观赏海岛风光、玩海、吃海、水上运动、潜水和科考等海洋生态旅游产品为特色；滨海旅游区内具有自然生态旅游资源、人化自然生态旅游资源及其人文景观大类型，而且极为丰富；滨海生态旅游资源具有自然整合性、协调性等。由此可见，滨海生态旅游是以沿海、岛屿为旅游目的地，以海洋生态旅游资源为依托，以海、岛、礁、海洋生物、山等以海为主题的生态旅游产品为特色，具有生态旅游特征及功能的一种生态旅游活动（荣蓉，2008）。此处将 188 个 5A 和 4A 级风景名胜区中的舟山市白沙岛海钓乐园、舟山市桃花峪景区、宁波市中国渔村、宁波市海天一洲、温州市平阳南麂列岛景区、舟山市十里金沙景区、舟山市塔湾金沙景区、台州市大鹿岛景区、台州市蛇蟠岛、温州市洞头景区、舟山市大青山国家公园、舟山市乌石塘景区、舟山市普陀山风景名胜区 13 个景区旅游归类至滨海生态旅游。

湿地生态旅游是以湿地资源为基础，且具有强烈环境保护意识的旅游活动，其核心是要处理好旅游与环境保护之间的关系，融入环境教育与社区参与功能，且体现旅游环境效益、经济效益与社会效益的可持续发展（龚艳，2009）。故将湖州市下渚湖国家湿地公园、湖州市中国扬子鳄村、湖州市仙山湖国家湿地公园、杭州市千岛湖风景名胜区、浙江省杭州西溪湿地旅游区 5 大景区旅游归类为湿地生态旅游。山水生态旅游属于在全国比较普遍的一种生态旅游类型，在旅游开发中具有重要价值，在旅游市场中占有极高的份额，对区域发展具有极强的带动作用。山水生态旅游中最基本的因素为山、水、生态的组合，山水旅游产品是以自然生态为本底，集参与性、趣味性、互动性、情境化、体验性于一身，在中国旅游产业已经进入系统升级的全新背景下，山水旅游产品依然具有很大冲击力和广泛的市场①。188个风景名胜区中，有66个景区属于山水生态旅游，包括绍兴市柯岩风景区、湖州市江南天池、杭州市临安东天目山景区、绍兴市东湖风景区、杭州市萧山湘湖景区、衢州市江郎山景区、温州市中雁荡山风景区、湖州市莫干山风景区、温州市雁荡山风景名胜区、杭州市西湖风景名胜区等等。

生态旅游产业是以生态旅游资源为基础，以资源的可持续发展为原则进行开发利用，为游客提供欣赏、体验、学习等旅游需求，并提供相应商品与服务的综合性行业（赵微，2015）。因此，生态旅游产业是以保护生态环境、实现社会经济可持续发展为目的，以当代旅游市场为导向的、以生态旅游产品为依托的、以生态旅游服务为内容的旅游经济活动（陶表红，2011）。随着经济社会的快速发展，生态旅游产业发展也日渐完善，较多风景名胜区开始大力发展生态旅游产业。经梳理，54个景区划入生态旅游产业的类别，相关风景名胜区或多或少涉及生态旅游产业的相关业务活动，包括宁波市天宫庄园、湖州市竹博园、宁波市凤凰山海港乐园、金华市东阳横店影视城景区、台州市海洋世界、杭州市长乔极地海洋世界、宁波市宁波海洋世界、绍兴市乔波冰雪世界旅游区、宁波市老外滩、杭州市宋城旅游景区等。生态文化旅游是使旅游者获得文化教益的一种专门层次的旅游活动。它是文化景观、文化群落以及文化生态系统的空间载体，并以其位置、自然环境、资源条件等赋予它们基本特色（张建忠、刘家明、柴达，2015）。基于生态文化旅游的内涵及特点，可以将杭州市清河坊历史特色街区、温州市江心屿景区、嘉兴市西塘古镇旅游景区、嘉兴市桐乡乌镇古镇旅游区、宁波市天一阁博物馆、绍兴市沈园、杭州市雷峰塔景区、杭州市京杭大运河杭州景区、绍兴市鲁迅故里、湖州市南浔古镇景区等50个风景名胜区纳入生态文化旅游的类别内。

为深入挖掘滨海生态旅游、湿地生态旅游、山水生态旅游、生态旅

---

① 旅游运营网：《市场的宠儿——山水生态休闲旅游》，2009年12月18日，http://www.lwcj.com/w/magazine06091218001_1.html

游产业、生态文化旅游五大类生态旅游类别的特点，对不同类别生态旅游进行评级，基于前文对生态旅游携程指数的测度及分析结果，文章对所有风景名胜区的生态旅游携程指数进行了数据分析，将各类别下生态旅游携程指数分排名前五的景区进行了罗列并计算了TOP5景区携程指数分的均值，详见表0-4。

表0-4　　　　生态旅游分类别得分前五位风景名胜区
生态旅游携程指数分对比表

滨海生态旅游TOP5		湿地生态旅游TOP5		山水生态旅游TOP5		生态旅游产业TOP5		生态文化旅游TOP5	
景区	分数	景区	分数	景区	分数	景区	分数	景区	分数
舟山市普陀山风景名胜区	65.36	浙江省杭州西溪湿地旅游区	67.24	杭州市西湖风景名胜区	80.26	杭州市宋城旅游景区	68.10	湖州市南浔古镇景区	74.08
舟山市乌石塘景区	55.96	杭州市千岛湖风景名胜区	66.30	温州市雁荡山风景名胜区	62.56	宁波市老外滩	66.22	绍兴市鲁迅故里	72.92
舟山市大青山国家公园	55.92	湖州市仙山湖国家湿地公园	49.36	湖州市莫干山风景区	61.60	绍兴市乔波冰雪世界旅游区	65.26	杭州市京杭大运河杭州景区	68.96
温州市洞头景区	53.60	湖州市中国扬子鳄村	43.34	温州市中雁荡山风景区	61.56	宁波市宁波海洋世界	64.24	杭州市雷峰塔景区	68.84
台州市蛇蟠岛	52.54	湖州市下渚湖国家湿地公园	42.04	衢州市江郎山景区	59.52	杭州市长乔极地海洋世界	63.06	绍兴市沈园	68.48
均值	56.68	均值	53.66	均值	65.10	均值	65.38	均值	70.66

由表0-4可知，生态文化旅游类排名前五景区的生态旅游携程指数分均值最高，为70.66分，排名前五的景区分别为湖州市南浔古镇景区、

绍兴市鲁迅故里、杭州市京杭大运河杭州景区、杭州市雷峰塔景区、绍兴市沈园。生态文化旅游类景区具有深厚的文化底蕴，而文化是人类改造客观世界的成果，可以包含物质文化和精神文化，因此其综合性相对较强，这也在生态旅游携程指数分上得到了充分的体现。生态旅游携程指数均值位列第二和第三的类别分别为生态旅游产业和山水生态旅游，得分分别为 65.38 和 65.10 分，两者均值相差较小。生态旅游产业类排名前五的景区分别为杭州市宋城旅游景区、宁波市老外滩、绍兴市乔波冰雪世界旅游区、宁波市宁波海洋世界、杭州市长乔极地海洋世界；山水生态旅游类排名前五的景区分别为杭州市西湖风景名胜区、温州市雁荡山风景名胜区、湖州市莫干山风景区、温州市中雁荡山风景区、衢州市江郎山景区。生态旅游产业和山水生态旅游均已经形成了一定的规模，对游客的吸引力较强，其生态旅游携程指数分均值相对排名也较为靠前。而滨海生态旅游和湿地生态旅游的对象为特定游客群，其特征相对明显，对生态旅游游客的限制程度相对更高，因此其生态旅游携程指数分均值较低，在五大类生态旅游中排名分别为第四和第五。滨海生态旅游中排名前五的景区分别为舟山市普陀山风景名胜区、舟山市乌石塘景区、舟山市大青山国家公园、温州市洞头景区、台州市蛇蟠岛；湿地生态旅游中排名前五的景区分别为浙江省杭州西溪湿地旅游区、杭州市千岛湖风景名胜区、湖州市仙山湖国家湿地公园、湖州市中国扬子鳄村、湖州市下渚湖国家湿地公园。滨海和湿地生态旅游游客对象相对单一，对生态环境基础性条件的要求较高。总之，TOP5 景区生态旅游携程指数均值由大到小分别为文化类、产业类、山水类、滨海类、湿地类。一般来说，生态旅游景区的特色单一性越小、游客受众面越大，其生态旅游携程指数分越高，生态旅游发展景区等级越高。

（五）生态旅游发展地区差异

浙江省下辖 11 个地级市，各地市均有其代表性的生态旅游风景名胜区。究竟生态旅游发展是否存在一定的地区差异、各地区生态旅游发展情况如何排序，需要对生态旅游携程指数测度结果进一步加以分析，均值分析结果如表0-5所示。

表0-5　　　　　生态旅游分地区得分前五位风景名胜区
　　　　　　　　生态旅游携程指数分均值对比表

地区	杭州	宁波	温州	绍兴	舟山	丽水	嘉兴	金华	台州	湖州	衢州
TOP5均值	70.68	64.14	59.68	66.45	56.97	49.94	59.50	55.82	56.10	60.30	55.01

表0-5直观展示了浙江省11个地级市生态旅游携程指数得分前五位风景名胜区的均值大小，均值由大到小分别为杭州70.68分、绍兴66.45分、宁波64.14分、湖州60.30分、温州59.68分、嘉兴59.50分、舟山56.97分、台州56.10、金华55.82、衢州55.01、丽水49.94。由此可见，浙江省生态旅游发展存在明显的地区差异，杭州市生态旅游发展状况最好，杭州范围内风景名胜区TOP5的生态旅游携程指数分均值最高，绍兴和宁波市次之，衢州和丽水的生态旅游发展状况相对最差。首先，杭州市生态旅游发展状况最好且有极具代表性的生态旅游风景名胜区。杭州属于浙江省省会、副省级市，位于中国东南沿海、浙江省北部、钱塘江下游、京杭大运河南端，是浙江省的政治、经济、文化、教育、交通和金融中心，长江三角洲城市群中心城市之一、长三角宁杭生态经济带节点城市[①]。在生态旅游方面，杭州是中国七大古都之一，因风景秀丽，素有"人间天堂"的美誉。同时，人文古迹众多，西湖及其周边有大量的自然及人文景观遗迹。其中具有主要代表性的独特文化有西湖文化、良渚文化、丝绸文化、茶文化等。这些均为杭州市前五大景区生态旅游携程指数分均值在浙江省11个地级市中居于首位提供了得天独厚的条件。其次，浙江省11个地级市生态旅游携程指数分均值大小与地级市的综合经济发展实力有密切联系。根据中商产业研究院关于2016年浙江主要城市经济实力排行榜，2016年浙江省内各市生产总值排名分别是杭州、宁波、温州、绍兴、台州、嘉兴、金华、湖州、衢州、舟山、

---

① 人民网：《国务院批复杭州市城市总体规划》，2016年01月19日，http：//politics.people.com.cn/n1/2016/0119/c1001-28067146.html

丽水①。若划分为三个梯队，杭州市为单独的第一梯队，宁波、温州、绍兴、台州、嘉兴为第二梯队，金华、湖州、衢州、舟山、丽水为第三梯队，则各地级市经济实力梯队排行与生态旅游发展梯队排行完全一致。虽然在各个梯队内部，不同地区的生态旅游发展与地区综合经济发展实力排名存在一定区别，但从梯队大范围的视角来看，生态旅游发展与地区综合经济发展实力排名均为第一梯队、第二梯队和第三梯队。最后，生态旅游携程指数分在地区生态旅游发展差异上只是一个相对值，并不能绝对反映生态旅游携程指数分均值较低的地区生态旅游发展状况劣于生态旅游携程指数分均值较高的地区。以前五位风景名胜区生态旅游携程指数分均值最小的丽水市为例，丽水市山清水秀，风光秀丽，是长三角地区的一块"净土"，2005年1月，丽水市被命名为第三批国家级生态示范区。因此，在生态旅游发展上，丽水也并不是绝对地落后于其他生态旅游携程指数均值较高的地级市，只是在整体生态旅游发展上，包括从滨海生态旅游、湿地生态旅游、山水生态旅游、生态旅游产业、生态文化旅游等各方面综合来看，相对生态旅游携程指数均值较低。

三、生态旅游发展的突出成效

（一）经济效应

生态旅游作为浙江省旅游发展的重要形式，产生了明显的经济效益。一方面，生态旅游的发展带动了农村经济的发展，将生态环境优美的农村落后地区潜在的旅游资源优势转化为看得见摸得着的经济优势。随着体验经济的不断发展，我国农村生态旅游建设逐步形成了新的发展优势和发展亮点，部分主导地区特色的农村生态旅游更是实现了经济效益的全面提升（王毅菲，2016）。以宁波奉化滕头村为例，这是一个300多户、800人左右的小村。在20世纪60年代初，该村是个"田不平、路不平，亩产只有一百零，有囡不嫁滕头村"的穷地方。改革开放以来，

---

① 中商产业研究院：《2016年浙江主要城市经济实力排行榜》，2017年03月15日，http://top.askci.com/news/20170315/10593093384.shtml

滕头村根据地区生态旅游资源优势，突出人与自然、人与文化的互动式体验，实施村庄规划和园林营造，形成了绿树成荫、花果相间、百鸟合鸣、四季花开的自然美景，相继荣膺全球生态500佳、世界十佳和谐乡村、全国首批文明村、中国生态第一村、首批国家AAAA级旅游景区。在2010年上海世博会参展案例中，宁波滕头村成为世界上唯一一个进驻2010上海世博会"最佳城市实践区"的乡村（李植斌、邓洪娟、曹丽君，2013）。奉化滕头村努力践行习近平总书记提出的"绿水青山就是金山银山"的科学论断，坚持走绿色发展的道路，持之以恒发展生态产业，形成了自己的发展特色。"好看的村庄能赚钱"，生态旅游的发展把一个昔日贫困村，建设成为一个"口袋富脑袋富，家家都是小康户"的富裕村。通过"卖"风景、"吃"生态，2015年，滕头村实现社会生产总值90.75亿元，创利税9.81亿元，村民人均纯收入6万元。由此可见，生态旅游为农村经济的发展提供了充分的资源优势，当地村民通过参与生态旅游经营获得了可观的经济收入，真正实现了"绿水青山就是金山银山"。

另一方面，生态旅游为浙江省旅游经济发展带来了新动能，产业效益十分明显。生态旅游业在促进第三产业发展的同时也带动了其他相关产业的经济发展，促进了产业结构的优化升级，也促使我国产业逐步趋于合理化和专业化。浙江省自20世纪90年代中后期开始发展生态旅游，2000年以来生态旅游稳步发展，2000—2015年浙江省旅游经济增长趋势如图0-2所示。

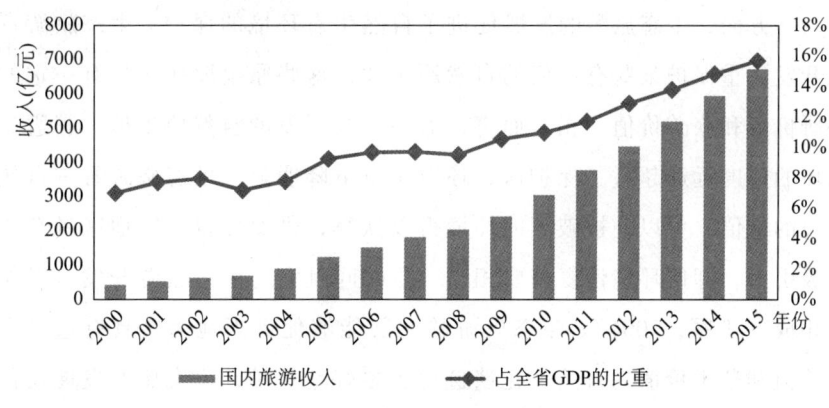

图0-2 2000—2015年浙江省旅游经济增长趋势图

由图0-2可知，浙江省国内旅游收入从2000年的430亿元稳步增长到2004年的902.5亿元。2005年8月，时任浙江省委书记的习近平同志在浙江湖州考察时，提出了"绿水青山就是金山银山"的科学论断。在2005年，浙江省国内旅游收入增长到1239.7亿元，实现了旅游收入新的突破。2005—2015年，浙江省国内旅游收入不断攀升，旅游经济收入从2005年的1239.7亿元增加到2015年的6720亿元。同时，从浙江省国内旅游收入占全省GDP比重的视角来看，2000—2015年期间，除2003年和2008年存在两个低点外，整体呈现递增趋势。2005年起，浙江省国内旅游收入与全省GDP的比重呈直线上升趋势。2000年浙江省国内旅游收入仅占全省GDP的6.98%；到2015年，浙江省国内旅游收入占全省GDP比重高达15.67%；比重翻了一倍多。总之，国内旅游收入在浙江省GDP中比重的增大也从另一个侧面反映生态旅游发展为浙江经济的发展带来了新的动能。

（二）生态效应

生态旅游发展的根本目的是为了克服旅游所产生的负面影响，从而实现生态环境保护与旅游产业的协调发展，达到"绿水青山就是金山银山"的双赢局面。既然是生态旅游，必然有其突出的生态环境效应。然而，生态旅游的生态效应很难从经济效应和社会效应中剥离出来，只能从理论上、从理念上、从规划上给予反映和刻画。

一方面，生态旅游的发展促进了自然生态环境的保护。生态旅游资源开发注重保护某些有价值的自然原生地，这些原生地往往具有一定的科研价值和旅游价值。相对而言，那些未被开发的自然原生地，其遭到破坏的速度远远超过了保护区，环境质量下降明显。生态旅游看重自然环境的价值，可以使被破坏的环境得以恢复，进而使得这些地区具有更大吸引力，即便环境恢复需要相当一段时间且它与生态旅游开发可以相辅相成（王军，2006）。生态旅游的发展能够促进当地一些具有重要文化价值和艺术价值的自然文化遗迹得到更好地保护，生态旅游发展获得的部分经济收益也能够用于维护旅游资源，从而反向形成明显生态效应。

因此，生态旅游的建设与发展有利于实现对地区生态资源的保护，同时优越的生态环境条件是生态旅游的重要保障；在生态环保意识日益深入人心的今天，优质的旅游资源和优美的生态环境相辅相成才能成为真正的旅游胜地。

另一方面，生态旅游的发展可以使游人与自然资源之间产生移情作用，进而减少对自然资源的伤害，有助于保护自然界和野生动植物，形成一种和谐共生的生态共赢关系。生态旅游作为一种环境友好型旅游发展方式，可以促进珍稀濒危生物的保护，生态旅游区的合理开发、动植物的重点保护为旅游产业的发展带来了明显的环境效益。生态旅游以自然资源的持续利用和生态环境的改善为宗旨，以实现既要满足当代人的旅游需求又要保护生态环境和生物多样性为目标。生态旅游景区并不像普通旅游景区一般人工化、商业化，自然旅游风景区的原生态性一般更强，生态旅游景区内部一般均保持着相对平衡的自然生态系统，游人、生物和环境协同发展。

生态旅游一方面注重自然环境和生物资源的经济价值，它可以修复被破坏的生态环境并利用生态环境的优化吸引游客发展生态旅游；另一方面，生态旅游业也促使游客保护生态环境、与生态旅游景区的生物和谐共处，形成新的生态旅游发展模式。

（三）社会效应

浙江省生态旅游发展的社会效应主要表现在旅游品牌知名度提升、民众旅游环保意识增强、人与自然和谐发展等方面。浙江省积极推进生态旅游强省建设，打造了一批"绿色浙江"的旅游品牌产品，包括一些整体旅游品牌产品、生态城市品牌产品、生态旅游品牌产品、生态旅游典型品牌等。

整体旅游品牌产品主要通过观光旅游产品，积极打造"山水浙江，人文大观"品牌；休闲度假旅游产品，积极打造"闲适浙江，忘情假日"品牌；文化旅游产品，积极打造"文秀浙江，雅致本色"品牌；海洋旅游产品，积极打造"海富浙江，蔚蓝达远"品牌；乡村旅游产品，积极打造"民生浙江，鱼米江南"品牌；生态旅游产品，积极打造"纯美浙江，灵净自然"品牌；红色旅游产品，积极打造"英华浙江，烽火东南"品牌。

生态城市品牌产品主要表现在浙江省持续推进生态城市建设上。通过建设国家环保模范城市、省级环保模范城市、国家"森林城市"、省级"森林城市"、国家生态县（市）、省级生态县（市、区）、全国生态文明建设试点地区、低碳城市试点地区等，打造生态城市品牌产品，树立生态城市发展模范标杆。生态旅游品牌产品的打造主要从旅游度假区品牌、风景名胜区品牌、森林公园品牌、自然保护区品牌四方面进行。旅游度假区品牌主要是建设国家级旅游度假区，风景名胜区品牌是建设国家级风景名胜区、省级风景名胜区，森林公园品牌是建设国家森林公园、省级森林公园，自然保护区品牌是建设国家级自然保护区、省级自然保护区。

生态旅游典型品牌产品的打造主要是生态旅游名城、名镇、名村、名景的宣传。根据景区、景点的惟一性或典型性、生态旅游建设规划的科学性、可持续发展潜力、生态设施、资源保护、道路与交通、旅游接待服务设施等方面，开展评选浙江省生态旅游名城、名镇、名村、名景的活动（李植斌、邓洪娟、曹丽君，2013）。浙江省在打造"绿色浙江"旅游品牌产品的过程中，实现了旅游品牌的全方位宣传，使生态旅游的品牌效应得到了溢出，形成了突出的社会效应。

浙江省生态旅游的发展让游客回归自然、认识自然、享受自然、保护自然，不断提高旅游者和当地居民的参与程度。旅游者在尽情体验生态旅游所带来的物质和精神双重享受的同时，环保意识也在不断增强。旅游目的地居民通过参与生态旅游的开发和管理，亲身感受发展生态旅游带来的经济效益，从而增强自觉保护生态资源和旅游环境的意识，形成了旅游产业发展与环境资源保护的良性循环①。与此同时，也实现了

---

① 光明日报：《开展生态旅游 需提高环保意识》，2000年8月18日，http://www.gmw.cn/01gmrb/2000—08/18/GB/08^18516^0^GMB2-115.htm

人与自然的和谐发展。浙江生态旅游的发展使得旅游者树立了大价值观念，即在评价一切经济活动和社会活动时，不仅考虑其经济价值，而且考虑其生态价值；不仅考虑眼前价值，而且考虑长远价值；不仅考虑从自然中所得，还考虑如何回报自然等等。浙江居民在获取有利于发展经济的使用价值的同时，更明白要善待自然、保护自然、尊重自然。只有这样，才能真正建立起人与自然和谐共处的关系，实现人与自然和谐共处、协调发展。这正是对科学发展观基本要求全面协调可持续发展的完美诠释。

四、生态旅游发展的基本经验

（一）推动生态旅游标准化认证

生态旅游认证是通过建立一系列相应的规范与标准体系对生态旅游经营者的表现进行评估并对达到标准要求的经营者予以一定形式的承认，如授予生态标识，从而促进企业改善其环境表现，实现其对自然和社会负责的承诺，促进生态旅游的可持续发展（周玲强，2005）。浙江是全国较早开展生态旅游标准化认证工作的省份。依据国家旅游标准体系建设的总体要求和我国各类标准化法律、法规和相关文件的内容，借鉴国外生态旅游标准化体系的建设，浙江省建立并逐步完善了一套旅游标准体系，涵盖了吃、住、行、游、购、娱等全域、全要素和全过程的规范和科学认证。浙江省的旅游标准体系区分了市场上两种不同性质的生态旅游经营者，一种是真正地将保护生态环境作为目的的旅游经营者，另一种是不断出现的仅仅把"生态旅游"作为一个营销噱头而并不能为旅游者提供真实的高质量生态旅游产品的自然旅游经营者。浙江省生态旅游标准化的制定督促了监管部门更加准确有效地解决生态旅游中所产生的环境污染问题，从而为生态旅游长期的发展环境和经营可持续性发挥了正面的促进作用。具体来说，《浙江省旅游标准化发展规划（2016—2020）》显示浙江省内仍在有效实施的旅游地方标准有 14 项，各类旅游地方标准规范上百项，由浙江省相关单位主导制定或参与完成的旅游国家标准 6 项、旅游 4 行业标准 11 项。截至 2015 年底，全省共有 A 级旅游景区 495

家、星级旅游饭店 768 家、品质旅行社 475 家、星级旅游商品购物点 11 家、星级乡村旅游点 58 家、果蔬采摘旅游示范基地 67 家等。全省共开展了三批全国旅游标准化示范单位的创建工作,绍兴市、遂昌县、淳安县、安吉县等 4 县市和仙居神仙居景区等 6 家旅游企事业单位通过了国家旅游局的验收,还有一批旅游企业成为省级旅游标准化试点示范单位,多家旅游企业开展了国家级、省级服务业标准化试点项目①。

(二) 实施生态旅游全域化工程

国家旅游局为了推进旅游产业的转型升级,提出了全域旅游战略、"旅游+"战略、"515"战略等相关的战略部署。浙江省积极执行国家战略部署。旅游业发展方式由"景区开发"向"全域旅游"转变。全域化生态旅游指一个区域内,各行业积极融入其中,各部门齐抓共管,全城居民共同参与,充分利用目的地全部的吸引物要素,为前来旅游的游客提供全过程、全时空的生态旅游体验产品,从而全面满足游客的全方位体验需求(厉新建、张凌云、崔莉等,2016)。区域全域化不同于传统景区旅游的概念,它将整个区域,比如整个城镇、整个县都作为一个生态旅游景区来进行建设,打造的是一个"无景区旅游"的概念。浙江省的安吉、武义、洞头、景宁、桐庐、仙居等六个县都明确提出实施县域全域化旅游工程计划;德清的裸心谷更是全国的无景区旅游成功范例(张跃西,2013)。作为全省首个县域绿色化发展改革试点,仙居县全面规划"全域旅游",全县旅游布局划分为"一轴四板块"。"一轴"指贯穿全境的母亲河永安溪沿线景观,以沿溪生态绿道为支撑,将各板块景观"粘连"成片。"四板块"包括东部括苍问道板块、县城古寺禅修板块、中部田园耕读板块、西部运动健体板块。"全域旅游"理念在浙江省多个县级单位城乡规划与国民经济和社会发展规划、土地利用总体规划等法定规划及各职能部门规划中得到切实体现(杨振之,2016)。浙江省大力实施生态旅游全域化工程从一定程度上推动了全省生态旅游行

---

① 浙江省旅游局:《浙江省旅游标准化发展规划(2016—2020)》,2016 年 12 月;http://lbw.tourzj.gov.cn/UploadFile/Others/50c71967-fb83-46e2-b156-13b55c73ed52.pdf

政管理体制的变革,优化了区域内生产要素的配置和适合生态旅游的经济发展制度的安排。

(三) 提倡生态旅游均衡发展

各景区生态旅游携程指数显示,浙江省各类生态旅游景区的携程指数得分集中在40—60分。这表明浙江省生态旅游总体水平平衡,个别景区相对突出。均衡化发展思路体现为三个层面:一是地区均衡,二是部门均衡,三是产业均衡。浙江省生态旅游发展的地区均衡体现为:在全省范围内构建一个布局合理、运行通畅,各旅游城市、旅游景区和旅游点有机连接的旅游网络。浙江省加速构建三大旅游经济带,推动区域联动和生态旅游发展;同时还以城市为中心,通过推进杭州、宁波、温州和浙中城市群的创新发展,增强中心城市的集聚带动作用,进一步增强浙江生态旅游的整体竞争力;通过实施"西进东扩"战略,大力推动浙西南地区和海洋海岛旅游业的发展,促进全省生态旅游发展的空间均衡,形成更加协调的区域发展格局。浙江省生态旅游发展的部门均衡体现为:浙江省实施合力兴旅战略,生态旅游发展中强调组织领导,旅游主管部门和各有关部门围绕建设旅游经济强省这一战略目标,密切配合,履行职责,落实任务,形成推动浙江省生态旅游发展的整体合力。浙江省生态旅游发展的产业均衡体现为:景区旅游向休闲度假转型,实现多元化发展,生态旅游效益不断提高;景区基础设施不断完善,旅游接待设施进一步扩大,提高了游客承载能力,在创造经济效益的同时也保证了景区的环境保护;环境不断改善,实现"洁化、绿化、美化"三化,环境质量显著提高,浙江省整体景区生态旅游价值大大提高,对于游客的吸引力显著增强。

(四) 坚持生态旅游政府主导

浙江省坚持政府主导的方针,针对旅游经济发展,各级党委政府陆续出台一系列政策措施,加大对旅游产业发展的财政投入,确保全省生态旅游整体快速发展。生态旅游是美丽中国生态文明建设与传播必不可少的重要载体之一。浙江生态旅游创新与发展"干在实处,走在前列",

坚持战略引领和地市探索相结合。2015年,浙江省旅游局根据《国务院关于促进旅游业改革发展的若干意见》(国发〔2014〕31号)、《浙江省人民政府关于加快培育旅游业成为万亿产业的实施意见》(浙政发〔2014〕42号)、《浙江省发改委、浙江省旅游局关于印发〈浙江省旅游产业发展规划(2014—2017)〉的通知》(浙发改规划〔2014〕1130号)精神,通过印发《浙江省旅游景区提升三年行动计划(2015—2017)》,形成战略性引领,要求浙江各地市紧紧围绕建设"两美"浙江战略部署,顺应旅游新环境、新常态、新趋势,以转型升级、提质增效为主线,以市场需求为导向,坚持"整治、创建、提升"三个并重,突出"景区业态、内涵品质、综合功能、配套设施、管理服务、生态环境"六大重点,着力推动旅游景区全面转型发展。加快发展一批生态旅游景区,强化"绿水青山就是金山银山"理念,充分利用"五水共治"、"三改一拆"、"四边三化"等成果,加快推进丽水千峡湖旅游景区、台州绿心飞龙湖生态景区、绍兴青旅羊山生态城景区等总投资超50亿项目建设,打造绿色低碳旅游业,培育发展生态旅游区。到2017年争取创建10个国家级生态旅游示范区、2个国家公园,100个省级生态旅游示范区。

(五)创新生态旅游发展模式

在保护性开发和开放性格局发展生态旅游业的大背景下,浙江省高度重视生态旅游发展模式的创新,通过大力发展养生旅游、产业生态旅游、人文生态旅游等各种类型的生态旅游,使得旅游生态化得到不断地推进与丰富。在横店影视旅游、义乌购物旅游等一大批新型旅游业态的基础上,浙江省又提出了蓝色旅游、国际旅游综合体以及生态旅游全域化等一系列新概念,文化生态旅游的模式也在多样化中兴起。多样化的生态旅游已经成为浙江生态旅游业的重要发展途径。在生态文明建设的大背景下,人们对生态旅游发展的要求会越来越高,创新生态旅游模式可以给生态旅游不断注入鲜活的发展力量。一方面,浙江省通过加强"生态化元素"与"旅游资源"的密切融合,不断创新与旅游产业融合发展新方式,持续打造"两美"浙江建设,努力将浙江建设成为旅游大省。另一方面，浙江将旅游资源转化为具有"生态化元素"旅游产品，呼吁以保护生态环境为引领，做生态旅游活动的倡导者、宣传者和践行者，推动浙江省生态旅游产业持续、快速、健康发展。浙江发展生态旅游的过程，是不断提倡景观生态、注重文化传承、开发"生态化元素"产品，注重"生态旅游市场发展"的一个不断完善的过程。浙江省生态旅游实践、探索和创新的核心在于让"生态化元素"与旅游资源实现更加适宜的融合，以便更好更多地助力生态旅游产业的发展，努力实现生态保护、经济发展以及百姓富裕的有机统一。在浙江生态旅游发展模式不断推陈出新之下，生态旅游的空间格局得以拓宽，生态旅游的类型得到不断地丰富，生态旅游不再仅仅是一个旅游类型或旅游产品，更是旅游产业科学发展的战略方向。

五、生态旅游发展的主要问题

浙江省生态旅游发展虽然在经济、生态和社会三方面取得了显著成效，也积累了一定的经验，但是开发、投资、消费和系统四个维度上的问题依然突出。由于生态旅游是一个新兴旅游业态且在我国的发展阶段相对较短，单独从浙江省区域去探讨生态旅游发展所面临的问题或将十分局限，因此生态旅游发展的主要问题将在全国背景中讨论，适当结合浙江的实际情况。

（一）生态旅游开发面临的问题

生态旅游作为一种环境发展的战略被提出，它的开发目标并不是单纯的商业利润，更重要的是关注自然环境、生态文化的保护和区域的可持续发展。生态旅游开发对象是一切具有生态美的自然和文化客体。当前开发面临的问题主要包括以下几个方面：

1. 生态旅游资源过度开发

随着生态旅游不断地发展，社会对于绿色环保的旅游方式愈来愈重视，人们在生态旅游方面的需要达到了前所未有的高度。而开发商在对自然生态系统进行发掘改造时，为了追求经济利益，做出了许多不考虑可持续发展前景的行动,违背了生态旅游发展中维持资源的可持续发展和保护生物多样性等基本原则。许多海岛、湿地、山水等在进行开发之前,开发商没有对该地区自然环境的生态承载力进行科学分析和前期的周密规划、可行性评价等,一味地采用粗放甚至是野蛮手段,导致开发程度大大超过了本地生态环境的承载能力,破坏了生态系统的可持续使用性以及正常的平衡。除了自然资源的开发过度,生态文化旅游的开发也同样存在着被过度透支的现象。

2. 生态自然环境严重破坏

由于开发者的环境意识、生态意识欠缺,生态旅游开发对生态环境造成破坏的情况依然严重。在对生态旅游系统的客体——自然资源进行开发时,人们往往忽略了对载体生态旅游环境的保护,从而产生了诸多生态环境遭到破坏的现象。随着生态旅游热的兴起,滨海生态旅游开发面临诸多棘手问题。大量城市游客涌向海滨、海岛等生态敏感区,对脆弱的生态系统带来巨大压力。自然环境的破坏使动物失去了天然的栖息地,不利于保护生态景区的生物多样性。还有一些为建设度假村在海滨风光地带建造防浪堤、围海造地,改变了海水动力场,破坏了整个生态景观。许多海岛把千万年自然形成的海蚀山体、礁盘挖掉,建海桥,供游人参观,造成一定的海岸淤积(张丛,2009)。

3. 生态旅游开发规划不合理

我国处在生态旅游发展的起步阶段。生态旅游发展过程中,科技支持的力度不够,旅游从业人员的素质也都普遍偏低(黄宁,2006)。这导致生态旅游在实际的开发时,由于没有科学的理论技术指导,出现违背科学的开发规划。湿地是人类最重要的环境资源之一,也是自然界富有生物多样性和较高生产力的生态系统。它不但具有丰富的资源,还有巨大的环境调节功能和生态效益。开发湿地旅游产业不仅能让游客观赏到优美的自然景观,还可以让游客认识湿地、了解湿地,同时提高湿地保护意识,遏制生态环境恶化,保护湿地资源,使其达到可持续利用,实现与人类和谐共存(张丹,2010)。然而,实际开发时,由于开发人员的专业素质偏低，采用了不合理的开发方式，非但没有促进湿地的开发与保护，反而破坏了生态系统本来的结构与功能。

4. 生态旅游产品开发同质化

生态旅游开发区通常都是选在自然资源丰富的地区，但是开发商在宏观上并没有对生态旅游资源进行有针对性统一规划（隋玉正，李淑娟，孟芬芬，2012）。这使得各地区以行政体制为界线各自规划，缺乏必要的合作和共赢机制，造成了生态旅游产业产品雷同，重复开发，恶性竞争的局面。生态旅游产业的开发可以从自然资源和人文资源两方面挖掘。就自然资源而言，其主要构成要件有山地、丘陵、河流、海域、湿地等，各旅游资源景区其实没有本质区别；从人文资源来看，中国幅员辽阔，东西南北的文化习俗，比如房屋建筑、居住环境、生活习惯、民间风俗、意识形态、精神风貌等都存在典型的差异。旅游产品开发规划缺乏创意、创新，普遍存在可替代性强、竞争力弱，缺少针对不同群体而开发的个性化旅游产品等问题使得目的地旅游吸引力下降，生态旅游产业的开发模式、经营模式和市场模式单一（宋棣，2015）。

（二）生态旅游投资面临的问题

生态旅游产业被投资者称为永不衰落的"朝阳产业"，在传统行业市场空间已经饱和且难以形成大的突破的时候，生态旅游的投资前景却十分广阔。即便如此，在进行生态旅游投资时，一些问题依然突出。

1. 投资主体行为不规范

投资机制一般是投资活动运行机制和管理制度的总称，由投资主体、投资方式和投资调控体系三项要素组成。投资主体指的是包括投资决策主体的各个层次及其结构，以及它们在决策权限方面的关系。投资方式指的是投资主体筹集资金的方法、资金运用方式以及投资执行中各个方面之间的关系。投资调控体系指的是国家用以扶持、引导、限制和管理投资的调节控制体系（郎荣燊、何孝贵，2006）。生态旅游投资机制的建立实质上是在招商引资之前所确立的各种规范投资主体行为的制度。由于信息的不完全性，生态旅游投资时，投资主体政府和投资商在经济效益和生态效益两方面会互相约束，投资的机制尚未健全，包括与旅游投资生态文明建设要求配套的政治制度、法律法规和相关的技术规定、技术标准等还未形成统一有效的实施机制。国家对投资主体依法保护生态环境的强制性要求也尚未完全落实，此时会出现政府无法对开发商的后续投资行为及经营行为进行约束的情形（王慧琴、张彩虹、邹家红，2011）。

2. 投资项目缺乏规划

因为热点话题投资与区域经济发展不均衡的投资规划等因素，生态旅游投资项目的盲目性和随意性较大，容易引发大众对生态旅游投资过热、毁坏生态环境、破坏生态空间的担忧。一些地方的旅游投资规划也受到各方关注，如中国作家莫言获得诺贝尔文学奖之后，他的故乡山东高密县计划"种万亩红高粱投资6.7亿元打造旅游带"的消息引发热议；重庆围绕"爱情天梯"投资26亿元打造爱情文化名山景区引起激烈讨论；贵州3万亿元投资生态旅游，创造旅游发展的"贵州速度"，被媒体质疑为"经济发展的新引擎或侵蚀生态的'大跃进'"（路琪，石艳，2013）。除了追逐热点盲目投资，生态旅游投资项目具有季节性、敏感性和相关性等特征（林伟，2015）。森林、山水、滨海等自然资源受季节的变化影响很大。由于生态旅游产品的特殊性，他们不仅受到一般投资项目内部因素的影响，同时还受到自然环境等外部因素的影响。此外，生态旅游业与其他行业之间的联系非常紧密，生态旅游投资项目投资运行后具有明显的需求导向性，由于投资商缺乏对游客需求的市场分析，缺少整体产业链规划的投资使生态旅游产业的经济价值没有得到充分发挥。

3. 投资渠道过于狭窄

山水生态旅游的建设需要因地制宜，且大多分布在山区和农村。山区和农村的经济发展水平整体比较落后，资金供给始终是制约山地生态旅游产业高效运营的主要因素。然而，就支持山区生态旅游产业运作的资金来源而言，民间自筹资金一直缺少，绝大部分来自政府性的投资，且由行政权能进行主导。这种单一性的投资管理模式长期存在，也引发了一系列问题。随着经济发展水平的提升，旅游资金运作模式正在发生变革。在当前农村的山地旅游行业之中，政府逐步强化了对于投资管理的重视力度，然而理财产品、配套服务的缺失却影响了投资管理的实效（尹潇、邹幸、秦佳炜等，2016）。

4. 文化产业投资商业化过度

生态旅游行业是一项经济事业，也是一项重要的文化事业，其文化特征贯穿始终（艾琳、卢欣石，2010）。投资者常常只追求生态旅游在经济方面的效益，然而投资手段上却过于商业化，景区本土文化受到了冲击。在很多山水生态旅游区，会有许多开发程度不高的古朴村落，投资者们顺势将古村落生态旅游作为投资的一部分，然而这些村庄很快会出现过度商业化。这使得古村落的原有风貌遭到破坏，与古村落古朴的生活方式极不协调，传统文化受到冲击，旅游景区变为"现代化商业区"（张建忠、刘家明、柴达，2015）。贵州民族村寨的生态文化旅游投资，商业化已经开始主导其经济形态的发展（郜捷、孙小龙，2016）。在面临个人经济诱惑、政府 GDP 增长及游客不断增长的旅游需求中，民族村寨旅游有过度商业化投资的倾向，生态文化旅游的发展和经济利益的追求出现了失衡。

5. 基础设施投资全面性不足

生态旅游各类基础设施主要有一般基础设施（主要包括交通道路设施、停车场、供水、排水等）、服务设施（主要是供旅游者住宿的宾馆、旅社、度假村、招待所、餐厅等）、游憩设施（游赏型设施、运动型设施、休闲型设施、水上游憩设施）和其他辅助设施（景区大门、售票点、景区管理处、指示牌等）。山水生态旅游和湿地生态旅游的基础设施建设相对落后，在基础设施方面的投资依旧有很大的空间。这些地方大部分是森林或者山区，由于地形的限制，交通通达性差。比如长白山生态旅游景区，交通情况是束缚长白山快速发展的瓶颈（李杨，2012）。广州番禺生态旅游产业在发展的过程中，面临了旅游配套服务投入不足，相关配套服务措施不够完善的问题。除了交通的通达性差，同时它也存在旅游指示标识不足的情况，辖区内主要旅游景区、高星级宾馆酒店的交通指示标识设置有待进一步规范、完善；此外，番禺生态旅游区的问询服务体系不完善，如大学城、番禺长途汽车客运站等重大客流密集场所欠缺旅游问询综合服务机构（许运光，2016）。

（三）生态旅游消费面临的问题

1. 消费者生态保护意识不强

生态旅游区别于传统旅游的主要因素就是其将生态环境保护作为首要的前提。但是，由于消费者生态环境保护意识的单薄，实际的旅游过程中，自然环境遭受到的破坏和污染的现象依旧普遍存在。近几年海洋垃圾被曝光的消息时有发生，海洋生物由于食用了大量塑料袋等人类留下的废弃物而死亡的新闻令人痛心，大量游客在海滨或海洋消费活动时，垃圾没有进行及时的收集和处理，要么埋在海滩，要么倒向大海，污染了环境，毒害了生物，留下新的海洋"癌症"（张丛，2009）。另外，现代消费主义导致了对自然资源的极大浪费，从而给生态环境造成了严重破坏。消费主义使现代人以消费或占有物品的方式标识自己的身份、地位和成就（陈啸，2015）。这种消费观念很大程度上追求的是个人效用的最大化，是传统旅游的消费观念。虽然生态旅游在整个社会的影响力日益剧增，但是其消费者的生态意识并没有及时匹配上生态旅游产业的发展，生态旅游消费者的目标函数中不仅包括个体意义上的效用最大化，还包括对生态环境以及社会、历史、文化等非经济因子的关注。其约束条件应系统地包括政府的生态旅游发展战略、旅游经营者的生态保护措施、相关公众的评估与控制等因素（司金銮，2001）。

2. 消费服务信息化覆盖不够全面

在这个大数据信息化的时代，人们的衣食住行越来越多地依靠网络。无论是购买火车票、飞机票，还是订购酒店，互联网带给消费者们更加便捷的消费体验。国内很多生态旅游景区也提供了门票、车票等周边产品网上预定的服务。游客在景区内游览时可以通过手机关注微信公众号或者下载 APP 等方式获取导游语音讲解，为游客带来了很大的便利。但是，这种消费服务的信息化并未做到全面覆盖，仍有大量的旅游景区依然采用传统的消费服务方式，比如人工排队购买门票、只接受现金支付等效率相对低下的方式。还有很多山水生态旅游区，由于地形地势等的影响，网络信号不佳，景区没有实现免费 Wifi 的全覆盖。旅游景区服务的信息化程度需要进一步深化。信息化程度的低下对于生态旅游景区的保护有着不利的影响，每年有大量纸质门票被遗弃在全国各地的景区内。

3. 生态旅游消费结构有待优化

从食、住、行、游、购、娱等各个旅游消费环节看，我国生态旅游消费品的供给仍然处于一种短缺和结构不合理状态（高维忠，2003）。浙江省处于我国经济发达地区，旅游业发展迅速，但浙江省国内生态旅游消费结构中的游客基本旅游消费所占比重较大，旅游消费结构较为不合理的现象突出。生态旅游消费需要在自然生态景区实现，但是他们主要的支出还依赖于住宿、餐饮、交通等刚性旅游项目消费支出。而在景区内相关的娱乐、邮电通讯、其他等弹性较大的旅游项目消费支出较少（柳晓静，2015）。滨海旅游产品体系中，以包括观光、游览类等基础层次的旅游产品为主，这类产品只能满足旅游者的基本型需求，而缺少满足游客兴奋型需求和期望型需求的产品，旅游供给类型与当前旅游需求不相适应（高向丽，2008）。

4. 生态旅游消费品的价格偏高

生态旅游的消费者最初偏向于受过高等教育和拥有中等收入程度的群体。渐渐地，越来越多人有了生态旅游的意识，生态旅游正经历着逐步大众化平民化的过程。消费者群体扩大，拥有生态旅游需求的人群分布在不同的收入与文化层次。这对于实现旅游的可持续发展无疑是有着积极的作用（李文华，2012）。然而，生态旅游消费品的价格普遍偏高，因为消费者除了要支付一般的旅游出行开支，还需要为生态旅游景点的资源和环境维护买单。比如湿地植被丰富，这些植物的灌溉与养护需要大量资金；游客们来到山水景区赏玩，水体中废弃垃圾的打捞也是日常关键的维护。高水平的生态旅游消费常常与高的价格联系在一起。和改革开放以前相比，我国居民的收入水平的确有了大幅度的提高，但整体上仍然是一种处于初级阶段的收入水平，对于很多中低等收入的消费者来说，生态旅游加重了他们的经济负担（徐雪，2013）。高昂的门票价格会使很多有消费意愿的潜在消费者不得不放弃消费。这对于生态旅游的可持续发展其实也是不利的（娄丽芝，2009）。

5. 缺乏生态旅游消费激励机制

在生态旅游消费发展过程中，有关环境与资源保护的法律制度、有关旅游资源开发利用的产权制度、有关生态化旅游消费与生产补偿制度、有关旅游生产成本收益核算制度、有关生态旅游消费品的评价制度等制度创新还有待深化加强，目前的制度对于生态化消费与生产的激励效果还不明显，旅游消费者和旅游生产者进行生态化的旅游消费与生产的积极性与自觉性仍旧不强，生态旅游消费中的需求与供给不足问题尚未解决。虽然人们的收入整体有了提升，人民生活富裕程度也较之前得到了提高，但是发展中新的问题也接踵而至。有了钱却没有时间旅游消费的人群越来越庞大。多数工薪阶层休假时间短，小长假也大多集中在"五一"、"十一"和年假。对于生态旅游这种季节性时效性特征比较明显的旅游，植物的花季或者动物的迁徙季节，受季节气候等的因素影响很大，一旦错过时间便失去了赏玩的价值。而集中的假期里，各个旅游景区又会出现人流量过大，降低消费者出游的舒适度。劳动者以自由选择休假时间和方式的带薪休假制度还未全面落实，旅游消费中的许多矛盾有待化解，难以短期内提高生态旅游消费水平（娄丽芝，2009）。

（四）生态旅游系统面临的问题

生态旅游系统是区域生态经济系统的重要组成部分，是生态旅游地的人类旅游活动与它所依赖的自然生态环境相互交织、相互作用、相互耦合所形成的网络结构。它是一个复杂的开放性系统，是投影并叠加在自然生态，社会和经济三大系统交汇处的复合系统（林智理，2002）。生态旅游系统的基本矛盾是：快速增长的旅游社会经济系统对自然生态资源需求的无限性与相对稳定的自然生态系统对自然资源供给的有限性之间的矛盾（佟玉权，宿春丽，2008）。

1. 生态旅游者主体性缺失和异化

生态旅游系统主要由主体（生态旅游者）、客体（生态旅游资源）、媒体（生态旅游业）和载体（生态旅游环境）等四大要素组成（杨桂华，钟林生，明庆忠，2000）。狭义的生态旅游者指的是对生态旅游区的环境保护和经济发展负有责任的游客（衣小艳，2011）。在发展目标中，尽管可能有部分旅游者在主观意愿上期望对自然和人文生态给予尊重和保护，并以负责任的态度参与旅游活动，但出于商业可行性、获取利润目的的经营者主体性强势席卷了生态旅游产品的开发和运行，旅游者意愿被边缘化，个体旅游者是否对环境产生影响在被共同客体化的过程中变得毫无意义；主体性的异化使人们认定旅游者的愉悦、享受、求知、体验等动机与旅游产品消费相关联，任何与消费无关的活动，如生态保护，就是与需求背离的；进一步依据缺乏市场需求的产品都无法生存这一原理就会得出"为了获得长久的经营就必须以牺牲环境资源为代价这一谬误结论"（李湘云、吴艾凌、杨占东，2017）。

2. 生态旅游区管理体制不健全

生态旅游管理的最终目标是实现生态资源的保护和旅游开发经济效益的统一。在实践中，旅游经济目标和生态资源保护目标往往是矛盾和对立的，人们通常是以牺牲生态环境为代价换取旅游经济效益（赵国军，2007）。为了满足物质享乐型旅游的社会需求，并借此获得丰厚的经济收益，一些地方政府、旅游开发商和旅游经营部门在生态旅游开发中热衷于大兴土木、筑路修桥。这不仅助长了奢靡之风，还导致了许多生态旅游景区的"商业化"、"城市化"和"人工化"。而且，我国不同类型的景区归不同的部门管理，比如风景名胜区归建设部门管理，自然保护区归环保部门管理，森林公园归林业部门管理，地质公园归国土资源部门管理，水利风景区归水利部门管理，生态观光农业归农业部门管理等。因为没有统一的行业规范标准，没有统一的管理机制，生态旅游管理难度又大大增加（牛然、李学东，2008）。

3. 生态旅游系统法制化发展缓慢

开展生态旅游无论是规划开发还是经营管理都离不开法律制度的有力保障。我国虽然也制定了一些与旅游密切关联的环境保护法律法规，如《环境保护法》、《森林法》、《文物保护法》、《野生动物保护法》等，但具体到生态旅游资源的开发利用和经营管理却缺乏相关法律制度。现有的法律法规多数只适用于绝对保护区，而缺乏针对开展生态旅游区域的相关环境法律、法规。这就使得旅游开发规划的各项工作以及管理的各项指标要求没有可以适用的法律依据。法制不健全的另一个表现是有法不依、执法不严导致法律失效。缺乏法律的有效制约与规范，生态旅游的开展只能过分依靠人的素质的提高，但是单纯依靠人自觉遵循科学规范进行实践行为，其实是主观唯心主义的期望，结果必然是各为其利（张锐，2005）。而且，法律法规极少考虑到生态旅游资源在科学、文化、美学等方面的特殊意义，没有相应更严格的保护措施，不利于生态旅游资源的保护（汤春琳，2009）。

4. 自然生态、社会与经济系统之间存在矛盾

生态旅游开发中自然资源的保护与开发是一对长期存在的矛盾。与传统大众旅游相比，生态旅游认为保护是开发的根本前提，强调开发与保护须同时交叉进行。但在实践操作中，要做到两者的和谐并非易事。生态旅游投资时追求经济效益与生态效益也是一对矛盾。许多投资商片面追求经济效益，在对资源缺乏深入调查和全面科学论证、评估与规划的前提下，便匆忙进行探索式、粗放式开发投资，不考虑地区的生态效益。国民素质与发展要求之间存在明显的差距和矛盾。从总体上来看，国民受教育水平不高，素质偏低，环境意识落后。经营管理者方面是可持续发展思想淡薄、生态环境科学知识匮乏、短视化行为较为普遍、低级粗糙商业化景观泛滥、对资源实施掠夺式开发利用；旅游者方面则是环境意识薄弱，自觉维护旅游地环境的保护观念还未全面形成，随意践踏破坏植被、乱丢乱抛垃圾，以捕食珍稀动、植物为荣等（丁晓蕾，

2001)。

六、生态旅游发展的主要对策

基于生态旅游开发、投资、消费和系统四个维度上的具体问题，生态旅游发展对应的策略主要包括：因地制宜、区域合作和产业集群三类开发策略，投资结构、投资机制和投资渠道三类投资策略，产品结构、参与体验、可持续性三类消费策略，法律法规、承载力恢复、系统协调三类系统策略。

(一) 生态旅游的因地制宜、区域合作和产业集群策略

生态旅游开发主要是指对生态旅游资源的开发，我国生态旅游的开发主要是以滨海资源、湿地资源、山水资源、产业资源、文化资源等为基础，同时结合基础设施的建设，大力开展生态旅游活动。生态旅游开发策略是生态旅游可持续发展的源头管理对策，只有开发策略合理正确地制定，才能保障生态旅游地旅游资源得到合理配置与利用，从而促进生态旅游稳定持续的发展。

1. 因地制宜的开发策略

生态旅游开发在各个景点的区位、各种资源的分布上存在一定程度的差异，只有进行因地制宜的旅游开发才能实现生态旅游资源的效益最大化。因此，有必要根据不同旅游地区旅游资源的比较优势对各个开发地的资源进行整合，确立合适的开发方案。一方面，因地制宜的开发策略强调生态旅游资源与环境的保护。生态旅游的出发点是为了加强对旅游资源保护意识、丰富旅游种类、推动生态旅游发展。生态旅游开发策略要注重对生态环境保护宣传，遵循保护与开发并重的原则，开发者要积极投入生态环境宣传保护的教育，如在各地设立宣传保护标语、增派环保宣讲人员、在导游知识中增加生态旅游和环境保护的内容等，以此号召游客与当地居民对生态环境的保护，进而推进生态旅游适度有序的开发。以山东鲁北滨海湿地生态旅游为例，吕建树、刘洋（2011）指出在生态环境质量较差的地区（如莱州湾南岸地区）应进行退田还草、退耕还林、退盐还草，大力开展生态化建设。而钟林生、李萍（2014）则以甘肃省阿万仓湿地旅游开发为例，指出其在开发过程中需要突出当地文化、保护植被覆盖率以及防范水体污染的问题。另一方面，因地制宜的开发策略突出旅游品质。在山水生态旅游开发中，应加强山水之间动静相宜的开发策略，山水相依本就是一道亮丽的天然风光，但不妨在开发中增加有助于山水景色动静结合的对策，从而加强山水的整体规划和局部规划的互补，做足山与水的文章。例如在交通不便的山区开发规划中，交通设施的进一步完善，会使得旅游者在各景区内"进得去、出得来、散得开"（陈峰云等，2002），而休闲站点的建立会增加游客的旅游舒适度，公共厕所的完善可以提升旅游品质。因地制宜地开发生态旅游资源制定生态旅游开发策略，是秉持着对生态旅游资源保护性开发的原则，是应对我国生态旅游开发的先决策略。

2. 区域合作的开发策略

生态旅游的开发往往是区域性的、大面积的，谢慧明、俞梦绮、沈满洪（2016）指出加强城市间的经济联系能有效地扩大国内旅游需求，因此有必要根据旅游经济发展水平、发展速度、旅游资源等地域差异进行区域间的合作，以此有序地推进生态旅游区的开发。一方面，区域合作强调山水生态旅游资源开发在各地域之间的联动。陈峰云等（2002）以武汉洪山区为研究对象，指出武汉山水旅游的建设必须纳入武汉市大旅游的构架中，与周边地区的发展相协调，从整体上与东湖风景区、江夏区、鄂州市等地区的旅游开发与建设相协调，形成一个开放的、与旅游线路相联系的、产品各具特色的旅游联合体。山水生态旅游的开发应当注重区域联动机制，优势互补，丰富旅游线路。另一方面，区域合作强调滨海生态旅游资源在海岸线上下游之间资源的共享。在滨海生态旅游的开发上，滨海生态旅游在我国生态旅游业发展中占据着重要地位，也是生态旅游着力开发的旅游种类之一。然而，滨海海域跨度较大，涉及的区域较多，沿海各个地区之间的滨海旅游资源往往是互相关联甚至是共享的，而且我国滨海旅游发展水平、滨海旅游资源特征与分布、滨海旅游产业集群分布状态、滨海旅游客源市场等具有明显的地域差异（刘佳，2010），因而加强区域之间合作的开发策略尤为重要。沿海毗邻的省市之间需要在滨海资源开发上规划好上下游之间的利弊关系，进行合作开发。此外，区域合作强调湿地生态旅游开发时各生态系统之间的协调性。湿地生态旅游系统较为复杂，在开发中往往是牵一发而动全身，这便使得其开发策略更加注重区域合作。各个省市之间、地区之间互为关联的湿地生态旅游在开发策略的制定上应遵循地域合作开发的原则。例如，鲁北滨海湿地的开发需要进行整体部署，促进一体化发展，构建大黄河三角洲生态旅游带，立足各地市的优势，构建分工体系，加强旅游产品差异化（吕建树、刘洋等，2011）。总之，区域合作的生态旅游开发策略符合生态旅游资源合理适度开发的原则，有利于形成"资源共享，共同开发"的开发原则，能够促使生态旅游资源得以合理利用。

3. 产业集群的开发策略

生态旅游的开发关乎多个产业的发展，因而可以在产业链建设的基础之上打造生态旅游产业集群，以此打破单一生态旅游产业发展的瓶颈，使景区资源与经济发展得到有机结合，从而促使生态效益、社会效益、经济效益更优化。一方面，产业集群是指生态旅游开发过程中各个旅游产业之间的协整。以滨海生态旅游的开发为例，其建设需要协同海洋相关产业的发展。滨海地区海洋资源丰富，海洋产业众多。滨海生态旅游可以结合海洋渔业、海洋运输业等海洋产业协同发展。刘康（2004）指出，山东滨海旅游可以利用沿海渔区的海洋环境优势，开发渔村度假产品。我国滨海生态旅游开发还可以坚持利用天然的海洋渔业资源，不仅可以丰富滨海旅游开发项目，而且也可以拓展海洋渔业发展空间，从而产生良好的旅游效益和生态效益，也可以带来一定的经济效益。例如，湿地作为水陆相互作用形成的独特生态系统，拥有着复杂的生态系统，丰富的动植物种类、充裕的水域以及良好的生态景观，在旅游资源的开发中特别适合农业产业链的打造以及农家乐的开发模式。在农业产业链建设上，植物既可以作为景观，也可以将其枯枝作为饲料资源，动物的废弃物可以作为肥料利用。另一方面,产业集群指的是以旅游资源为基础的相关产业以及旅游资源开发的相关步骤需要进行全方位、整体性地提升与整合,不能走单一化的发展路线。要将生态旅游产业的文化、经济、生态等规划协调并进发展,产业发展的设计、制定、决策等开发策略统筹谋划发展。各个省份乃至各个城市所打造的生态旅游产业必定是存在共性且又各具特色,各个产业之间的协调发展要"求同"但也需要"存异",有的地区主打休闲式生态旅游产业、有的地区主打乡村式生态旅游产业等,具有特色的生态旅游产业才能够得到更加持久的发展。生态旅游产业的建立是以保护生态环境、实现社会经济可持续发展为目的,以当代旅游市场为导向的、以生态旅游产品为依托的、以生态旅游服务为内容的旅游经济活动(陶表红,2011),产业集群的开发模式有助于化解生态旅游资源开发手段单一,产品同质化的不足。

(二)生态旅游的投资结构、投资机制和投资渠道策略

随着生态旅游的快速发展,生态旅游投资也随之呈现出强大的市场潜力,它是生态旅游产业升级的重要途径,其主要目的是为了激发旅游活动或促进旅游行为。但投资都是集收益与风险并存的经济行为,同时还应该考虑其存在的隐性价值与风险(林伟,2015),因而生态旅游投资策略需要针对生态旅游投资存在的一系列问题进行优化组合,从而趋利避害,促使收益最大化。

1. 完善生态旅游投资结构

生态旅游的投资存在投资结构不合理的问题,因而完善的生态旅游投资机制的建立显得尤为紧迫。一方面,完善生态旅游投资结构可以增加各类基础设施投入,提升生态旅游舒适度。2016年"五一"小长假之后,携程旅行网发布的消息显示:舒适度首次成为中国游客出行前考虑的首要因素,43.4%的人会在出行前优先对舒适度作出评判,安全性、可玩性、购物便捷、美食等均位列其后。生态旅游之所以受到热捧,一大部分原因是其旅游舒适度较高,因而增加更多提升生态旅游舒适度的基础设施建设投资有助于生态旅游的进一步发展。旅游具有双重结构,

经济是其外壳，文化是旅游活动的内涵、实质或目的（章海荣，2004），精神文化层面的享受也是旅游舒适度的一种体现。文化支出对旅游需求有着十分显著的影响（谢慧明、强朦朦、沈满洪，2016）。从滨海生态旅游投资结构归纳发现，滨海生态旅游的投资资金主要流向了住宿、餐饮等方面，而对于滨海文化的建设却显得投资不足。这也在一定程度上反映出滨海旅游的文化开发并没有受到充分关注。综上所述，旅游舒适度建设无论是从基础设施建设还是文化构建上都具有重要意义。另一方面，完善生态旅游投资结构可以促进生态旅游投资具有明确的方向性和针对性。生态旅游投资是一个投资需求旺盛、投资回报率高的领域，就山水生态旅游而言，其维系环境质量、美化环境的功能更为强大，人们的生活离不开山水。因此，山水生态旅游需要开发，更需要保护，对于山水的保护应当是山水生态旅游投资的关键所在。个人、政府或其他企事业单位的投资要扶持当地的原生态保护项目。塑造湿地生态旅游形象的投资策略。湿地生态旅游的建设需要塑造特色鲜明的旅游形象，要着重突出湿地的生态功能及其生物多样性。设计旅游形象还应设计出相应的载体，如旅游纪念品、景区吉祥物等，湿地生态旅游的投资建设需要在这些方面投入以塑造湿地生态旅游的形象。

2. 深化生态旅游投资机制

投资决策盲目是生态旅游投资的突出问题，而完善的投资机制容易在生态旅游模式下产生理想的经济效益，因此有必要对生态旅游机制的建设进行深化。一方面，生态旅游投资机制的深化旨在解决投资主体行为不规范的问题。就山水生态旅游而言，在其生态旅游项目的开发中，众多投资主体各自为战，很多城市周边林区投资建设纯粹是有山就投资山庄，有水就投资漂流类项目（张福庆，2008）。与此同时，很多生态旅游目的地的产业发展受阻是由于生态旅游的投资体制存在一定问题，最为核心的是所有权与经营权的分离（张福庆，2008）。对此，地方政府需要建立健全合理的投资机制，引导各大投资者进行适当的投资。另一方面，生态旅游投资机制的深化能够加大事业经费的投入。就生态旅游产业而言，地方政府往往把生态旅游目的地看成是营利性的经济单位，甚少将生态旅游产业看成是生态旅游发展的示范性产业，因此事业费的投入不足。增加政府事业费的支出，为生态旅游产业的发展提供充足的源动力，将旅游产业的环境效益、生态效益作为主要的经营目的。因此，对于地方政府在生态旅游投资开发认知不足的情形下，政府事业费支出的机制要体现生态旅游产业的生态意义，并且能够平衡各个地区建设发展的投资策略。就全国范围而言，江西、吉林生态旅游资源十分丰富，但浙江、江苏、广东等经济发达省市的生态旅游人数却更为集中（张福庆，2008），因此需要加深生态旅游资源丰富的地区的资金投入，丰富这些地区的生态旅游产业，从而推动生态旅游业的快速发展。此外，生态旅游投资机制的深化增强了生态旅游投资的可行性。邓爱民（2006）重点从旅游项目的可行性研究入手，对旅游项目开发建议书的编制、旅游项目市场预测、旅游项目的投资估算与资金筹措、旅游项目财务管理、旅游项目环境影响等进行了综合分析，为旅游投资方进行科学合理的项目投资指明了方向。总之，生态旅游投资机制的建设需要对生态旅游开发规划有所考虑，投资规划的各个环节之间也需要紧密结合。

3. 拓宽生态旅游投资渠道

生态旅游的建立涉及开发、建设、运营、维护等多个环节，而配套设施资金投入是各个项目运行的源头活水，否则其支持的旅游开发可能只是一纸空谈，然而多元化的投资渠道更是生态旅游的资金投入持续发展的关键部分。一方面，拓宽生态旅游投资渠道可以丰富生态旅游的投资主体。多元化的投资渠道便涉及政府、企事业单位、个人、社会公众等投资主体。刘改芳（2001）在摸清山西省的旅游投资状况后提出政府应加大投资旅游力度真正起到带动、引导作用。政府要强化其在旅游业发展中的宏观调控作用、成立投资融资公司，以提高资金的使用效果、推出特色之旅时投资应实行多元化等措施。汪洪旭（2016）通过对我国投资来源的主体占比进行对比分析发现，在"十一五"和"十二五"期间，我国旅游投资的最主要来源是企业，其次是政府、外资与银行，投资来源并未发生明显变化。企业在对旅游进行投资时，暴露出急功近利的心态，不能从全局的角度来综合考量区域内旅游产业的长远发展，短视行为严重。由于政府的投资数量有限，对旅游产业的规范性发展方面起到的作用也十分有限，无法从资金管控的角度来促使旅游产业科学、合理、健康的发展，成为制约我国旅游产业发展的重要原因之一。另一方面，拓宽生态旅游投资渠道可以丰富生态旅游的投资形式。对于投资风险较大的生态旅游而言，利用商业贷款、政府立项补助、企业和个人投资等多种形式筹集资金，降低投资方资金断裂的风险尤为重要（林伟，2015）。坚持政府在生态旅游的投资中扮演"领导者"的角色，企业扮演"追随者"的角色，并且推进其他投资主体积极参与生态旅游的投资建设中。在对融资渠道的研究方面，喻江平（2005）对河北省旅游投资融资的问题进行了探讨，认为河北省旅游投资项目充分体现了国家、部门、集体、个人、内资、外资等多个投资主体并进的特点，主要包括银行贷款、发行股票、发行债券、项目融资、股权置换、建立旅游产业投资基金。渠道广泛、机制灵活、体制多样的生态旅游的投资使得河北省旅游业不断趋向可持续的发展。

（三）生态旅游的产品结构、参与体验、可持续性策略

生态旅游消费是推动旅游经济提升发展的主要动力之一，在生态旅游出游倾向不断增加的趋势之下，尽管生态旅游消费呈现出随之攀升的现象，但生态旅游消费中出现的问题也接踵而至。如何推进生态旅游发展成为一潭活水以及优化生态旅游消费结构、促进生态旅游消费转型升级、提升游客生态旅游消费满意度等问题都将是生态旅游消费策略关注的重点。

1. 优化旅游产品结构

旅游产品结构是指旅游者在旅游过程中所消费的各种类型的旅游商品包括物质与精神服务商品及相关旅游消费资料的比例关系（尤慧、陶卓民，2006）。它往往是衡量一个国家或地区旅游业发展水平的重要标志之一（张向旺、陈波、唐建荣，2012）。一方面，以滨海生态旅游产品结构优化策略为例,海南是我国滨海生态旅游的代表省份,张向旺等(2012)以海南省滨海生态旅游为研究对象,分析其消费存在的问题进而提出优化旅游消费结构的对策。针对滨海生态旅游的省份或城市,要增加娱乐项目的消费支出,但鉴于生态旅游的根本目的是要兼顾人文休闲资源的享受,而不是单一地追求物质消费。旅游文化的消费是生态旅游产品结构中极具意义的方面,滨海城市应利用丰富的海洋资源打造滨海旅游文化,宣传滨海特色,形成合理的促销机制,从而形成独特的滨海旅游文化品牌。在精神文化需求日益增长的情况下,生态文化旅游的消费炙手可热,但生态文化旅游的"营养套餐"只有不断丰富才能显得更为"美味可口"。在这样的背景之下,需要推进生态旅游文化的多元化,包括生态旅游的内涵意义、生态旅游地的文化渊源、生态恢复的文化意义、生态文化旅游未来发展潜力等。另一方面,政策的有力支持能促使生态旅游产品结构优化。为此,生态旅游应从建立健全调整旅游产品结构的政策着手,根据各个地区各种类型的生态旅游方式,制定合理的旅游购物消费的鼓励性政策,从而增加旅游消费,促进旅游消费结构趋向合理化。要加强对旅游资源的开发力度,根据旅游资源的特点开展多样化、多层次的旅游活动,丰富精神旅游消费的内容,推出优秀的旅游产品,并逐步完善销售及售后服务,满足旅游者的消费需求。传统的旅游消费较多基于资源消耗,生态旅游应该秉持生态消费的观念,通过生态旅游消费策略引导游客在消费方式上进行改变,消费方式的优化策略会为生态旅游消费的整体改善带来更为显著的效果。

2. 打造参与体验式生态旅游

生态旅游中最为吸引游客的是天然的秀丽风光,更多时候是需要有体验式的消费,才能使游客真正融入生态旅游理念,增加更多游客对生态旅游的消费。以山水生态旅游为例,山水生态旅游中蕴藏了丰富的山水生态资源、清新的自然环境和独特的人文情怀,山水生态旅游与都市化生活环境形成了鲜明的对比,但体验性不足、山水开发呼应较少、山水环境保护效果欠佳等问题的存在,使得山水生态旅游的消费策略有待进一步完善。山与水在自然风光中本就是一体化的，湖光山色两相宜是动人的风景画卷。在刺激山水生态旅游消费的策略中，如何利用好山水相连的特有属性是发展山水生态旅游的关键。串点成线，打造山水交错观光线路，完善观光体系。与此同时，增加山林体验活动，增加农林生产体验、丰富水上作业生态体验等各类体验活动。在这样的模式之下游客不仅可以欣赏山水，还可以积极参与到当地生活体验之中，极大增加了旅游的参与度与游客的积极性。又以湿地生态旅游为例，湿地生态旅游被认为是旅游业可持续发展的最佳模式之一，但由于认识不足、开发单一等问题，造成了湿地生态旅游的消费体验性不足、走马观花式的局面。生态文化旅游消费策略应突出湿地生态旅游功能。对于湿地生态旅游，事实上很多游客还存在着认识方面的不足。体验式的湿地生态旅游会激发游客对湿地的好奇心。湿地生态旅游的开发形式以湿地公园的开发为主，但对湿地公园景观挖掘不够充分，开发形式单一，活动缺乏新意和系统性，大大降低了对游客的吸引力。随着科技的日益发达，在不破坏生态的前提下，可以改善湿地游览条件。湿地生态旅游的消费策略应多与其他产业的发展相结合，与生态渔业、生态农业等结合发展，从而提升生态旅游目的地的吸引力，增加游客对湿地生态旅游的消费。

3. 构建可持续发展式生态旅游

在人与自然交互循环圈的可持续发展模式中，生态旅游消费不仅是可持续旅游消费"三维结构"的一维，而且也是有效推动可持续发展的人类行为方式之一（斯人、戴斌，2001）。一方面，可持续发展式生态旅游消费策略倡导生态旅游产业的生态保护性消费。从生态旅游产业角度来看，生态旅游产业是宣传旅游地文化、发展旅游地经济、优化地区产业结构的重要动力。由于生态旅游产业存在着产业发展套路陈旧、发展模式新颖化不足等问题，致使其发展存在阻滞，现如今发展的生态旅游产业较多是打着生态产业口号却以盈利为目的。这一模式下，游客的消费模式更多是粗放型的，这不仅没能秉持生态旅游推行的基本理念，更是将生态环境推向恶化。应增加生态旅游产业的生态保护性，促使生态旅游通过产业生态化的发展概念渗入到消费者的观念之中,使生态旅游产业的生态化发展成为顺其自然的消费模式。另一方面,可持续发展式生态旅游消费策略倡导旅游产品的环保性消费。斯人、戴斌(2001)认为,西方旅游发达国家兴起的"生态交通"、"生态饭店(Eco-hotel)"、"生态旅游纪念品商店"等就是旅游厂商对生态旅游消费活动的积极回应。他们提出了一种生态旅游消费模式,即各生态景区的经营主体在旅游地及其附近地区使用太阳能或电能驱动的小车或自行车,饭店的建筑材料部分地利用再生原料,饭店提供的日用品尽量不含化学物质(如不含酸的信纸、床单、毛巾等是用在种植过程中未曾使用过化肥和化学杀虫剂的棉花或亚麻制成),餐厅向旅游者供应旅游地植物园自己生产、加工的植物类食品,在林区也不向旅游者出售木制纪念品等。

(四) 生态旅游的法律法规、承载力恢复、系统协调策略

生态旅游系统集生态系统、旅游系统、经济系统、社会系统等多种系统组合而成,以强调保护生态环境、提高旅游地居民生活质量、满足生态旅游者的需求和实现生态旅游可持续发展为目标。

1. 建立健全生态旅游系统保护的法律法规

自生态旅游开展以来,生态旅游系统在人类干预的情况下受到了或多或少的破坏。在没有完善的法律法规保护下,生态旅游系统更是少了一层重要的保护屏障。首先,在生态文化旅游方面。生态旅游文化是生态旅游可持续发展的精神保障,它是一种融合文化,生态旅游的文化模式是由客源文化、东道文化和服务文化交流融合而成的一种独立的文化形态(章怡,2005)。在促进生态文化旅游消费过程中,有必要对其相关法律法规进行修改、完善,以期进一步满足生态文化旅游消费的需要,完善在生态文化旅游消费发展方面滞后领域的立法,修改对现行不利于生态保护、生态文化旅游发展的有关内容和不够完善的法规,制定相应的实施细则,制定有关宣传生态文化旅游的法规规章,让生态文化旅游消费建立在良好的法制基础上。其次,在湿地生态旅游的建设发展方面。要适当建立健全湿地开发法律法规机制策略。湿地生态旅游的开发需要科学管理，而科学管理的基础在于完善的法规制度。法律法规机制的不健全往往造成湿地生态旅游开发过程中无法可依的局面，湿地开发无约束性机制进而会造成湿地资源开发过度的现象。在生态旅游系统的保护策略中，应针对湿地特有的自然属性建立湿地生物多样性保护条例、湿地蓄水功能保护条例、设立湿地开发应遵循的基本保护红线等。最后，在滨海生态旅游方面。近海环境开发保护策略的建立势在必行。滨海地区资源环境是滨海生态旅游开发的依托，只有良好的环境资源才能保证滨海生态旅游业的持续健康发展。一方面，从道义的角度，要进行滨海环境保护的宣传教育，增强人们的海洋环境保护意识，为滨海生态旅游开发进行铺垫。另一方面，从法律的角度，要建立健全法律法规对滨海环境实施强制性管理手段，加强滨海环境的监管力度。法律法规机制的建立与完善是一切系统正常健康运行的准绳。在生态旅游系统问题凸显的情形之下，有必要建立健全生态旅游系统保护的法律法规。法律法规的建设不全、深度不足致使生态旅游系统陷入保护不足、认识有限的处境，完善生态旅游系统法制化建设有助于生态旅游系统在法律支撑下有序运行。

2. 生态旅游系统承载力恢复策略

生态旅游系统承载力既包括对客观要素，如生态旅游资源承载力和生态旅游环境承载力，也包括对主观要素，如生态旅游系统中人的因素及其产业因素（尚天成、肖岚，2006）。生态旅游系统承载力的恢复与保护是提高生态旅游区硬资源和软资源的合理配置能力的关键。首先，就山水生态旅游系统承载力修复而言，坚持以"政府主导、分区利用、绿色运营、游客管理、环境教育、社区参与、公众支持"的运行机制，从不同主体对山水生态环境的承载力进行修复。以生态要素与社会要素之间的相互作用关系为切入点，较好地处理了生态旅游发展内容之间的复杂关系，统筹协调形成合力，保障生态旅游持续健康运营（向宝惠、曾瑜皙，2017）。山水生态系统下涉及的是山水生态资源以及社会经济系统，所以各个互相联系的系统之间也要将开发策略、投资策略、消费策略结合在一起，如此才能更好地恢复生态旅游系统的承载力。其次，就湿地生态旅游系统承载力恢复而言，必须处理好保护与利用的关系。对于鸟类繁殖或休憩的时节以及湿地其他生态资源本身修复的季节，可以选择性停止其对外开放，使得生态旅游系统得以定期修整。各政府部门确定好规章制度，开发方有规划、有原则地开发，经营方结合保护生态位首要目标的经营原则，可以减少各个系统之间混乱的局面、减少不必要的资源浪费，从而使得湿地生态系统在开发发展中得到有力恢复。最后，淡旺季旅游需求调整策略。法定节假日内旅游的调整使得人们拥有更多的闲暇时间，使整个旅游业都得到了飞速的发展，同时促使生态文化旅游的消费需求不断增加，甚至可以说是法定节假日的每一次调整使得生态文化旅游发展更上一个新台阶。因此，在旅游需求的淡季，可以定期关闭相关旅游项目，实施大力度、大范围的生态旅游系统承载力恢复作业。

3. 生态旅游各大系统之间协调发展策略

生态旅游系统是由多个要素相互作用构成的统一整体，是一个构成相对复杂的体系，既包括生态资源系统，又包括社会经济子系统。生态资源系统指的是生态旅游地中的各种旅游资源，社会经济子系统指的是生态旅游地的社会、经济以及人口数量（尚天成、肖岚，2006）。同时，生态旅游系统也可以理解为生态旅游开发系统、生态旅游投资系统、生态旅游消费系统的组合。促进生态旅游系统持续健康有序的发展，可以从以下两方面着手：一方面，以生态文化旅游为例，生态旅游文化正是人类在生态旅游系统中与自然协调互动发展的产物，生态旅游系统得以正常有序运行需要各个要素的多重互动，生态旅游地的旅游主体在一定程度上优化该地区的自然本底环境和风景景观观赏性。生态旅游地的旅游客体也将健康的生态机制和状态传递给旅游主体，形成良好的互动模式（白凯、吴成基，2010）。加大旅游业对文化产业的反哺力度与处理好"文化"与"旅游"协同发展关系是保证旅游需求旺盛和实现我国旅游经济持续、快速、健康发展的关键（谢慧明、强朦朦、沈满洪，

2016)。另一方面,就生态旅游产业系统而言,生态旅游产业是生态旅游发展的保障,在生态旅游与各种产业(如渔业、工业、农业、服务业)融合发展之下,为生态旅游持续发展提供了资金保障,生态旅游产业系统的发展需要依托良好的生态环境。生态旅游产业系统涉及各类产业系统,产业链较为复杂,但系统性不足使得生态旅游产业发展效益欠佳。需要对旅游资源、文化、涉及的各个行业进行科学合理规划,使其具有更强的系统性。资金是生态文化旅游产业系统发展的源动力,产业的发展不仅需要依赖政府的经费投入,也应积极号召企业单位、团体组织为生态旅游产业的发展增添一份力量。因此,在生态旅游系统持续发展的应对策略上,需要各个旅游要素之间的联动,但同时也在一定程度上需要各个生态旅游策略之间的协同发展,如此才能催生出生态旅游的可持续发展。

【附　录】

滨海生态旅游景区有13个,分别为:舟山市白沙岛海钓乐园、舟山市桃花峪景区、宁波市中国渔村、宁波市海天一洲、温州市平阳南麂列岛景区、舟山市十里金沙景区、舟山市塔湾金沙景区、台州市大鹿岛景区、台州市蛇蟠岛、温州市洞头景区、舟山市大青山国家公园、舟山市乌石塘景区、舟山市普陀山风景名胜区。

湿地生态旅游景区有5个,分别为:湖州市下渚湖国家湿地公园、湖州市中国扬子鳄村、湖州市仙山湖国家湿地公园、杭州市千岛湖风景名胜区、浙江省杭州西溪湿地旅游区。

山水生态旅游景区有66个,分别为:丽水市缙云黄龙景区、衢州市三衢石林、丽水市云和仙宫湖、舟山市大佛岩景区、丽水市东西岩、衢州市古田山、衢州市仙霞关、金华市方岩、温州市文成龙麒源旅游景区、舟山市安期峰景区、杭州市建德七里扬帆景区、杭州市建德灵栖洞景区、温州泰顺乌岩岭景区、温州市文成县百丈飞瀑景区、金华市大红岩崆峒山景区、温州市瓯海泽雅景区、丽水市箬寮原始林景区、丽水市庆元百山祖、杭州余杭超山风景区、金华市百杖潭、丽水市云和梯田、温州市寨寮溪风景区、丽水市石门洞、湖州市浙北大峡谷、杭州市临安太湖源景区、嘉兴市南北湖、丽水市千佛山景区、衢州市天脊龙门、台州市石梁飞瀑景区、杭州市桐庐垂云通天河景区、温州市南雁荡山风景名胜区、衢州市药王山、台州市神仙居景区、湖州市安吉中国大竹海、宁波市黄贤国家森林公园、杭州市临安天目山景区、丽水市神龙谷景区、丽水市缙云仙都景区、温州市文成县铜铃山国家森林公园、金华市地下长河景区、丽水市遂昌南尖岩、杭州市临安大明山景区、杭州市桐庐瑶琳仙境、丽水市龙泉山、金华市夹溪十八涡、杭州市临安柳溪江景区、金华市双龙风景旅游区、温州市玉苍山森林旅游区、台州市天台山景区、宁波市九峰山、绍兴市五泄风景区、宁波市五龙潭景区、金华市仙华山、金华市牛头山国家森林公园、杭州市富阳富春桃源风景区、杭州市浙西大峡谷景区、绍兴市柯岩风景区、湖州市江南天池、杭州市临安东天目山景区、绍兴市东湖风景区、杭州市萧山湘湖景区、衢州市江郎山景区、温州市中雁荡山风景区、湖州市莫干山风景区、温州市雁荡山风景名胜区、杭州市西湖风景名胜区。

产业生态旅游景区有54个，分别为：衢州市浮盖山峡谷漂流、丽水市大木山骑行茶园、嘉兴市碧云花园十里水乡、衢州市桃源七里景区、绍兴市华东国际珠宝城、舟山市印象普陀、杭州市余杭双溪竹海漂流景区、绍兴市达利丝绸世界生态园、嘉兴市海宁中国皮革城、丽水市中国青瓷小镇、丽水市中国畲乡之窗、宁波市天下玉苑风景区、宁波市大桥生态农庄、舟山市梭子蟹养殖基地、杭州市浙旅院国际教育旅游体验区、湖州市金钉子远古世界、杭州市桐庐浪石金滩景区、绍兴市大香林景区、金华市东阳中国木雕城、金华市东阳花园村旅游景区、杭州市野生动物世界、宁波市雅戈尔达蓬山旅游度假区、宁波市梁祝文化公园、温州市温州乐园景区、嘉兴市平湖东湖景区、宁波市象山影视城、杭州市余杭山沟沟景区、杭州市新沙岛景区、宁波市丹山赤水、宁波市雅戈尔动物园、台州市玉环漩门湾观光农业园、宁波市九龙湖、湖州市太湖旅游度假区、宁波市绿野山庄、金华市横店红色旅游城、温州市印象南塘、金华市义乌国际商贸城购物旅游区、湖州市中南百草原、宁波市宁海温泉、金华市清水湾沁温泉、金华市横店华夏文化园、温州市楠溪江风景名胜区、杭州市杭州乐园、宁波市滕头生态旅游区、宁波市天宫庄园、湖州市竹博园、宁波市凤凰山海港乐园、金华市东阳横店影视城景区、台州市海洋世界、杭州市长乔极地海洋世界、宁波市宁波海洋世界、绍兴市乔波冰雪世界旅游区、宁波市老外滩、杭州市宋城旅游景区。

文化生态旅游景区有50个，分别为：丽水市青田中国石雕文化旅游区、温州市泰顺廊桥文化园、丽水市云中大漈、杭州市建德大慈岩景区、台州市赤城山、丽水遂昌金矿国家矿山公园、舟山市白雀禅寺、杭州市余杭良渚博物院、杭州市临安河桥古镇、嘉兴市梅花洲、台州市国清景区、嘉兴市海盐绮园景区、宁波市保国寺古建筑博物馆、衢州市龙游民居苑、杭州东方文化园、衢州市清漾毛氏文化村、绍兴市中华孝德园、宁波市前童古镇、舟山市沈清园、杭州市余杭塘栖古镇、绍兴市兰亭景区、宁波市招宝山、宁波市慈城古县城、衢州市龙游石窟、金华市诸葛八卦村、丽水市古堰画乡、杭州市桐庐严子陵钓台、衢州市开化根宫佛国文化旅游景区、杭州市龙门古镇、金华市横店明清民居博览城、宁波市石浦渔港古城、绍兴市大禹陵景区、舟山市朱家尖白山景区、宁波市溪口风景区、衢州市廿八都、绍兴市西施故里风景区、宁波市宁波博物馆、台州市府城文化旅游景区、浙江省嘉兴市南湖旅游区、绍兴市大佛寺、杭州市清河坊历史特色街区、温州市江心屿景区、嘉兴市西塘古镇旅游景区、嘉兴市桐乡乌镇古镇旅游区、宁波市天一阁博物馆、绍兴市沈园、杭州市雷峰塔景区、杭州市京杭大运河杭州景区、绍兴市鲁迅故里、湖州市南浔古镇景区。

【参考文献】

[1] 刘家明，杨新军. 生态旅游地可持续旅游发展规划初探 [J].

自然资源学报,1999(1):80-84.

[2] 李东和,张结魁.论生态旅游的兴起及其概念实质[J].地理学与国土研究,1999(2):76-80.

[3] 郭来喜.中国生态旅游——可持续旅游的基石[J].地理科学进展,1997(4):3-12.

[4] 卢云亭.生态旅游与可持续旅游发展[J].经济地理,1996(1):106-112.

[5] 中国旅游协会生态旅游专业委员会简介[J].地理科学进展,1999(3):237.

[6] 王苑.青山秀水探净土 清风明月返自然99生态环境游主题推出[J].中国经济信息,1999(1).

[7] 赵璐琪.关于我国旅游资源过度开发现状与其措施探究[J].旅游纵览(下半月),2014(2):243-244.

[8] 张芳,郑胜华.浙江旅游业:加速整合是正途[J].经济论坛,2004(1):20-22.

[9] 俞益武,于由.浙江生态省建设与发展生态旅游的关系[J].浙江林学院学报,2004(4):108-112.

[10] 卢晓梅.浙江生态省建设的环境绩效评估研究[D].浙江大学,2008.

[11] 于玲,王祖良,李俊清.自然保护区生态旅游可持续性评价——以浙江天目山自然保护区为例[J].林业资源管理,2007(1):55-58+42.

[12] 荣蓉.滨海生态旅游可持续发展评价指标体系研究[D].大连理工大学,2008.

[13] 龚艳.江苏沿海湿地生态旅游开发研究[J].经济问题探索,2009(8):152-156.

[14] 赵微.社区建设与生态旅游产业协同发展机制研究[D].哈尔滨理工大学,2015.

[15] 陶表红．生态旅游产业可持续发展研究［D］．武汉理工大学，2012．

[16] 张建忠，刘家明，柴达．基于文化生态旅游视角的古村落旅游开发——以后沟古村为例［J］．经济地理，2015（9）：189-194．

[17] 陈剑峰．发展生态旅游，实现社会经济可持续发展——浙江安吉县生态旅游发展经验探析［J］．华东经济管理，2004（4）：16-18．

[18] 王军．试论生态旅游对环境产生的效益与成本［J］．企业经济，2006（6）：85-87．

[19] 王毅菲．体验经济背景下我国乡村生态旅游的发展模式与效益分析［J］．农业经济，2016（6）：37-39．

[20] 李植斌，邓洪娟，曹丽君．浙江省生态旅游发展成效、问题及对策研究［J］．江苏商论，2013（3）：48-50．

[21] 周玲强．生态旅游区认证标准及推广过程中政府行为研究［D］．浙江大学，2005．

[22] 厉新建，张凌云，崔莉．全域旅游：建设世界一流旅游目的地的理念创新——以北京为例［J］．人文地理，2013（3）：130-134．

[23] 张跃西．生态旅游的浙江经验及启示［A］．中国未来研究会．全国慢旅游与慢生活学术研讨会论文集［C］．中国未来研究会，2013：5．

[24] 杨振之．全域旅游的内涵及其发展阶段［J］．旅游学刊，2016（12）：1-3．

[25] 林智理．生态旅游系统的多维临界［J］．台州学院学报，2002（2）：26-29．

[26] 杨桂华，钟林生，明庆忠．生态旅游［M］．北京：高等教育出版社，2000：40-49．

[27] 张丛．海洋生态旅游资源开发战略研究［D］．中国海洋大学，2009．

[28] 黄宁．海滨生态旅游开发战略研究［D］．福建师范大

学，2006.

[29] 张丹. 湿地生态旅游开发机制与路径研究 [D]. 天津商业大学，2010.

[30] 隋玉正，李淑娟，孟芬芬. 山东省滨海湿地生态旅游可持续发展模式研究 [J]. 中国海洋大学学报（社会科学版），2012（1）：48-52.

[31] 宋棣. 山水型乡村旅游景区开发规划研究 [D]. 山东农业大学，2015.

[32] 郎荣燊，何孝贵. 投资学（第二版）[M]. 北京：中国人民大学出版社，2006.

[33] 王慧琴，张彩虹，邹家红. 基于博弈视角的西部地区生态旅游投资机制的建立 [J]. 统计与决策，2011（13）：77-80.

[34] 李杨. 长白山自然保护区旅游产业可持续发展研究 [D]. 吉林大学，2012.

[35] 许运光. 广州市番禺区生态旅游发展现状、问题及其对策研究 [D]. 华南农业大学，2016.

[36] 路琪，石艳. 生态文明视角下旅游投资效益评估体系的构建 [J]. 宏观经济研究，2013（7）：39-48+111.

[37] 尹潇，邹幸，秦佳炜，陈晓亮. 山区生态旅游多元化投资机制的推进研究 [J]. 农业经济，2016（11）：48-50.

[38] 艾琳，卢欣石. 草原生态旅游非物质文化遗产资源的保护性开发研究 [J]. 干旱区资源与环境，2010（1）：189-195.

[39] 高维忠. 中国生态旅游消费发展障碍与对策探讨 [J]. 消费经济，2003（5）：39-42.

[40] 柳晓静. 浙江省国内旅游消费结构变动及其影响因素分析 [D]. 广西师范学院，2015.

[41] 高向丽. 秦皇岛市滨海旅游供求分析及发展思路研究 [D]. 河北师范大学，2009.

[42] 李文华. 城市居民生态旅游消费行为研究 [D]. 湖南师范大学, 2012.

[43] 徐雪. 我国旅游产品价格对旅游消费影响的实证分析 [J]. 价格月刊, 2013 (4): 35-39.

[44] 娄丽芝. 生态旅游消费的新思考 [J]. 消费经济, 2009 (2): 60-62.

[45] 佟玉权, 宿春丽. 旅游生态系统及其要素配置结构 [J]. 生态经济, 2008 (12): 119-121+125.

[46] 衣小艳. 旅游感知视角下的生态旅游者环境行为研究 [D]. 浙江工商大学, 2011.

[47] 李湘云, 吴艾凌, 杨占东. 生态旅游发展中旅游者主体性缺失和异化问题 [J]. 现代商业, 2017, (10): 25-26.

[48] 牛然, 李学东. 我国生态旅游发展的现状、问题及对策——1999年至今国内生态旅游文献研究 [J]. 首都师范大学学报（自然科学版）, 2008 (2): 49-54.

[49] 张锐. 我国生态旅游发展的问题与对策研究 [D]. 东北师范大学, 2005.

[50] 汤春琳. 我国生态旅游资源保护法律问题研究 [D]. 江西理工大学, 2010.

[51] 丁晓蕾. 我国生态旅游可持续发展问题研究 [D]. 南京农业大学, 2001.

[52] 郜捷, 孙小龙. 贵州民族村寨旅游商业化发展的文化生态思考 [J]. 怀化学院学报, 2016 (7): 36-38.

[53] 司金銮. 生态旅游消费若干问题研究 [J]. 南京化工大学学报（哲学社会科学版）, 2001 (3): 53-56.

[54] 赵国军. 江苏海滨湿地生态旅游开发研究 [D]. 扬州大学, 2007.

[55] 陈啸. 生态文明建设中的新型消费模式探析 [J]. 沈阳工程

学院学报（社会科学版），2015（1）：18-21.

［56］刘佳.中国滨海旅游功能分区及其空间布局研究［D］.中国海洋大学，2010.

［57］刘康.滨海旅游开发拓展与突破——山东滨海旅游发展战略及对策分析［J］.海洋开发与管理，2004（6）：70-74.

［58］吕建树，刘洋，张祖陆，李静，王学.鲁北滨海湿地生态旅游资源开发潜力评价及开发策略［J］.资源科学，2011（9）：1788-1798.

［59］陈峰云，何晓蓉，何琼.武汉市洪山区山水生态旅游资源开发［J］.国土与自然资源研究，2002（3）：47-49.

［60］谢慧明，俞梦绮，沈满洪.中国城市居民国内旅游需求的成本结构与邻居效应［J］.城市与环境研究，2016（4）：22-37.

［61］章海荣.旅游文化学［M］.上海：复旦大学出版社，2004.

［62］白凯，吴成基.论旅游地生态旅游文化系统之构建［J］.干旱区地理，2010（1）：144-149.

［63］林伟.生态旅游投资项目风险及应对策略探究［J］.淮海工学院学报（人文社会科学版本），2015（7）：90-92.

［64］张福庆.中国生态旅游投资战略研究［M］.北京：中国旅游出版社，2008.

［65］章怡，朱晓媚.生态旅游文化：旅游可持续发展的精神保障［J］.广西民族学院学报（哲学社会科学版），2005（S2）：135-138.

［66］张向旺，陈波、唐建荣.海南省国内旅游消费结构优化策略研究［J］.现代商贸工业，2012（1）：16-17.

［67］穆宪菊.中国生态旅游开发研究［D］.山东师范大学，2006.

［68］尚天成，肖岚.生态旅游系统的承载力［J］.天津大学学报（社会科学版本），2006（3）：179-182.

［69］向宝惠，曾瑜皙.三江源国家公园体制试点区生态旅游系统构建与运行机制探讨［J］.资源科学，2017（1）：50-60.

［70］谢慧明，强朦朦，沈满洪.中国居民旅游需求的动态决定机制

及其影响因素——一个经济、文化与自然环境的综合视角［J］．浙江理工大学学报（社会科学版），2016（2）：114－122．

［71］邓爱民．旅游项目可行性研究理论与实务，湖北人民出版社，2006．

［72］喻江平．河北省旅游企业融资探讨，经济论坛，2005（22）．

［73］斯人，戴斌．生态旅游消费发展论［J］．财经科学，2001（4）：106－109．

［74］钟林生，李萍．甘肃省阿万仓湿地旅游开发生态风险评价及管理对策［J］．地理科学进展，2014（11）：1444－1451．

［75］刘改芳．山西旅游投资中存在的问题及其对策［J］．经济问题，2001（8）：62－63．

［76］汪洪旭．基于我国国情的旅游投资策略研究［J］．财会通讯，2016（14）：6－8．

［77］尤慧，陶卓民．国内旅游消费结构存在问题及优化研究［J］．江苏商论，2006（8）：62－63．

（作者：谢慧明，浙江理工大学浙江省生态文明研究中心、浙江理工大学经济管理学院；张迅，浙江省生态经济促进会常务副会长兼秘书长；沈玲佳、赵容丽、吴应龙、张婉清、马捷，浙江理工大学经济管理学院）

分 论

分论之一：滨海生态旅游发展的浙江实践

滨海生态旅游是指以海岛、海洋以及海岸带各种自然人文景观为依托的包括观光、度假和特种旅游的各类旅游形式的总称。滨海旅游是沿海地区旅游业的一个重要组成部分，也是沿海地区海洋产业构成中的一个重要组成部分。随着中国蓝色经济战略的推行，中国越来越重视海洋产业发展，而滨海旅游未来无论是资源利用深度或是品味等级层次都必然进一步得到拓展。浙江省海洋资源丰富，拥有海域面积约26万平方公里、海岸线6500公里，占全国海岸线总长的20.3%，大于500平方米的海岛有3061个，占全国岛屿总数的40%。兼具"生态、文化、海岛"的特点，其中舟山群岛拥有1390个岛屿，是中国最大的群岛。在国家"一带一路"畅议实施的大背景下，浙江滨海生态旅游实现了经济效益、社会效益、生态效益的统一。本分论重点是对浙江滨海旅游的基本做法和主要成就进行梳理和阐述，归纳总结出滨海生态旅游发展的基本经验以及存在的问题，提出滨海旅游发展建议。

一、浙江滨海生态旅游发展的基本做法

（一）持续推进滨海生态旅游区建设

滨海生态旅游是海洋经济的重要组成部分。浙江海洋旅游发展，构建了"一核两翼十块多岛"的总体布局，即依托宁波和舟山两大海洋旅游中心城市为核心，温州、台州和杭州湾沿岸为南北两翼，开发十大海洋旅游板块。滨海生态旅游区建设情况如表1-1所示。

表 1-1　　　　浙江省滨海生态旅游区建设情况

宁波滨海生态旅游区建设	八大区块	松兰山—大目湾区
		石浦—三大海岛区
		象山影视城—大塘港区
		环杭州湾区
		镇海北仑港区
		梅山春晓区
		象山港内湾区
		宁海三门湾区
舟山滨海生态旅游区建设	一核	即普陀山、朱家尖、沈家门构成的普陀金三角旅游发展核
	一轴	沿舟山跨海大桥和329国道，形成一条以定海古城及中北部区域、临城新区多个节点构成的海岛文化旅游景观轴线
	南翼	主要包括定海南部诸岛、桃花岛、登步岛、白沙岛等岛屿
	北翼	主要包括嵊泗列岛、岱山各岛、东极岛等岛屿
温州滨海生态旅游区建设	苍南滨海生态旅游区建设	一线	灵海公路—龙金大道—环海公路—78省道—桥莒线—104国道
		一带	金乡—大渔—赤溪—马站渔寮环海路旅游景观带
	温州洞头县滨海生态旅游区建设	一心	洞头城市休闲中心
		两带	77省道沿线渔乡风情景观带
			大小门临港旅游休闲景观带
		五区	国家5A级旅游景区
			离岛生活风情休闲区
			生态岛屿主题度假区
			都市生态农业休闲区
			海霞红色旅游度假区
			国家5A级旅游景区
台州滨海生态旅游区建设	三门县滨海生态旅游区建设	一心	滨海新城旅游中心城镇
		三带	西部山水生态休闲观光带
			中部滨海城镇景观旅游带
			东部海洋生态观光度假带
	玉环县滨海生态旅游区建设	一核	漩门湾旅游核
		两环	环岛景观带
			环玉环湖休闲带
		三组团	陆上旅游组团
			大东海旅游组团
			乐清湾旅游组团

续表

嘉兴滨海生态旅游区建设	一廊	钱塘1号风情廊
	六区	九龙山滨海旅游区
		乍浦文化旅游区
		海盐湿地旅游区
		南北湖休闲旅游区
		尖山生态旅游区
		海宁观潮旅游区
	两岛	王盘山生态旅游岛
		白塔山生态度假岛

宁波市大陆岸线西起余姚市黄家埠镇，西南至宁海县一市镇，岸线总长758.6公里。海域由"五洋三港湾"构成，"五洋"即横水洋、峙头洋、磨盘洋、大目洋、猫头洋，"三港湾"即杭州湾、象山港和三门湾。杭州湾和三门湾分别从北边和南边挟裹，象山港从中间嵌入陆地，岸线曲折，海岛星罗棋布。宁波市是中国沿海城市中的港湾型城市，不仅拥有优越的天然深水良港造就的海洋东方大港，而且因杭州湾、象山港湾、三门湾三大港湾形成了宁波滨海城市的独有风貌和特色。目前基本形成旅游氛围浓郁、特色各具、功能互补、联网支撑的"八大功能板块"①的总体布局：松兰山—大目湾区块、石浦—三大海岛区块、象山影视城—大塘港区块、环杭州湾区块、镇海北仑港区块、梅山春晓区块、象山港内湾区块、宁海三门湾区块，打造宁波滨海生态旅游的产业聚集区块，成为宁波滨海生态旅游的主要支撑和发展动力。

舟山地处我国东南沿海，长江口南侧，杭州湾外缘的东海洋面上。由1390个岛屿组成，是中国最大的海洋群岛，其岛屿数量占全国岛屿总数量的五分之一。海洋旅游资源以海、渔、城、岛、港、航、商为特色，集海岛风光、海洋文化和佛教文化于一体。典型代表有以普陀山为代表的佛教文化旅游资源，以"千岛海"、奇礁怪石、碧海金沙为代表的海

---

① 资料来源：《宁波市海洋旅游发展规划》。

岛自然风光旅游资源,以及以"东方渔都"沈家门和海岛渔村民俗文化为代表的渔文化旅游资源。在"动感、时尚、健康、快乐的海洋度假旅游目的地"的发展定位的引导下。"十二五"时期舟山旅游发展格局进一步优化为"一核一轴两翼"①的总体布局;"一核"是指普陀山、朱家尖、沈家门构成的普陀金三角旅游发展核,"一轴"是指沿舟山跨海大桥和329国道,形成一条以定海古城及中北部区域、临城新区多个节点构成的海岛文化旅游景观轴线,"南翼"主要包括定海南部诸岛、桃花岛、登步岛、白沙岛等岛屿,"北翼"主要包括嵊泗列岛、岱山各岛、东极岛等岛屿。

温州苍南海域面积3780多平方公里,拥有168.8公里长的海岸线,沿海岸线分布着各具特色的沙滩十多个,及众多可欣赏的海景、体验渔家生活的渔村,打造"浙江东南沿海山海生态旅游胜地",建成"一线一带八区"②的总体布局:"一线"是以县城为中心沿灵海公路—龙金大道—环海公路—78省道—桥莒线—104国道;"一带"是金乡—大渔—赤溪—马站渔寮环海路旅游景观带;"八区"分别是县城城市旅游区块、龙港新城综合旅游区块、江南水乡生态旅游区块、鲸头—燕窝洞宗教文化旅游区块、金乡滨海卫城文化旅游区块、马站滨海生态—绿能小镇旅游区块、矾山工业文化生态旅游区块、桥墩山地生态旅游区块。

温州洞头海域面积达792平方公里,由103个岛屿和259座礁石组成,海产资源丰富,是全国十大重点渔业县之一。近几年,洞头重点塑造"海洋休闲"和"时尚运动"两大特色旅游品牌,发展"海、岛、体、村、专"五大主题元素,结合"北生产,南生活"的基本格局,建成"一心两带五区"③的总体布局:"一心"是洞头城市休闲中心;"两带"分别指77省道沿线渔乡风情景观带和大小门临港旅游休闲景观带;"五区"分别指国家5A级旅游景区、离岛生活风情休闲区、生态岛屿主

---

① 资料来源:《舟山市"十二五"海洋旅游业发展规划》。
② 资料来源:《苍南县全域旅游发展规划及三年行动计划》。
③ 资料来源:《温州市洞头区旅游业"十三五"发展规划》。

题度假区、都市生态农业休闲区、海霞红色旅游度假区。

台州东部海滨旅游带是以台州市中心城市为支点，以东部沿海高速为连接，包括温岭、玉环、临海东部、三门海滨形成的旅游发展带，组成台州东部地质考察、海洋文化、民营经济、商旅文化的"山海经"旅游区。

台州三门县地处浙江沿海中部三门湾畔，素有"三门湾，金银滩"之美誉，县域面积为1510平方公里，其中陆地为1000多平方公里，海域（含岛礁）约500平方公里，海岸线（陆岸）长167公里，具有丰富的渔业资源优势，水产资源名闻遐迩。三门县有浅海50万亩，滩涂21万亩，海洋水产生物800多种。以三门湾、蛇蟠岛、湫水山、"三港三城"等为主体的山海岛城旅游景观，打造"一心三带"①的总体布局；"一心"是指滨海新城旅游中心；"三带"分别指西部山水生态休闲观光带、中部滨海城镇景观旅游带和东部海洋生态观光度假带。

台州玉环位于浙江省东南沿海黄金海岸线中段，县域总面积2279平方公里，其中陆域面积378平方公里，是全国13个海岛县之一。建成"一核、两带、三组团"②的总体布局：一核是指"漩门湾旅游核"，重点打造兼具滨海风光和田园风情的国际旅游综合体及黄金海岸旅游核；"两带"分别是环岛景观带和环玉环湖休闲带，以"港、岸、城"并举、"旅、商、城"并进的发展思路，打造环岛黄金自驾、骑行线路，城市滨水黄金岸线；"三组团"分别是陆上旅游组团、大东海旅游组团和乐清湾旅游组团，建成国家海洋公园和旅游休闲度假中心。

嘉兴市以滨海旅游资源为依托，以建设嘉兴滨海港产城统筹发展试验区为契机，以滨海新区旅游开发为重点，以接轨上海加快发展为指导，全面整合平湖、海盐、海宁三县（市）的滨海旅游资源，建成定位准确、产品多元、业态新颖、特色鲜明的杭州湾嘉兴滨海旅游休闲度假带。通过"海、湖、潮"三重奏的设计理念，整合协调嘉兴滨海旅游的文化

---

① 资料来源：《浙江省三门县旅游发展总体规划》。
② 资料来源：玉环县风景旅游管理局。

元素、空间布局、项目开发、游线组织、交通网络等，建成了"一廊、六区、两岛"①的总体布局；"一廊"指钱塘1号风情廊；"六区"分别指九龙山滨海旅游区、乍浦文化旅游区、海盐湿地旅游区、南北湖休闲旅游区、尖山生态旅游区和海宁观潮旅游区；"两岛"分别指王盘山生态旅游岛和白塔山生态度假岛。

（二）不断开发滨海生态旅游产品

1. 推进滨海体验产品开发

以扩大国内旅游市场份额为目标，加强旅游与相关产业功能融合，重点发展与滨海农业园区、工业园区、海洋湿地科考、文化场馆、文化活动、海防人文历史等深度结合的滨海生态旅游产业。依托滨海地区独特而丰富的海洋文化资源，按照培育特色、差异化发展的原则，加快对原有滨海体验产品的提档升级和更新换代，在提升以海岛和人文资源为依托的观光旅游产品的基础上，深度开发海洋旅游新产品，进一步打造旅游精品工程，全面构建滨海体验产品体系。

禅修体验游产品：依托深厚的佛教文化资源，以普陀山为核心，建设佛教音乐馆、图书馆等佛教文化场所，开发禅修体验旅游产品和节事活动，打造成为国内外重要的佛教禅修体验基地。

佛教文化游产品：以进山礼佛为主题的朝圣旅游为基础，深度开发以养生禅修为主题的休闲旅游，建设佛学院、佛教博物馆、展会，开发佛教文化体验游。

海洋文化游产品：根据滨海地区不同的海洋文化积淀和海洋旅游发展基础，完善提升"佛岛"普陀山佛教文化旅游，利用沙雕文化、武侠文化、海钓文化、泥文化、渔文化等旅游产品，打造一批文化主题旅游岛，丰富滨海文化内涵。

渔耕文化游产品：滨海地区渔民以海为伴、以捕鱼为生，在长期从事渔业生产的实践中，学会了造船、织网、捕鱼、水产养殖以及掌握了

---

① 资料来源：《嘉兴滨海旅游业发展规划》。

出海、归航的时间、气候和海上作业等,依托滨海地区丰富的渔耕文化,开发成渔耕文化旅游产品,招揽游客的参与和体验。

红色文化游产品:依托三门县亭旁起义纪念馆和旧址、鹤山亭旁起义纪念碑、亭旁起义总指挥部旧址、包定烈士及黄豹山包定塑像等为主,开展红色旅游,塑造浙江省第一个区级苏维埃政权——"浙江红旗第一飘"的三门红色旅游新形象。

2. 加快海洋休闲旅游产品开发

大众海钓游产品:依托丰富的海洋生物资源,建设完善滨海钓场,引进国际海钓赛事,培育大众和专业海钓品牌,打造浙江省乃至全国的海钓中心,并进一步打造世界级的海钓基地。

海鲜美食游产品:依托丰富的海洋资源和渔场,以不同档次酒店、大众美食中心、海鲜美食街、渔家乐特色餐饮店、海鲜主题餐厅等为载体,做大海鲜美食文化节、烹饪比晒等赛事,打造主题多元化的美食体验旅游产品。

渔村渔家游产品:整合渔农家乐资源,重点围绕渔港,挖掘海鲜美食和海洋民俗文化开发海岛民俗文化旅游项目,依托村落古镇创建特色渔村,使渔农家乐成为滨海旅游的一张"名片"。

民俗节庆游产品:一是依托特色渔船、渔俗、民间游艺习俗、民间渔民服饰等具有地区特点和时代特色的渔俗民风,打造东方民俗体验中心。二是依托中国海鲜美食文化节、桃花岛中国"侠侣·爱情文化节"、中国海洋文化节、国际海钓节、国际航海大赛等,打造节庆旅游季,延长节庆时间,将旅游节拉长为旅游季,增强节庆带动效应。

群岛海上游产品:依托独特的群岛优势和海岛资源,打造"三游经济",发展邮轮、游艇、游船项目,开发特色区域的环游线路,串联特色岛屿,推进舟山旅游从"岛上游"向"海上游"发展。

生态娱乐游产品:在生态观光旅游产品的基础上,积极拓展登高、垂钓、写生、摄影、野营、森林浴、攀岩、徒步穿越、野外生存、海上运动等等生态娱乐项目,满足不同旅游者的需求。

3. 拓展海洋旅游新产品

度假会展旅游产品：针对现代企业奖励旅游市场需求，发挥舟山群岛区位优势，发展度假会展旅游。做大舟山国际船博会，打造"船、渔、佛"三大专业博览会，以商务会议会展为主体功能，加快对导游的开发建设，打造一批旅游休闲度假的第二居所，提升会议会展专业化服务水平。

婚庆度假旅游产品：以现代时尚的婚庆文化为主题，以优美的乡村田园和浪漫的蓝色大海为背景依托，引入民俗婚礼、蜜月主题酒店、玫瑰花房、乡村社区、湿地公园等业态，开发婚纱摄影、婚礼策划、蜜月度假、结婚庆典等产品，打造婚庆度假基地。

康体养生旅游产品：一是依托秀山岛具有高医疗保健价值的海泥以及滑泥主题公园、海泥狂欢节等活动，充分利用其资源，开拓海泥医疗、保健产品，开展泥疗娱乐养生游。二是依托秀山良好的空气质量和海岛公园，打造海岛生态休闲养生基地。

海洋运动旅游产品：依托滨海地区广阔的海洋面，开展海上自行车、自划船、电瓶船、香蕉船、游泳、滑水、海上拔河、海上水球、网球、垂钓、水上趣味游戏等大众亲水活动，海上皮划艇、海上蹦极、海上冲浪、空中跳伞、帆船、汽艇、海上滑翔、水上飞机、海上"芭蕾"表演、海上花瓣惊险刺激性的海上竞技运动，海底漫步等富有挑战性的探险活动。

（三）推进滨海生态旅游标准建设

1. 设立海洋旅游协调机构

宁波在全市海洋经济工作领导小组的架构下，建立由市委、市政府相关部门参与的宁波海洋旅游发展联席会议制度，协调推动宁波市滨海生态旅游的发展，组织推进重大建设项目。各区、县（市）及重点乡镇也要加快建立完善相应的海洋旅游工作领导机构，形成市县乡三级协调推进机制；温州洞头建成"1+7"工作体系（即全域旅游发展领导小组以及7个旅游工作小组），由区里统筹安排，充分发挥部门职能，推进

"旅游+"融合工作；舟山建立了海洋旅游产业发展总体规划领导小组，推动舟山滨海生态旅游发展。

2. 制定和实施旅游服务标准

旅游服务体系标准化工作是转变滨海旅游经济增长方式的迫切需要，是提高旅游产业核心竞争力的关键途径。国家旅游局高度重视旅游服务标准化工作，先后编制了《旅游服务基础术语》、《导游服务质量标准》、《游乐园（场）安全和服务质量》、《旅行社国内旅游服务质量要求》、《旅行社出境旅游服务质量》、《旅游汽车服务质量》等国家标准和行业标准。

浙江省出台和实施了《浙江省普陀山风景名胜区条例》、《旅游厕所质量等级划分与评定》、《特色文化主题饭店基本要求与评定》、《旅游集散中心等级划分与评定》、《旅游景区（点）道路交通指引标志设置规范》、《生态旅游区建设与服务规范》、《旅游咨询服务中心等级划分与评定》、《购物场所旅游服务规范》等。

各地方政府根据浙江省相应标准和规范，编制了各地特色滨海生态旅游的标准规范，如宁波市先后出台了《宁波市旅游行政处罚自由裁量权细化标准》、《宁波市旅游景区条例》、《旅行社服务质量赔偿标准》、《宁波市旅游景区安全生产标准化评定细则》、《宁波市旅游市场开拓及客源引进补助扶持暂行办法》、《宁波市旅游节事活动申办管理暂行办法》、《导游人员等级考核评定管理办法》等；舟山市出台了《大众海钓管理规范》、《渔家乐旅游服务质量规范》等；温州市先后出台了《旅游景区质量等级的划分与评定》、《星级饭店客房客用品质量与配备要求》等；台州市先后出台了《旅游饭店节能减排指引》、《绿道旅游设施与服务规范》等；嘉兴市出台了《星级饭店客房客用品质量与配备要求》等。

建立涉海旅游饭店、景区、旅游企业的节能降耗标准，支持旅游经营单位积极利用新能源和新材料，广泛运用节能减排技术，大力创建绿色环保企业，有效降低旅游生产单位能耗和碳排放水平。

3. 标准化试点（示范）建设

设立舟山群岛新区，成为滨海生态旅游综合改革试验区，在深化旅游体制机制改革、开发新业态新产品、创新海洋旅游标准化体系、促进生态文明旅游、创新旅游营销模式、实行更加开放的产业政策等六方面先行先试，提升舟山整体海洋经济发展水平，提高舟山市国际竞争力、影响力。通过先行先试和体制机制创新，科学、全面、有序地推进海洋海岛旅游资源的综合开发管理，增强海岛旅游自我发展能力。在推进舟山群岛新区建设过程中，随着交通、环境等发展条件的改善，政策支持力度的加大等，将进一步促进舟山海洋旅游业的发展。

重点创建一套具有舟山特色的旅游标准化体系，通过旅游产品开发和行业服务管理方面的创新，积极创建国家海洋旅游服务标准化示范区。在推广星级宾馆、景区标识标牌等国家标准的同时，引入国际化服务标准，探索制定游艇、海钓、海滨浴场、渔家乐等海洋旅游新业态新产品标准，为完善国家海洋旅游服务标准体系先行先试。逐步构建与旅游综合改革相适应的行业管理体系、旅游目的地信息管理服务体系，促进旅游行业规范化发展，推动旅游产业转型升级。

（四）加强滨海生态旅游设施建设

1. 建立陆路交通连接网络

宁波建成象山港大桥及接线、穿山疏港高速公路等，加快推进甬台温高速复线、杭州湾大桥杭甬高速连接线和六横大桥宁波接线的建设，大力推进城市与沿海旅游城镇、旅游景区（点）之间高等级公路的建设。依托沿海北线、沿海中线、沿海南线等道路建设，加快推进沿海中线奉化段的建设，形成自杭州湾大桥经象山港区域沿海象山东部至三门湾的大陆滨海景观绿道。舟山推进"海上大通道"连岛工程建设；规划新增小洋山汽车站、岱山岛汽车站、六横岛汽车站发往区外班车。建立完善地方性的滨海绿道标准，提高相应道路等级和相应的景观环境要求，提升绿道的生态内涵和文化内涵，提高其可游性。逐步提升滨海区域和重要旅游海岛的公路等级。公路及相应的交通标识标牌等配套设施建设既要能够满足旅游功能的发展需求,又要与周边景观保持衔接、融合。

2. 发展海上立体交通服务

合理布局海面交通、海空交通场站和设施,加快建设由旅游交通船、旅游快艇、水上飞机和直升机共同构成覆盖宁波、舟山海岛旅游区、景点的立体化海上交通网络。推动地方组建服务宁波和舟山的直升机航空公司和水上飞机航空公司,并在主要旅游区、度假区和重点海洋旅游板块逐步建立足以保证安全的停机坪和起降水域,对有限的直升机和水上飞机资源进行统一调度。

3. 建立旅游集散服务体系

依托新城镇建设,进一步增强重要海洋旅游聚集区域的旅游集散功能,形成以梅山岛邮轮游艇基地为核心,以杭州湾新区、大目湾新城和南田岛为支撑的海陆空旅游集散体系。建立完善各涉海旅游集散中心的信息交流机制,加强双向和多方位的信息和客源交流,开辟各旅游集散中心之间定期或不定期的旅游交通专线。围绕陆海岛一体化,三大港湾协调推进的目标,加快推进三大港湾及海岛的码头体系建设,形成梅山岛—象山港—象山半岛(及其周边岛屿)—三门湾的海上交通网络,与舟山重点景区形成海上交通对接。整合普陀山入口大门、普陀山机场、蜈蚣峙码头、大桥等资源,重点建设以朱家尖为中心的舟山南部旅游集散体系,形成连接市内外的海陆空立体旅游交通枢纽中心。

4. 完善滨海旅游信息服务

推进"三网"融合,实施数字海洋工程,不断完善海洋信息服务系统。在重点发展海洋旅游的岛屿铺设海底光缆,对条件不具备的旅游海岛要积极发展微波和卫星网,提高海岛旅游通讯和海上救助通讯保障水平,为海洋旅游的长远发展提供强有力的支撑和保障。借助宁波"智慧旅游"的建设发展,完善海洋旅游信息服务系统,推进信息技术在海洋旅游消费、旅游生产经营和旅游服务管理过程中的广泛应用。与知名网站和企业等建立战略合作关系,建立滨海生态旅游综合信息服务平台,提供网上咨询、网上订票(订线路)、网上购物、网上投诉等服务,为广大游客提供多方面的服务。

二、浙江滨海生态旅游发展的主要成就

浙江省通过滨海生态旅游区建设、旅游产品、旅游标准、旅游设施等四个方面的建设，滨海生态旅游发展成效显著：建成了滨海生态旅游线和风景区、促进了生态环境资源的有效保护、实现了人与自然的和谐统一、获得了显著的经济效益。

（一）建成了一批滨海生态旅游区

建成了"浙东南、最美山海"旅游线。"浙东南、最美山海"旅游线是由宁波、温州、台州、舟山、绍兴共同建设的，其中"活力浙东南"旅游路线将多个旅游景区串点成线。它们包括：宁波溪口、天一阁、天下玉苑；舟山普陀山、朱家尖；温州雁荡山、楠溪江、江心屿；台州江南长城、天台国清寺、长屿硐天等。

建成了海洋生态旅游线。海洋生态旅游线以城镇、海岛、滨海、滨湖和山地为依托。发挥历史文化、宗教文化和海洋海岛旅游资源的优势，逐渐开发了乡村休闲、宗教文化、海洋海岛休闲等生态旅游产品，该线路以宁波、舟山两个地区为主要代表，建设的旅游区包括宁波跨海大桥旅游、象山湾滨海度假旅游区、普陀宗教文化旅游区、嵊泗—洋山港休闲旅游区等。温州建成了"楠溪江—雁荡山—温州市区—洞头欢乐海岛—南麂生态海岛"山江海精品路线。台州依据资源特点建成特定主题的线路，包括"（新）天仙配"、"山海经"、"休闲游"、"海誓山盟婚庆游"、"神秘台州修学游"等主题型线路。

建成了1处5A滨海旅游区及多处4A级风景区（见表1-2），5A级风景区是舟山市普陀山风景名胜区。

（二）促进了生态资源的有效保护

建立并且较好地保护了滨海生态保护区的旅游资源，建成国家级自然保护区4处，省级自然保护区5处（见表1-3）。国家级自然保护区分别是南麂列岛国家级自然保护区、象山韭山列岛国家级自然保护区、

表1-2　　　　　　　浙江5A和4A滨海旅游区汇总

序号	所在地区	景区名称	级别
1	舟山市	舟山市普陀山风景名胜区	5A
2	宁波市区	宁波海洋世界、老外滩、凤凰山海港乐园、九龙湖	4A
3	鄞州区	梁祝文化公园、五龙潭	4A
4	象山县	中国渔村、石浦渔港古城	4A
5	慈溪市	雅戈尔达蓬山、海天一洲	4A
6	奉化市	黄贤海上长城	4A
7	舟山市	桃花岛、朱家尖、舟山国际水产城	4A
8	台州市区	台州海洋世界	4A
9	玉环县	大鹿岛景区、漩门湾农业观光园	4A
10	三门市	蛇蟠岛	4A
11	温州市区	印象南塘、江心屿、温州乐园	4A
12	洞头县	洞头景区	4A

渔山列岛国家级海洋生态特别保护区、海洋渔文化生态保护区。省级自然保护区分别是五峙山自然保护区、西门岛国家级海洋特别保护区、洞头南北爿山省级海洋特别保护区、铜盘岛省级海洋特别保护区、七星列岛省级海洋特别保护区。

表1-3　　　　　　　浙江滨海地区自然保护区汇总表

序号	保护区名称	主要保护对象	保护级别	行政区域
1	南麂列岛国家级自然保护区	海洋贝藻类、海洋性鸟类、野生水仙花及其生态环境	国家级	平阳县
2	象山韭山列岛国家级自然保护区	大黄鱼、曼氏无针乌贼、江豚、鸟类及岛礁生态系统	国家级	象山县
3	渔山列岛国家级海洋生态特别保护区	伏虎礁领海基点、北渔山、南渔山贝藻类资源	国家级	象山县
4	海洋渔文化生态保护区	渔文化	国家级	象山县
5	五峙山自然保护区	黄嘴白鹭、黑嘴端凤头燕鸥等鸟类	省级	定海区

续表

序号	保护区名称	主要保护对象	保护级别	行政区域
6	西门岛国家级海洋特别保护区	红树林及湿地生态系统	省级	乐清市
7	洞头南北爿山省级海洋特别保护区	生态环境、鸟类资源	省级	洞头县
8	铜盘岛省级海洋特别保护区	海洋生物资源、海岛自然遗迹	省级	瑞安市
9	七星列岛省级海洋特别保护区	生态资源	省级	苍南县

建立并且较好地保护了滨海公园的旅游资源，建成国家级海洋公园7处：象山花岙岛国家级海洋公园、玉环国家级海洋公园、普陀国家级海洋公园、洞头国家级海洋公园、渔山列岛国家级海洋公园、嵊泗国家级海洋公园、花岙岛国家级海洋公园。如表1-4所示。

表1-4   浙江滨海地区海洋公园汇总表

序号	景点名称	景点级别	景点地区
1	象山花岙岛国家级海洋公园	国家级	宁波市
2	玉环国家级海洋公园	国家级	台州市
3	普陀国家级海洋公园	国家级	舟山市
4	洞头国家级海洋公园	国家级	温州市
5	渔山列岛国家级海洋公园	国家级	宁波市
6	嵊泗国家级海洋公园	国家级	舟山市
7	花岙岛国家级海洋公园	国家级	宁波市

（三）实现了人与自然的和谐发展

旅游可持续发展是指既满足当代人的旅游需求，又不损害子孙后代满足其旅游需求能力的发展。其基本目标是：增进人们对旅游所产生的环境效应和经济效应的理解，强化生态意识，改善旅游接待地的生活质量，保护好旅游开发赖以存在的资源与环境，向旅游者提供高质量的旅游经历，促进旅游的公平发展。

旅游资源是旅游业赖以生存的基础，多数为不可再生性资源，开发不当会带来对旅游资源的不可逆的破坏。浙江滨海生态旅游发展必须将旅游与自然、文化、旅游资源和环境作为整体，以"尊重历史、尊重自然"为前提，强调科学规划、科学建设、科学保护，加强旅游景区和风景区管理，努力克服并消除开发中的不当行为，在努力促进保护的同时，获得自身的可持续发展。

浙江省在大力发展滨海生态旅游过程中，也让游客回归自然、认识自然、保护自然、享受自然，在滨海区域严格实行水资源保护，在保证水质的前提下发展。牢固确立"保护第一，环境优先"的理念，弘扬生态文明，从严开展污染治理，加强环境基础设施建设，严格控制源头污染，实施严格的保护措施。

海洋是人类赖以生存与发展的资源宝库，海洋创造的价值比同样面积的陆地创造的价值要大得多。在充分开发利用海洋的同时，更要重视海洋资源和环境的保护，确立可持续发展的海洋旅游经济战略，正确处理好海洋自然景观的保护与利用的关系。对海洋文化旅游资源的开发利用应坚持保护、利用和开发相结合的原则，有机协调和平衡旅游与自然资源和历史文化的关系，正确处理好资源保护与合理开发的关系，以开发促进环境保护，以环境保护提高开发的综合效益，从而形成保护—开发—保护良性循环，创造出和谐的生态环境效益。协调好经济效益与社会效益、眼前利益与长远利益的关系。处理好开发建设与环境保护的关系，坚持在保护的前提下适度开发，在开发的过程中严格保护，使滨海旅游业真正成为资源节约型和环境友好型的生态化产业，实现"绿水青山就是金山银山"。

（四）获得了显著的生态经济效益

浙江省滨海生态旅游经济效益十分显著。客流量逐年增长，旅游总收入不断攀升，旅游环境不断优化，开发力度逐年加强，旅游品牌也有了一定的知名度，滨海旅游业成为滨海城市经济的重要增长点（见表1-5）。2016年，宁波游客数量达到9371.9万人次，同比增长16%，旅游收入达到1446.4万元,同比增长17.3%;台州和温州2016年游客人数均接近9000万人次,同比增长幅度较高,旅游收入近1000亿元。其中,台州旅游收入同比涨幅达到25.8%。舟山2016年游客达到4500万人次,同比增长17%,旅游总收入达655亿元,同比增长18.5%。随着滨海生态旅游经济效益的提升,促进滨海地区的潜在的海洋资源优势转化为经济优势,提供了更多的就就业岗位,实现了经济效益、社会效益、生态效益的统一。

表1-5　　　　浙江主要滨海地区滨海旅游经济效益表

	年份	游客(万人次)	同比(%)	旅游总收入(亿元)	同比(%)
宁波	2015	8077.8	15.2	1233.3	15.5
	2016	9371.9	16.0	1446.4	17.3
舟山	2015	3874.4	14.1	553.6	16.0
	2016	4568.1	17.8	655.9	18.5
台州	2015	7436.0	22.0	749.3	28.4
	2016	8930.7	20.1	942.6	25.8
温州	2015	7081.6	16.8	804.2	18.1
	2016	8944.9	16.4	959.9	19.4

数据来源:《浙江旅游统计年报》。

三、浙江滨海生态旅游发展的基本经验

浙江省滨海生态旅游建设过程中,各地区根据当地旅游资源积累了独具特色的发展经验,这对于未来浙江滨海生态旅游的发展起到激励和借鉴作用。总而言之,可以概括为坚持政府主导,重视滨海生态旅游发展、加强资源整合,创新滨海生态旅游营销模式、挖掘文化内涵,加强滨海生态旅游文化建设、注重生态保护,坚持走可持续发展道路四大经验。

(一)坚持政府主导,重视滨海生态旅游发展

1. 推进政府主导市场运作开发模式

目前浙江滨海生态旅游由政府主导，通过整合各方面资源，形成推动滨海旅游业发展的合力。通过市场运作，加强投资开发和经营管理，形成政府主导、市场化运作模式，政府由旅游建设者向服务者转变，积极培育灵活、富有竞争力的市场化运作机制。以市场经济的规律和要求为准则，冲破既得利益、部门利益、地区利益的局限，研究和解决滨海旅游业发展中的保护和利用问题，打破行业之间、部门之间的壁垒，真正做到发挥市场机制在资源配置中的作用。

充分发挥旅游行政管理部门职能作用，加强监督管理。建立健全导游人员执业的准入、激励、保障和责任追究等机制。发挥各类旅游协会作用，制定行业规范，推进行业自律，规范旅游市场秩序。推动完善旅游服务质量监督管理体制，加大旅游投诉处理、旅游市场执法力度，加快推进旅游行业标准化建设。强化旅游安全监管，营造安全旅游环境。全力推进诚信旅游，推行优质旅游计划，加强旅游行风建设。

建立滨海生态旅游发展的创新机制，通过滨海生态旅游的产品创新、形式和技术创新，积极开发滨海休闲度假、海洋文化、游艇俱乐部、海洋体育运动、旅游景观地产、滨海养生养老等滨海旅游产品，大力推广国际先进的滨海旅游开发方式、管理方式和服务方式，不断推动滨海旅游的产业结构优化升级。

加大宣传力度。充分发挥新闻媒体和宣传媒介的作用，加大建设海洋经济强省和发展滨海旅游的宣传力度，提高全社会的海洋意识与旅游意识，充分调动全社会参与滨海旅游发展与海洋经济建设的积极性，营造共同推动滨海旅游发展的良好氛围。

2. 制定滨海生态旅游法规

健全的滨海生态旅游法律体系是加强生态旅游调控的关键，在坚持可持续发展的原则下，完善的生态旅游法律法规，是有序发展滨海生态旅游的保障。制定规划是政府的职能，以规划指导开发，总体规划、分步实施。充分发挥规划的引领作用，在整体性规划的基础上，精心设计具有个性的重点项目，合理安排开发层次和时序，拓展发展空间，加强规划的宏观调控与管理力度。同时，与国民经济和社会发展规划、土地利用规划、生态环境保护规划等相互融合，做到"多规合一"，促进浙江滨海旅游规划的落地实施。

浙江滨海地区的各级政府部门高度重视滨海旅游规划工作，制定了一系列滨海生态旅游产业发展总体规划和专项规划，如《宁波市海洋旅游发展规划（2011—2020）》、《宁波市海洋经济发展规划（2011—2020）》、《舟山市海洋旅游产业发展总体规划（2007—2021）》、《舟山市"十二五"海洋旅游业发展规划》、《苍南县全域旅游发展规划及三年行动计划（2017—2020）》、《温州市洞头区旅游业"十三五"发展规划》、《浙江省三门县旅游发展总体规划（2006—2020）》、《洞头国际性旅游休闲岛战略规划（2015—2030）》、《嘉兴滨海旅游业发展规划（2015—2030）》等，规划明确了滨海生态旅游产业发展总体目标、发展思路、产业布局、项目建设和保障措施，推进滨海生态旅游业科学化、规范化发展。在旅游项目建设、旅游品牌营销、旅游市场开拓、旅游要素完善、旅游服务保障、旅游行业管理等方面，坚持按规划要求推进，促使滨海旅游产业向精品化、专业化、多元化转变。注重规划在落实过程中的监督，开展旅游产品开发评估、旅游重点项目督查、旅游发展资金专项审查、旅游市场营销效果评价等一系列工作，确保旅游规划落实到位，促进了旅游业健康、有序、科学发展。

为促进滨海生态旅游的发展，规范生态旅游建设，浙江省出台了相关法规条例。例如《浙江省旅游条例》，宁波市出台了《宁波市旅游景区安全生产标准化评定细则》、《宁波市旅游市场开拓及客源引进补助扶持暂行办法》等，舟山市出台了《渔家乐旅游服务质量规范》等；温州市制定了《旅游景区质量等级的划分与评定》、《星级饭店客房客用品质量与配备要求》等；台州市制定了《旅游饭店节能减排指引》、《绿道旅游设施与服务规范》等；嘉兴市出台了《星级饭店客房客用品质量与配备要求》等。

3. 加强滨海生态旅游设施建设

滨海旅游区处于陆地边缘，多数旅游区的交通设施、服务设施都比较落后，必须加强生态旅游设施建设，才能保障滨海生态景区的有序开发，满足滨海生态旅游者的需求。在滨海生态旅游的开发建设过程中，浙江省十分重视生态旅游设施建设，不断完善陆路交通连接网络、海上立体交通服务体系、旅游集散服务体系和滨海旅游信息服务等基础设施。

加强基础性配套设施，建立陆路交通连接网络，发展海上立体交通服务体系，以重点滨海旅游城镇和海岛旅游度假区作为支点，规划包括沿海高速公路、海空交通船、快艇、水上飞机等的旅游交通体系；建立旅游集散服务体系，不断增强滨海生态旅游客源聚集区域的旅游集散功能，构建海陆空旅游集散体系，完善交通节点上公路枢纽、集散点停车场、邮轮母港码头和停靠码头的基础设施；建设滨海生态旅游公共服务体系，重点包括信息咨询服务体系、安全保障体系等，借助宁波"智慧旅游"的建设发展，加强公共信息网络共建共享，推进"三网"融合，建立滨海旅游资源信息系统和环境监测系统，提高信息咨询的效率和预警功能；加大海洋旅游安全设施设备投入，提高海洋旅游安全风险防范和日常安全管理，加快海上安全设施设备薄弱地区的多层次、一体化的海陆应急救援服务体系建设；增加海洋及民俗文化元素。在景区内部各公共服务设施如厕所、标识标牌、植被等增加文化内涵和创意的内容。

（二）加强资源整合，创新滨海生态旅游营销模式

创新旅游营销模式，整合多方资源，积极实施创意营销、节庆营销、区域营销，提升滨海旅游区的知名度和美誉度。统一滨海生态旅游形象VI系统，联合打造区域精品旅游线路；接轨市场，创新营销方式，对特定市场实施定向营销，积极对接长三角旅游市场，实施区域营销，实现无缝对接。加大海外营销力度，建立海外营销网络。注重整体包装，整体宣传，组合营销（高海清，2009）。针对欧美市场，重点突出以海钓、邮轮、游艇、高尔夫度假等为特色的国际旅游群岛形象。

根据市场的现实和潜在需求趋势，开发适销对路的旅游产品，更新市场营销理念，开展针对性营销、活动营销、区域营销、网络营销和专

题营销。实施"区域市场为重点、新产品开发为先导、品牌形象为核心、整合营销为手段、区域联动为提升"的市场营销战略。

1. 针对性营销

根据不同市场、不同阶段、不同景区,提出针对性的营销口号,如针对城市白领阶层,主推海岛美食购物自驾游、浪漫海岛游等产品;针对老年市场,主推养老度假产品;针对自助游市场,充分利用交通改善带来的同城效应,打造长三角海岛自驾游基地;面向亚太地区重点推广"海天佛国"旅游品牌,针对欧美市场重点推介海钓、邮轮、游艇、高尔夫等旅游产品等等。

2. 活动营销

积极策划旅游创意活动,充分挖掘滨海的自然和文化资源,利用网络平台进行旅游目的地口碑营销,通过举办节庆活动提升人气,重点推介舟山群岛·中国海洋文化节、普陀山南海观音文化节、国际沙雕节等文化特色鲜明、品牌影响较广的节庆活动。同时推出优惠政策,鼓励滨海市民开展滨海度假、禅修体验、大众海钓、邮轮旅游、游艇环游、康体保健、海上运动、渔农家乐等活动。根据旅游形势发展和游客需求,创新海洋旅游节庆活动,开展一系列民俗风情游,打造传统与现代、民俗与时尚有机结合的旅游节庆品牌,实现品牌效应(贺爱萍,2011)。

3. 区域营销

积极对接长三角自助游市场,充分利用交通改善带来的同城效应,加强与沪、杭、苏、锡、常等各城市的实质性对接与合作,进行联合营销,构建"区域联动、资源共享、优势互补"的联合旅游促销体系,通过旅游班车、交通专线等多种交通方式实现无缝对接。参与浙东旅游黄金线的组织工作,制定统一的品牌联合推广和促销计划,进一步细分旅游客源市场,对特定市场实施定向营销。开展区域性专题产品营销,提高市场关注度;积极参与国内外各类旅游节会。

4. 网络营销

创新营销方式,以搜索引擎、微博、微信、在线旅行商、线上线下平台、图片视频社交媒体平台、移动终端等为抓手，推进"互联网+"旅游营销宣传。加强旅游信息推送和旅游产品营销。以政府为主导开展旅游目的营销网络建设，统一各相关网站上的滨海生态旅游形象，数据共享，建立浙江滨海生态旅游的网络品牌；逐步完善旅游电子商务系统、旅游预定系统和安全、高效的旅游网上支付结算系统；利用网络技术构建为自驾车和散客服务的旅游信息平台和导游指引系统。

充分挖掘滨海自然和文化资源，邀请网络写手、拍客等在互联网上将滨海生态旅游见闻发布到国内外热门旅游论坛和视频网站，开设有关海洋历史文化和海岛景点的博客和论坛，加强与知名网站的合作，联合推广网上旅游，尝试与专业网站公司合作，运用3D技术制作滨海生态旅游虚拟场景，增强旅游形象的立体传播效果。

5. 专题营销

组合推出滨海地区春夏秋冬四季产品及都市休闲、海洋旅游、山地旅游、运动休闲、乡村度假、美食旅游、商务会展、经济探秘、宗教旅游、体育竞技、游艇邮轮旅游等专项产品。组织开展奇山浪漫游、都市休闲游、生态自驾游、时尚购物游、温泉体验游等专题营销。

（三）挖掘文化内涵，加强滨海生态旅游文化建设

浙江是中华文明的发源地之一，海洋资源丰富，文化底蕴深厚，为开发有特色、多层次的滨海生态旅游奠定了深厚的基础。文化建设是滨海生态旅游发展的客观要求，文化建设能使生态旅游更具吸引力，推动生态旅游经济的繁荣和发展。同时文化建设是生态旅游必不可少的内容，通过相应的文化建设把生态保护、环境教育和自然知识普及这些核心内容渗透于生态旅游中促进生态旅游的持续发展。多民族交融的文化背景、传统文化积淀与现代时尚元素的结合，不仅成为最有魅力的旅游吸引物，而且成为旅游目的地的独特形象。因此，提升浙江滨海生态旅游产业发展水平，必须深度发掘海洋文化资源，发展海洋文化旅游，特别是加大海上丝绸之路、渔家文化等本土海洋文化遗产的发掘和保护（张雨，2009）。

1. 推进旅游业与文化产业深度融合

浙江依托海洋文化产业发展,加强海洋民俗文化与现代海洋文化的结合,进一步增加娱乐休闲服务供给,促进海洋文化、海洋知识的传播,推动发展滨海民俗文化休闲,使文化娱乐成为海洋旅游发展的新亮点,成为传承地方海洋文明的重要载体。促进浙江滨海旅游业与文化产业的深度融合,打造文化演艺类、创意设计类等文化产业群,构建滨海新型文化产业集聚区,形成文化产业带。一是培育文化旅游产品。深入挖掘佛教文化、渔业文化、古城文化、红色文化等特色文化,发展海岛风情文化园、主题渔村等文化观光、佛教文化体验等旅游产品。二是打造文化消费项目。将文化元素融入旅游餐饮、旅游住宿、旅游交通、旅游观光、旅游购物、旅游娱乐等要素中,建设一批主题餐厅、主题酒店、主题购物等。依托滨海城镇和海岸乡村,发展酒吧、茶庄、夜店等交友消费场所和特色娱乐休闲街区,丰富"夜海洋"的旅游活动内容;三是培育文化节庆品牌。促进文化与旅游的融合发展,策划推出一批国际性海洋文化旅游活动、海洋美食节;依托舟山群岛最具特色的佛教文化,发展壮大一年三届的香会节;扩大中国舟山国际沙雕节影响力,提升赛事的含金量;举办国际摄影节、旅游商品交易会等展览会,发展民族特色文化演艺,建设文化产业园。四是挖掘开发文化产品,打造新业态。深入挖掘原住居民的音乐、舞蹈、传说、习俗、服饰等资源价值,发展高附加值的旅游产品,着力培育特色化、品牌化、个性化艺术品市场。五是构建国际性文化产业基地。打造边关文化产业基地、国际影视基地、文化创意基地、文化体验基地、文化艺术创作基地、文化产品研发基地。促进海洋文化和滨海生态旅游的深度结合,努力把海洋文化内涵始终贯穿于旅游业发展的各个环节和整个过程。

2. 开展自然科普教育

重视旅游产品研发和科技成果在旅游业中的应用,积极发展多种形式的科普旅游,充实滨海旅游产品的科学内涵,提高产品的科普教育功能。例如三门县以三门湾、三门滩涂、花鼓岛、扩塘山岛(被誉为"海蚀地貌博物馆")、五子岛、三门岛等为主,分别针对其多样的森林植被、丰富的海洋生物和湿地生物、奇特的海岛海礁景观,面向青少年、专业人士开展生态科普教育旅游。

推进中国海洋论坛和中国海洋文化节,筹办海洋科技成果应用交流会和海洋生态文明论坛。加强海洋文化研究、海洋科技和海洋主题博物馆建设,保护涉海文化古迹,传承海洋文化艺术,扶持发展海洋文化产业。广泛普及海洋知识,开展海洋文化交流,形成全社会共同关注海洋、科学开发海洋、有效保护海洋的良好氛围。

3. 提升景区文化内涵

充分依托景区文化资源和深厚底蕴,加强文化的挖掘、展示和体验。改变文化资源展示、文化产品陈列的单一模式。充分利用景区静态的文化资源、分散的文化元素、高深的文化内涵,打造特色鲜明、参与性强和消费面广的文化休闲娱乐产品。充分利用博物馆、艺术馆、美术馆等公共文化场所和文化创意园区、文化小镇等文化产业平台,将文化元素融入旅游景区吃、住、行、游、购、娱各个环节,创新文化旅游新方式,打造复合型文化旅游景区。以4A级以上景区、特色旅游村、旅游社区、文化创意产业园、特色小镇等为主要载体,提升旅游景区文化内涵。增强旅游商品、餐饮和住宿的地方文化特色,形成具有自主品牌的特色旅游产品,使餐饮购物和住宿服务场所成为展示地方海洋文化的窗口,培育富有地方特色和民族特色的演绎节庆和文化体育活动,使旅游活动成为传承和弘扬优秀文化的重要载体。

举办丰富多彩的海洋文化节事活动,形成参与性强、特色突出、管理规范、服务功能完善的文化娱乐节事体系。宁波依托海洋文化产业发展,加强海洋民俗文化与现代海洋文化的结合,进一步增加娱乐休闲服务供给,促进海洋文化、海洋知识的传播,推动发展滨海民俗文化休闲,使文化娱乐成为海洋旅游发展的新亮点,成为传承地方海洋文明的重要载体。结合杭州湾新区、镇海古城、北仑滨海新城、象山影视城、大目湾新城、石浦古城、宁海湾等重点区块的建设,积极开发旅游文化演出活动，鼓励、支持和引导各类文艺演出团体，积极参与和投入到海洋文化演艺事业当中，创作具有本土特色的滨海文化剧目，带动滨海旅游品牌剧场发展，形成浙江滨海旅游的新特色。积极探索各类物质和非物质文化遗产旅游产品的开发方式和表现形式，增强游客在滨海生态旅游活动中获取知识和享受乐趣。

（四）注重生态保护，坚持走可持续发展道路

低碳旅游将成为我国旅游业可持续发展的重要经济战略之一。海洋环境极为脆弱，对海洋旅游资源的开发必须保护优先，完善旅游区的生态补偿机制（李跃军，2012），遵守严格保护、科学管理、合理开发、永续利用的原则，特别是对于稀有、不可再生的海洋旅游资源，以保护为主，严格控制开发力度。

1. 推动生态旅游宣传教育

生态旅游宣传教育是实现生态旅游保护性的前提，是滨海生态旅游自然性的一种高级形式，是滨海生态旅游教育性的实质体现。浙江省在滨海生态旅游建设过程中，非常重视宣传教育，注重滨海生态旅游从业人员、当地居民和旅游者环保知识的教育和普及，规范旅游行为。

对旅游从业人员不断加强滨海生态理论和伦理的培训教育。编写滨海生态旅游的培训教材、修订导游词、制定服务规范和操作手册等，使从业者成为旅游生态化自觉的引导者和执行者。对当地居民进行生态文化教育。改变不符合生态保护的陋习，探索建立利益补偿机制，促使当地居民积极自觉参与本地旅游资源和生态环境的保护。对旅游者不断加强生态文明的教育宣传，引导旅游者文明旅游，做环境保护的参与者、倡导者和实践者，并通过媒体宣传、公益广告、旅游手册、行为规范等方式，引导旅游者树立符合生态文明要求的消费观念、消费行为、消费模式。

深入开展海洋科学知识、海洋发展战略以及有关方针、政策的教育，增强全民海洋国土和海洋可持续发展观念，为实施海洋旅游规划营造良好的社会氛围。多层次、多渠道、有针对性地做好海洋旅游规划的宣传和培训工作,提高各级旅游管理部门科学管理海洋旅游的水平,以及各类用海旅游企业合理开发利用海洋的自觉性。进一步加强舆论监督,完善信访、举报和听证制度,充分调动广大人民群众和民间团体参与海洋旅游开发保护监督工作的积极性。

2. 重视海滨旅游区生态保护

自然环境是浙江滨海旅游产业发展的基础。高速工业化、城市化正给旅游业赖以生存和发展的环境带来沉重的压力。旅游业本身的发展也可能会对环境造成破坏。因此政府和社会各界高度重视滨海地区的环境问题。滨海旅游产业环境保护的主要任务是:保护景区的自然环境、生态系统和生物多样性;尊重和支持当地传统、文化和社区;建立和维护环境管理系统;实行适时适地的休游;减少能源消耗、废物和污染物;教育并帮助人们了解当地的环境和文化。

保持旅游区的原生性:最低限度地采伐植被,尤其是小岛区;避免干扰野生动物的活动和繁殖;避免过度改造地形和改变地表;尽可能使旅游区远离河流,使其位于河岸缓冲带之外,尽少选用不渗水的地表。

尽可能恢复和再造植被:应对所有被破坏地区的植被实行再造,并尽量采用当地土生植物。

建筑方法和材料符合生态要求:尽量减少对地面覆盖物的挖掘和损害,尽可能使用当地建材、可再生的建材,尽量使用风能、太阳能等可再生能源。

减少视觉的负面影响,维持景观的和谐:要控制建筑规模。高层建筑原则上只允许在市区建造,而不应建在度假区;非城区建筑物的高度和结构应低于树高或利用地形遮蔽,并且建筑物的外观应与风景协调。

保持供水的生态可持续性:采用境外引水、海水淡化、收集雨水等多种方式供水;提倡中水回用;提倡绿色旅游消费,鼓励节约用水。

污水处理:舟山群岛及周边主要岛屿要做到生活污水统一收集处理;小岛和相对偏远的地方建议采取生态化的方式实施污水处理。污水必须至少经过二级处理。污水处理应符合或高于国家法定标准。污水应达标排放。使用清洁型交通工具。

噪音控制：因地制宜采取措施控制噪音。旅游景点所有活动的噪音不得超过邻近自然风景区和住宅区的背景噪音。

空气质量控制：遵守现有的空气质量标准规定，并在特别敏感区域引入更为严格的规定。禁止排放氯氟碳化合物，尽量减少溶剂和碳氢化合物的释放，尽量少排放热气、蒸汽，工厂等排放的气体中要确保无异味。

固体垃圾管理：尽量使废物量降到最小，决不乱扔垃圾；完善垃圾收集、存放、清运体系；推行垃圾分类收集与处置；严格控制垃圾处理过程对环境的影响。

能源管理：采用新材料、新技术，使建筑物的维修和运行最大限度地降低能源消耗；运用价格等管理手段降低能耗；尽量减少交通能源的消耗。

对海洋生态敏感地区，禁止生活污、废水直接排入大海。严格控制长江、钱塘江以及杭州湾等沿海地区向大海的排污量，制定上下游综合治理和污染补偿方案。治理陆源污染的同时，加强海上污染的防治，加强包括游船在内的船只管理，减少船只油污、污废水、垃圾等污染海水环境。

对滨海生态敏感地区，控制采砂；禁止破坏滨海湿地，禁止扰乱天然的水文系统。在沙丘和大海之间不应有任何永久建筑物或基础设施，如道路；只有在不破坏沙子表层的情况下才可以建造临时建筑（例如沙滩棚屋和木板栈道），在滨海、滨海线等附近，建筑应适当后退。

四、浙江滨海生态旅游发展存在的问题

浙江省在滨海生态旅游建设过程中取得了一定的成就，但也存在一些问题，主要在产品创新、资源整合、旅游设施、接待能力、专业人才、管理水平等方面存在不足，有待于进一步完善。

（一）产品创新不足，特色产品不多

《浙江省旅游业发展"十二五"规划》提出："以海洋海岛风情、海

天佛国、阳光沙滩等为主要特色资源,在地域上包括舟山、宁波、台州和温州"的海洋旅游经济带建设构想。由于宁波、台州、温州和舟山四市在海洋旅游资源相似、空间比邻、客源市场重叠等原因,导致其旅游资源同质化开发、旅游产品互相模仿、旅游项目重复建设、旅游要素空间配置不合理等现象突出以及旅游规模化程度不高、旅游边际效益低下等问题严重。

海洋旅游产品开发程度较低,仍多为传统的"3S"型产品,缺乏特色,参与性活动的开发度不高,缺少精品(张碧兰,2016)。海洋旅游业态和产品体系总体上还处于初级开发阶段,海洋文化内涵不够丰富,产品同质化现象突出,从而极大地制约了海滨旅游竞争力的提升。我省应加快推动滨海生态旅游从单纯滨海观光旅游向滨海休闲度假旅游和海上观光旅游的转化,将目前单一的滨海游览观光产品调整为涵盖滨海游览观光、休闲度假、海上运动、科普教育等多元化的产品结构。各区域有各区域的民俗文化,适合开发具有地区特点和时代特色的民俗体验产品等。

现有滨海旅游旅游产品开发的深度不够。大多注重横向开发,纵向延伸不足。一是文化内涵和地域特色没有彰显,现有产品主要以观光旅游为主,文化价值开发不够,没有将地域特色融入产品中。二是针对特定市场人群的主题化包装不够,对特定市场人群个性化开发旅游产品和线路还较少,特色不足。三是旅游开发尚处于初级阶段,开发档次和品位还比较低。

(二)资源整合不足,组合开发不足

充分利用资本和市场手段整合旅游资源,优化资源要素合理配置,整合创新型的旅游产品,把海洋旅游资源融入长三角旅游经济圈。滨海生态旅游资源开发的战略核心是协调滨海生态旅游资源、旅游环境与滨海旅游经济发展之间的平衡关系,实现滨海生态环境效益和社会经济效益的和谐发展。

滨海生态旅游资源整合不足。除了区域文化和海洋等资源外,气候、民俗等特色潜力资源有待整合开发。依托宜人的气候，良好的空气质量和生态环境，与大海的空气加上高含量的负氧离子，为开发疗养旅游产品提供了条件。

滨海生态旅游产品组合开发不足。没有形成合力主要表现在：一是现有旅游产品以区域文化体验和海洋旅游为主，呈现出孤立单一的状态，娱乐体验型旅游项目少，延伸和扩展产品开发还处于初级阶段，没有形成与之相配套的产业链体系。二是除海洋旅游和区域文化体验游之外，其他类型的旅游产品还没有形成优势，知名度还不高。三是现有服务不配套，尚未形成与滨海生态旅游发展相匹配的服务体系。四是优势旅游产品与其他产品的结合不够，没有与休闲度假、健康养生等其他旅游项目结合，产品开发内容较为单一。

（三）旅游设施落后，接待能力较弱

我国滨海生态旅游配套服务体系建设重点是坚持"行、住、食、游、购、娱"六大要素的配套发展。与日益增长的滨海生态旅游公共需求相比，浙江海洋旅游公共服务体系对系统化建设重视不够，公共服务体系建设经验缺乏，由此带来的海洋旅游公共服务总量不足、质量不高、体系不完善等问题较为突出。就目前现状而言，浙江省滨海生态旅游发展尚不成熟，对旅游业基础设施建设投入不足，配套设施不够完善，滨海生态旅游区基础设施相对薄弱。

旅游旺季及节假日期间，汽、渡的吞吐量远远不能满足客流的要求，造成游客游览等待时间较长；标识标牌、加油站、停车场等旅游交通的基础设施，面对迅速增长的自驾游市场存在明显不足；旅游集散中心的调度功能需进一步提升；旅游宾馆、旅游娱乐等服务设施的配套较为落后；景区内有关环境保护方面的消烟除尘、污水处理、垃圾处理和处置等设施，尚有部分不符合环境保护标准，不能很好地控制污染。这些因素都导致景区综合接待能力不强，制约了滨海生态旅游的发展。

（四）专业人才缺少，管理水平不高

随着滨海旅游业的发展，对旅游人才的需求量迅速增长，旅游业经营管理水平与服务质量竞争集中表现为人才的竞争，搞好旅游教育与培训是发展滨海旅游业的重要环节。从目前现状看，滨海旅游教育跟不上形势发展需要，部分旅游从业人员学历层次偏低，专业人才队伍比例也较低，整体素质不高，业务水平比较低。总体上说，滨海旅游业缺乏既懂外语又熟悉业务、具有创新能力的综合素质较高的中高级复合型管理人才和各类专业技术人员，且人员服务意识和服务技能不强。

在旅游饭店行业，缺少高层管理人才、人力资源人才、网络或管理系统维修人才等；在旅行社行业，缺少营销人员、计调员、外语翻译人才等；在景区景点，缺少景区专业管理人才；在旅游商品行业，缺少商品设计人才；在新产品开发方面，缺少旅游资本运作人才、游轮基地云彩人才、禅修体验产品开发人才等；在旅游教育方面，缺少旅游专业教师；在相关行政部门方面，缺少政策研究人才、标准化研究人才、信息化操作人员和海上安全救助专业人才。

大多数从业人员服务意识不强，服务技能水平也有待提高。部分旅游区（点）宾馆服务人员中熟练员工比例低，服务意识较差，缺乏为顾客着想从而提高顾客满意度的意识，缺乏处理突发事件的能力，影响了整体形象。大多数酒店的管理、监督和经营能力有待提高，缺少能够领导、培训员工的高素质管理人员。部分旅游区（点）导游人员的普通话水平、讲说能力以及内容的科学性有待提高，导游信息和导游技巧也有待提高。导游缺乏根据游客（旅游团体）文化素质、教育背景和游客需求调整讲解方式和内容的能力，不同导游的解说风格也给人雷同之感。

五、浙江滨海生态旅游发展的对策建议

滨海生态旅游建设是一项复杂的系统工程，涉及诸多领域和旅游产业发展要素各方面，需要旅游者、旅游地居民、旅游经营管理者和政府部门的广泛参与和支持。我省滨海生态旅游发展要遵循生态安全和绿色环保优先，兼顾合理开发利用的原则，用旅游保护生态，生态促进旅游，促进浙江省滨海生态旅游可持续发展。主要对策建议如下：

（一）创新滨海生态旅游发展机制

创新科学的旅游管理体制。加强滨海旅游服务体系建设，注重队伍培养，提高服务水平（胡嘉汉，2001）。建立符合滨海旅游产业发展的、跨部门的、层次高、权威性、协调指导能力强、利于整合要素资源的旅游产业发展领导小组。领导小组由旅游、城建、渔业与海洋、国土、环保、财政、交通、工商、税务、公安、农林、水电等部门组成，赋予资源保障、规划建设、行业协调三大职能，实施综合管理的新体制，研究和协调解决滨海旅游区产业发展的战略、规划、政策等重大问题。

健全滨海生态旅游政策与法规。加强滨海生态旅游的法制建设，使政府"管海"和人民"用海"都有法可依。加强地方海洋立法工作，尽快制定浙江省海域使用管理条例，及时修订滩涂围垦、钱塘江管理等涉海法规，制定无居民海岛保护及使用权管理、海岸带综合管理、深水岸线管理、海洋生态损害赔（补）偿管理、海洋生态环境保护、海域使用权流转、用海与用地衔接管理等法规规章，形成配套完整、上下一致、协调统一的法规与制度体系。提升和完善海洋旅游产业发展总体规划，建立规划实施的保障机制。

完善执法体制。增强滨海地区主管部门在海洋执法、海洋资源保护、海岛综合开发与保护等领域的综合协调能力。探索推进海上联合执法试点，加强执法队伍和装备建设，完善海上执法预警系统和应对海上突发事件快速反应工作机制，形成统一高效的联合执法体制加强海洋行政执法监察制度建设。

加强审批管理。严格按照法定权限审批围填海项目和无居民海岛利用项目，优化审批程序，规范围填海项目的论证、预审和审查管理。区域用海规划和围填海项目审查，要依法组织听证，并向社会公示。抓紧制定围填海项目收回补偿办法，切实维护海域使用权人的合法权益。

完善滨海旅游要素保障政策支持体系。在土地政策方面，对试验区内旅游项目建设用地优先保证供应，支持海洋旅游项目用地用海，适当增加旅游业发展土地供应，支持利用荒地、荒坡、荒滩、边远海岛的土地开发旅游项目。在财政政策方面,建立海洋旅游开发生态补偿基金和生态质量保障基金,适度增加财政转移支付;服务业发展专项资金、扶持中小企业发展专项资金、外贸发展基金以及节能减排专项资金,对符合条件的旅游企业给予大力支持;发挥财政对旅游业的引导作用,根据财政收支情况,适度增加旅游发展资金。

制定和完善滨海旅游产业发展政策体系。建立旅游资源有偿利用政策;制定鼓励和引导旅游企业集团化发展的政策;制定明确的旅游利益分配政策和鼓励开拓海内外促销的市场开发政策。加大财政扶持力度,择优扶持纳入海洋经济综合试验区的示范性旅游产业园,以及战略性重大滨海旅游项目基础设施和旅游公共服务设施建设。沿海市、县要统筹财力,切实加大对本地滨海旅游发展的资金支持。

加强旅游产业体系建设。按照大旅游、大市场的发展理念,推进同业集聚和产业协作,完善旅游产业体系,延长旅游产业链,重点扶持重大旅游项目、旅游龙头企业、精品旅游线路和具有广阔前景的旅游新产品。创新旅游生产经营模式,鼓励旅游景区加强与关联企业合作,推进旅游景区投资经营多元化。支持旅游景区品牌化经营,提升管理服务质量。培育壮大旅游房车、邮轮、游艇制造和高尔夫用品、旅游保健防护用品、特殊旅游用品等生产企业,支持建设旅游制造业基地。推进旅游生产营销的规模化,完善旅游产品交易市场,发展旅游电子商务,推进旅游信息化进程。

(二) 深层次开发滨海生态旅游资源

整合开发滨海独特而丰富的海岛自然资源、海洋资源、渔业资源、文化资源、民俗资源、人文资源等,全面有序的推进资源的综合开发管理,增强滨海生态旅游的自我发展能力。大力开展海岛文化体验、海岛度假养生、海洋美食、邮轮旅游等休憩娱乐类产品,丰富海洋文化娱乐内涵,深度挖掘海洋文化资源,依托海洋文化产业发展,加强海洋民俗文化与现代海洋文化的结合,进一步增加娱乐休闲服务供给,促进海洋文化、海洋知识的传播,推动发展滨海民俗文化休闲,促进我市海洋旅游焕发出新的文化活力。

推动资源要素协调发展。增强海鲜餐饮美食特色，合理聚集、优化布局，建设各重点区块的海鲜美食街区；优化滨海旅游住宿结构，统筹规划建设海陆联动、形式多样、空间均衡、结构合理的海洋旅游住宿产品体系。对海岛生态资源与环境进行保护，鼓励新能源技术新环保技术的开发与应用，确保旅游资源永续利用，坚持走海岛生态旅游可持续发展道路。

（三）不断创新滨海生态旅游产品

创新定位，加大产品开发力度。应以本省特有的"海、岛、港、渔"为主题，深入挖掘产品的历史底蕴与文化内涵，开发特色旅游产品（孙洁婧，2013）。降低海洋旅游产品的趋同化，增强地域特色，寻求自身的市场定位与文化定位，坚持精品化战略，形成浙江省独有的海洋旅游品牌。

海洋生态观光产品。海洋生态观光旅游是滨海生态旅游的特色产品。将生态健康、人类健康、社会健康、文化健康和经济健康作为滨海生态观光旅游发展的指导理念，并基于海洋旅游资源状况，在杭州湾、象山半岛、三门湾、韭山列岛、渔山列岛等地重点开发海洋公园、滨海地质公园、滨海湿地公园、滨海农业生态观光、近海低空生态观光等海洋生态观光旅游产品。

海洋休闲度假产品。是由海洋观光产品向海洋休闲度假产品的转型升级是未来海洋旅游发展的主要方向。作为滨海生态旅游的拳头产品，海洋休闲度假旅游须积极挖掘资源和市场优势，重点发展滨海疗养度假、滨海商务度假、东海文化度假、海洋体育休闲和滨海乡村度假五大产品，结合特色度假营地和度假村建设，构建完善的海洋休闲度假产品体系。

海洋邮轮旅游产品。海洋邮轮旅游已经成为现代旅游产业体系中最为活跃、发展最快速的产业之一。海洋邮轮旅游产品开发要借鉴国际邮轮旅游发展经验，构建具有休闲娱乐、观光游览、邮轮接待、保税购物等服务功能的邮轮海洋旅游集散区，并按区域设计旅游线路，细分客源市场，打造主题化、差异化宁波海洋邮轮旅游产品。

海洋文化体验产品。开发海洋文化体验产品要以文化创意为指导思想，以海洋民俗文化、海洋历史文化、海洋影视文化和海洋商业文化为依托，充分整合现有海洋文化旅游资源。以象山影视城、中国渔村等海洋文化创意园区为载体，打造宁波海洋文化创意旅游聚集区；利用石浦渔港特色传统滨海小镇及其古街老巷，发展浙东特色的传统渔家文化产品，打造传统海洋民俗艺术街区；挖掘各海岛遗留的历史文化遗迹，开发一条串联各岛屿间海洋历史文化的旅游线路。

海洋节庆会展产品。海洋节庆会展产品是宁波海洋旅游的特色与亮点。发展海洋节庆会展产品开发应以坚持市场化、品牌化、特色化和社区（企业）参与的开发原则，依托各个沿海景区、沿海经济发达城镇和宁波及各地市会展中心，进一步开发不同季节、不同地点分布合理的特色主题节庆和会展活动，提升宁波海洋节事会展产品的市场知名度和国际化水平，形成特色主题化和时间序列化的良性循环发展模式（周彬，2016）。

（四）引培滨海生态旅游专业人才

专业人才的匮乏制约我省滨海生态旅游的发展，为此要加快相关人才的引进和培养，建立一支高质量的滨海生态旅游人才队伍，提高旅游管理水平（苏勇军，2010），促进我省滨海生态旅游的健康快速发展。

坚持"先培训，后上岗"，推行持证上岗制度。在旅游人力资源管理上要坚持旅游从业人员的"先培训，后上岗"制度，对旅游企业管理人员、服务人员按照岗位规范的要求进行上岗、转岗、晋升等资格的培训。根据岗位工作需要进行多样化、适应性的培训。

制定中长期滨海旅游业人才发展规划。实施人才培养、高技能人才招聘、海外领军人才引进、企业家培训、人才留住与发展等计划。加强创新型海洋旅游业领军人才队伍建设，加快实施重点岗位紧缺人才培训工程，积极培育高技能实用人才队伍。建设一批创业创新平台，完善人才交流服务平台，形成滨海旅游业人才高效汇聚、快速成长、人尽其才的良好环境。

推进人才强旅工程。坚持培养与引进并举，扩大人才总量，重点培养有开拓性、创造性、懂旅游、懂政策、善管理、善经营的复合型中高级管理人才和优秀企业家；引进开拓海上旅游经营管理和旅游网络的高级复合型人才；积极与院校合作，逐步形成研究生教育、本科教育、专科教育、职业教育和继续教育相结合的旅游教育体系；着力培养一批旅游决策咨询、高级旅游管理人才以及培养一批海洋旅游的金牌导游；完善机制，营造公平、平等、竞争、择优的用人环境；完善机构，建立人才信息交流平台；提供良好的人力资源政策支持环境，建立人才成长机制，吸引优秀的单位和个人、本地和外地人员到旅游行业中创业；政府可相应制定住房、工资、福利等方面的优惠政策，引导专业人才进入旅游行业。将人才培养由单一型转变为应用型、复合型，主动为人才的外向化提供进一步拓展的平台，加强与省内外、国内外旅游教育同行的人才交流，引进旅游专家学者，同时促进本地旅游人才相互之间和与外地间的交流、沟通，实现旅游人力资源的外引内联。

优化旅游人才结构。重点引进一批旅游项目规划管理、旅游政策研究分析的专家型人才；采取"校企合作"等举措，开展校企订单、针对性集中培养等形式，培养一批服务于旅行社、酒店、景区的技能型人才；采取"筑巢引凤"等举措，实行一系列优惠政策，引进旅游企业投资、开发、经营管理的高端复合型人才。通过多措并举、多管齐下，打造一支素质优良、结构合理的海洋旅游人才队伍。

（五）加强与周边旅游区合作互动

实施区域合作战略，整合周边区域旅游资源，增强综合竞争力。建立区域滨海生态旅游协调机制，营造滨海生态旅游协作的市场环境，消除不适应区域合作互动的各种政策壁垒。坚持优势互补、共同开发、互利共赢、促进融合的方针，以资产运营为纽带，建立舟山、嘉兴、台州、温州等城市的海洋旅游合作联盟。深化完善宁波—舟山旅游合作机制，加强环杭州湾区域的旅游合作发展，推动三门湾的区域旅游合作。

扩大宣传，吸收经验，强强联合。通过网络等新媒体加大对海洋旅游产品的推广，普及海洋知识与海洋文化，加强海洋旅游的吸引力。借鉴国内外海洋旅游地的发展经验，加大海洋旅游的对外开放程度，加强与沿线各地区、城市之间的合作，实现强强联合。加强与福建等海洋旅游资源大省的合作，按照"市场主导、风险分担、互利共赢"的原则，不断创新完善合作模式和机制，在促进跨区域旅游要素共享、推进重大基础设施对接、建立完善海上客运交通体系、联合拓展市场等方面积极探索。积极参与上海"两个中心"建设，主动融入长三角海洋旅游圈的建设发展，加强同海峡西岸、山东沿海、环渤海湾、珠三角及海南省等区域的旅游协作，推动建立产品—市场战略合作关系，形成沿海游船游艇对接与协调机制，加强与日本、韩国以及东南亚地区拥有著名海洋旅游城市的国家跨区域战略合作。

【参考文献】

［1］李跃军，姜琴君. 浙江沿海产业带的旅游发展模式及优化路径［J］. 华东经济管理，2012，26（11）：19-21.

［2］高海亲. 以创业创新为动力加快浙江台州滨海旅游业发展［J］. 现代企业，2009（11）：60-61.

［3］苏勇军. "海上浙江"建设背景下浙江海洋旅游发展思考［J］. 宁波经济：三江论坛，2010（3）：8-10.

［4］张雨. 发挥海洋文化作用，促进"海上浙江"建设［J］. 宁波经济丛刊，2009（3）：37-38.

［5］胡嘉汉. 宁波海滨旅游业发展战略初探［J］. 浙江万里学院学报，2001，14（4）：19-21.

［6］孙洁婧. 基于体验经济的浙江滨海生态旅游产品开发［J］. 旅游纵览月刊，2013（9）：181.

［7］张碧兰，陈海童，李敏. "一带一路"背景下浙江省海洋旅游

发展研究 [J]. 旅游纵览月刊, 2016 (11): 126.

[8] 贺爱萍. 象山旅游资源的开发与可持续发展研究 [J]. 浙江旅游职业学院学报, 2011 (2): 5-9.

[9] 周彬, 范玢, 王璐璐. 浙江省宁波市海洋旅游资源开发对策 [J]. 宁波大学学报 (人文版), 2016, 29 (2): 84-89.

(作者: 陈柏燚, 浙江理工大学经济管理学院; 李植斌, 浙江理工大学浙江省生态文明研究中心执行主任)

分　论

分论之二：湿地生态旅游发展的浙江实践

　　湿地是重要的国土资源和自然资源。湿地与人类的生存、繁衍、发展息息相关，是自然界最富有生物多样性的生态景观和人类最重要的生存环境之一。它不仅具有巨大的环境功能和效益，在抵御洪水、调节径流、蓄洪防旱、控制污染、调节气候、控制土壤侵蚀、促淤造陆、美化环境等方面有其他系统不可替代的作用，被人们称为"地球之肾"。同时，它又为人类的生产、生活提供多种资源，具有科学价值、教育价值、美学价值等多种价值。湿地独具特色的自然、文化、生物景观为湿地旅游提供了丰富的旅游资源。目前关于湿地旅游尚无统一的概念，但可以认为，湿地旅游是以湿地为资源基础的旅游活动，具有湿地生态保护意识的一种旅游开发模式。湿地旅游开发的目的是让游客认识湿地、享受湿地的同时提高湿地生态环保意识。湿地旅游是以生态旅游为目标，使湿地旅游延伸为绿色旅游。湿地旅游的宗旨是：在保护湿地的自然、文化资源的前提下，提供旅游者高质量的旅游经历，并带动湿地地区经济的发展。湿地旅游的基本原则是：人类与湿地乃是一种伙伴关系，应该共存共荣，协调发展。湿地旅游旨在实现生态、社会和美学价值的同时，寻求适宜的利润和资源环境的维护；湿地旅游的目的是享受湿地赐予的景观和文化，通过约束旅游者和开发商的行为，使之共同分担维护景观资源的成本，从而使当地居民和子孙后代也成为湿地旅游的直接受益者。本章首先对浙江湿地生态旅游发展的成功案例进行分析，结合浙江省湿地生态旅游发展的主要成就,总结浙江省湿地生态旅游发展的基本经验,并指出浙江省湿地生态旅游发展中存在问题,提出发展建议。

一、浙江湿地生态旅游发展的成功案例

本部分以浙江省几种不同湿地旅游区作为典型案例来阐释浙江省湿地生态旅游发展情况。

(一) 杭州西溪湿地保护与开发

1. 西溪湿地生态旅游资源

(1) 物种和植被类型丰富多样[①]。西溪湿地有野生维管植物 91 科 204 属 254 种,其中蕨类植物 8 科 9 属 9 种,种子植物 83 科 195 属 245 种。植物区系特征明显,有 15 个分布区类型和 6 个变型,其中泛热带分布型占优势地位,热带性质属有 91 属,占总属数的 47.5%。自然植被可划分 5 个植被型组,6 个植被型,20 个群系组和 20 个群系。自然植被型组中以水生植被型和沼泽植被型的草本沼泽植被亚型为主,该区共有水生植物 38 科 64 属 99 种。

由于西溪湿地毗邻山地、平原和农田,植被较密,因此,鸟类区系十分丰富,包括湿地鸟类、平原鸟类、山地鸟类、农田鸟类和城郊鸟类等多种类型。记录鸟类 15 目 39 科 126 种,分别占杭州鸟类目、科、种的 93.7%、97.5%、67.0%。已鉴定的昆虫共 133 科 417 属 477 种;土壤无脊椎动物 4 门 9 纲 22 目;大型底栖无脊椎动物种类有 17 种。鱼类 14 科 35 属 45 种;两栖类 1 目 4 科 10 种;爬行类 3 目 8 科 15 种;兽类 5 目 7 科 14 种。

(2) 景观特色浓郁。西溪湿地中共有 4 种景观类型,即水体、林地、耕地和建设用地景观。QuickBird[②] 影像图数据分析结果显示,影像图分

[①] 缪丽华,范义荣,申亚梅等. 湿地生态旅游开发研究——以杭州西溪湿地为例 [C]. 中国(安吉)休闲农业与乡村旅游发展高层论坛. 2009:263-268.

[②] QuickBird 卫星于 2001 年 10 月 18 日由美国 DigitalGlobe 公司在美国范登堡空军基地发射,是目前世界上最先提供亚米级分辨率的商业卫星,卫星影像分辨率为 0.61m。

类后产生大量斑块，总数目达到 13343 个。其中耕地景观斑块数目为 6153 个，占斑块总数的 46.2%，是斑块数目最多的景观类型，其次是林地和建设用地景观，斑块数目分别为 3429 和 2314 个，占斑块总数的 25.7% 和 17.3%，斑块数目最少的是水体景观，为 1447 个，占斑块总数的 10.8%。

（3）区位优势突出。西溪湿地位于杭州市西部，在市区范围内，交通便利，天目山路、文三路、文二路、外环公路均可直达，距市中心武林门仅 6 公里。西部有天目山脉，北连余塘河、京杭大运河，通太湖水系，经市政水利改造工程后与西湖、钱塘江贯通。

杭州是长三角的重要中心城市，距上海 170 公里、宁波 130 公里。作为中国东南部的重要交通枢纽，杭州交通便捷顺畅，已开通前往国内国际重要城市的多条航班，11 条高速公路、四通八达的铁路和钱塘江、大运河"黄金水道"将杭州与全国各地紧密相连，区位优势明显。

2. 西溪湿地保护与开发经验

（1）政府高度重视，投巨资进行景观修复与改造。针对西溪湿地生态旅游的开发，杭州市委、市政府从初始阶段便给予较高的定位，确定了六个坚持的原则，即坚持：生态优先、最小干预、修旧如旧、注重文化、可持续发展、以民为本，有效避免了我国生态旅游发展中普遍存在的规划滞后、环境保护意识差等问题。

21 世纪初，在深入调研基础上，杭州市委、市政府作出实施西溪湿地综合保护的决策。2003 年实施西溪湿地综合保护工程，并以其重要的生态功能、幽雅的自然景观、丰富的文化内涵于 2005 年 2 月 1 日被国家林业局批准成为中国第一个国家湿地公园。

西溪湿地综合保护由一期、二期、三期 3 大区块组成，总投资 87.6 亿元。其中，一期工程于 2003 年 8 月开工，占地 3.46 平方公里，投资 21 亿元，已于 2005 年 5 月 1 日正式对外开放，内有费家塘、虾龙滩、朝天暮漾三大生态保护区，占一期总面积的 94%。2006 年 5 月二期工程开工建设，面积 4.89 平方公里，投资 36.6 亿元，于 2007 年 10 月 1 日开园。二期加强对西溪湿地桑基、柿基、竹基鱼塘的农耕生态环境保护，保留了合建港、包家埭约 2 平方公里的一级生态保护区，凸显生态西溪、人文西溪等湿地生态旅游特质，恢复和重建杭州湿地植物园、绿堤、福堤、千斤漾—莲花滩观鸟区、高庄、河渚古街等七大生态、文化景观。三期工程 3.15 平方公里，于 2007 年 10 月启动，投入资金 30 亿元，于 2008 年 10 月实现有限开园。

（2）充分挖掘旅游本底资源，注重生态旅游产品开发。充分挖掘旅游本地资源是西溪湿地生态旅游开发的必要措施。西溪湿地在科学评估，系统整理的基础上，按照"先易后难、先实后虚和先小投入再大投入"的原则，依据当地的自然资源和人文资源特点，设计出了丰富多样的旅游产品，满足不同游客的生态旅游需求。秋雪庵、梅竹山庄、深潭口、西溪梅墅、西溪草堂、泊庵、烟水渔庄、西溪水阁等 8 个一期开发的景点，基本体现西溪冷、野、淡、雅的景色特点，包括士人文化遗存、民俗文化展示、农耕体验、绿色农产品等旅游产品的展示与开发。

（3）文化交流活动频繁，科普教育积极跟进。为深入挖掘、推介西溪湿地生态旅游资源，开拓海内外旅游客源市场，使西溪湿地融入"诗画江南山水浙江"的旅游整体形象，多年来，有关部门加大对西溪湿地的宣传力度，策划组织各种类型的生态旅游宣传和科普教育活动。

2008 年 4 月浙江省旅游局、浙江省人民政府新闻办公室、香港旅游出版社、台湾时报社、澳门摄影学会等单位组织并邀请两岸著名摄影家参加的摄影交流活动，来自香港、澳门、台湾、北京和浙江本地的 80 多位优秀摄影家汇聚西溪湿地，拍摄交流，活动结束后出版中英文对照版《两岸摄影家合拍——浙江二十四小时》大型摄影画册及在海内外举办浙江旅游图片展。先后建成并启用了周家村科普展示馆、深潭口环境教育中心、杭州湿地植物园、莲花滩和千金漾观鸟区等多个科普教育站点。西溪国家湿地公园科普教育基地还被中国科协纳入全国科普教育基地名录。

通过建立大、中、小学的校外教育实践基地，举办中国杭州西溪湿地论坛、爱鸟周、西溪三堤十景评选等方式,向世人展示着湿地的功能以及景观、生物多样性特征以及保护湿地的重要性。中国湿地博物馆坐落于西溪国家湿地公园内,是集宣传、教育、研究、交流、收藏等于一体的现代专业博物馆,其成为展示我国湿地资源管理与保护成就的多功能博物馆,是向社会大众,特别是青少年普及和传播湿地科学知识的重要场所。

(二)德清下渚湖湿地保护与开发

1. 下渚湖湿地资源

(1)丰富的自然旅游资源。下渚湖基本保持自然质朴的江南水乡风貌,湖中的景观多样性、原生性保持良好,为长三角地区生态系统多样性高、原生状态保持完整的天然湿地之一,为浙江省湿地生态多样性保存最为完整的天然湖泊湿地。下渚湖中心湖区面积 12.6 平方公里,水深 3—5 米;湖区内有港汊 1000 余条,大小土墩 600 余处,其中最大的土墩为矛山岛,面积约 50 公顷。湖中有墩(岛),墩(岛)中有湖,港汊纵横,宛若迷宫,形成了水网交错的独特水乡湿地景观。

下渚湖湿地动植物资源丰富,有各种植物 64 种、103 科。地势高处生有樟、枫杨、桑、竹等作物,地势低处芦荻飘荡,荻花泛光,湿地中还发现了稀有的野生大豆种群。湖中红荷菱角、莲藕生香,鱼虾蚌鳗鳖等水产丰盈。獐、黄鼬、山龟、竹鸡、穿山甲、华南兔、黄毛鼠等野生动物时常在周边山间出没。下渚湖湿地还是鸟类栖息的乐园,生活着黑水鸡、小鸦鹃、野鸭、白鹭、夜鹭、雉鹭、灰鹭、翠鸟等 160 多种鸟类,成为湿地一大景观。湖中为数不少的水雉因其体色艳丽、飘逸轻盈,素有"凌波仙子"之称;每年在这里栖息的白鹭则有 3 万多只;具有珍贵观赏价值和极高科研价值的湿地鸟类朱鹮,也已引种并成功繁殖,它们都成为下渚湖丰富的生态旅游资源。

(2)独特的人文旅游资源。下渚湖蕴藏着丰厚的人文资源,是良渚文化的发祥地之一,也是防风古国所在地。史载下渚湖一带夏禹时为防风古国,故下渚湖又名防风湖,距今约 4000 年前的防风古国是江南较大的部落之一，因部落首领防风王助大禹治水有功，立防风国。防风氏族是唯一在正史中有记载的史前江南先民，他们创造的防风文化与良渚文化密切相关。

湖畔防风山（又名"封山"）旧有"封山十景"（防风古碑、竹林听雨、古梅胜景、封山石室、百丈深潭、潘老仙踪、朝阳俯瞰、春渚浪花、落霞飞虹、奇松待鹤），其中落霞飞虹乃指宋代古桥寿昌桥，建于南宋淳熙年间，为浙江省保存最完整的古代单孔石拱桥之一。防风山下有防风祠，祠中有吴越王钱镠所立古碑一块，防风祠每年举办祭祀防风的防风节。相传防风治水时，风餐露宿，村民常以一种叫烘豆茶的饮料为他驱寒，效果十分明显。茶圣陆羽为验证烘豆茶之效能，曾行船至杨村考察，记入《茶经》，肯定烘豆茶的配制和效能。至今下渚湖一带村民还较完整地保留这古老的风俗习惯，随季节变化分别搭配佐料制作烘豆茶，并盛行一种叫"打茶会"的防风茶道。下渚湖西边有座计筹山，山上有赵孟頫所书子昂碑一处，山下有资福禅寺、升玄观等宗教胜迹。而下渚湖北部石井山上的云岫寺，为浙北地区为数不多保存时代最早、最完整的宋代寺院，为考察江南古建筑提供了难得的实例。这些独特的人文景观资源为下渚湖注入了丰富的文化内涵。

2. 下渚湖湿地开发与保护经验借鉴

（1）充分利用当地特色资源。下渚湖位于浙江德清县近郊，属典型的岛屿型湖泊湿地。下渚湖湿地公园规划面积约 36.5 平方公里，其中核心区约 11.5 平方公里，中心湖泊面积约 1.26 平方公里。下渚湖是德清县第三大湖荡，浙江省第五大内陆湖，湖周围现状多为水生植物茂密的湿地生态系统，常年有鸟类栖息聚居，自古就有"天开下渚湖，地裂防风国"之称。下渚湖湿地公园开发规划用地主要有三大部分组成：东部下渚湖及其周边区域为河网湖塘密集的水乡平原；中部防风山一带是古防风国遗址所在地；西部是以塔山为中心的低山丘陵区，山上植被群落类型丰富，依山而建的云岫寺是浙江省重点文物保护单位。

（2）注重生态、区域、体验、服务的发展理念。下渚湖湿地的开发遵循以下理念：遵循生态规律，突显场地特色。严格保护湿地资源，梳理水系，完善湿地生态，建立山水间的景观联系；着眼区域，整合资源，协调发展；体验为本，建设体验游憩网络；完善服务设施，提高风景区品味。

总体形象定位："翡翠嵌碧水，现代田园诗"。规划目标定位：立足湿地自然资源的保护，以生态湿地为核心，以地域历史和民俗风情为依托，融山水、湿地、人文景观和质朴现代的田园风光为一体，创造生态系统稳定、特色鲜明、人与自然和谐相处的湿地公园。

（3）合理布局，注重景观特色挖掘与保护。结合地形特征和功能安排，下渚湖湿地总体上形成"二山、一湖、五区"的布局结构。

结合下渚湖湿地现状资源特点，分析场地自然特征和乡土风情，提炼出："土、草、水、木、山"五大元素，形成特色鲜明的景观分区，各区内进一步挖掘特征元素的内涵，通过艺术化的手法梳理乡土景观，塑造别具一格的现代乡土景观形象。

"土"是人类赖以生存的基底，是乡土特色的载体之一。规划以现状大面积的农田和村落为依托，充分利用现有的乡土元素，用艺术手法展现土的特质和魅力，塑造现代乡土田园景观。保留该景区西南部的村落，改造成为陶艺村、民俗街，用以陶艺、民俗展示和游客参与性活动，形成景区活动中心。

"草"。该区位于下渚湖主湖面的西南部，是湿地公园内最主要的芦荡湿地区域，也是德清城市南部地表水及塔山南部径流等水体流入下渚湖的上水口，对下渚湖水质影响有举足轻重的作用。因此规划重点是修复原有湿地生态系统，既以大面积芦荡湿地过滤水质，又可形成以草荡为特色的景观。本区共分为三大块：原生态保护区——草之韵，特色服务区——草之艺，观赏活动区——草之舞。各部分景观内容互有侧重，既保护乡土特色和生态功能，又赋予其艺术气质。

"水"。该区系下渚湖湿地公园的生态湿地核心区域，包括下渚湖主湖面及其周边区域，规划充分考虑现状大面积的水体、芦荡及沿湖分布的村落，坚持保护性开发，力求形成原汁原味的湿地生态景观。依据资源特征和保护开发设想，该区可分为湖山、芦荡、渔村、水街等几个部分。

"木"。湿地公园西部的塔山上林木葱翠、自然幽静，规划为以"木"为主题的景观区，旨在营造"茂林修竹，木屐籁歌"的景观意境。该景区共分为三个部分：古寺木鱼、风情木屋、和森林沐浴。规划主要通过设置一系列现代的娱乐健身活动项目，给自然沉静的乡土森林赋予时代的气息与活力。

"山"。湿地公园中部防风山上史迹丰富，环境优美，具有良好的风景资源。该区以"山"为主题，形成山之脉、山之趣、山之原三部分。山之脉：防风文化既是神话文化，又透出久远的历史信息，与良渚文化息息相关，是防风山地区乃至德清地区的历史文脉。山之趣：沿水街北侧的山脚地带结合场地现状分别分布着"竹林听雨"、"古梅胜景"、"百丈深潭"、"奇松待鹤"等景点。同时又可以利用场地开展野营、越野、登山等活动，丰富游客体验。山之原：山的本原应是自然的，规划将防风山北侧山林定为山林保育区，尽量减少人为活动，保持恢复原有山林，只设少量游步道及休憩亭，供人体验性的游览驻足。

（三）乌溪江国家湿地保护与开发

1. 乌溪江国家湿地资源

乌溪江国家湿地公园北起黄坛口水库大坝、南至湖南镇水库衢江区与遂昌县交界处，面积近1.24万公顷，2009年12月23日，国家林业局批准建立。

乌溪江国家湿地公园内的湿地是高峡水库的典型代表，是低山区库塘湿地、河流湿地的典型类型，栖息地面积辽阔，湿地植被较丰富，生物类群众多。这里有维管束植物1186种，水生无脊椎动物45种，脊椎动物240种。公园规划区范围内空气负离子含量最高达1.5万个/立方厘米，平均4770个/立方厘米。乌溪江国家湿地公园水环境质量良好，其水质达Ⅱ类水标准，属优质饮用水源。乌溪江国家湿地公园"一江两湖、两岸青山、山水相连",自然景观、人文景观类型丰富。其景观资源特色可以概括为:竞展风姿的高峡姐妹湖、丰富多样的生物类群、创造奇迹的水电文明发源地、名扬三衢的溪边古镇古村落、奇特微妙的节理石柱等。乌溪江以"高峡姐妹湖、山水生态园"的整体形象,成为华东地区知名的国家级湿地公园。

2. 乌溪江国家湿地开发与保护经验

(1)加强污染治理投入。2010年以来,衢江区委、区政府在湿地所处的四个乡镇先后组织实施了生态公益林建设、库区环境污染整治、下山出库异地脱贫等一系列工程。区划界定省级以上重点公益林2.3万公顷,建成高效笋竹基地5000余亩、无公害有机茶基地4000亩;投入2.5亿元资金,整体搬迁了9个自然村,异地安置群众1926户,7156人;关停活性炭、玻璃拉丝等企业10多家,减少网箱养鱼面积2万余平方米、灯光诱捕捕鱼设施446只;建成集中式污水处理等一批环保设施,大大减少了乌溪江湿地的污染源。

在衢江区委、区政府强有力的领导下,初步形成了各单位、各部门齐抓共管湿地保护的良好局面。为减少农业面源污染,区农业局、林业局在湿地周边地区大力推广测土配方施肥技术,减少化肥施用量。区林业局启动实施了"黄坛口水库库尾湿地植被保护与恢复工程"和"环九龙湖湿地野生动物栖息地修复工程"。在衢州区社会主义新农村建设工作领导小组办公室的协调下,农办、林业、交通、环保、规划等部门共同组织实施了乌溪江国家湿地公园西侧"廿项线环境综合整治工程",以洁化、美化、绿化和整治秩序即"三化一整治"为重点,补种行道绿化苗木,建设景观绿化点,初步形成了较有特色的景观带。坚持以人为本,在严格保护的前提下,科学、合理地利用乌溪江湿地资源,努力发展湿地经济。对现有的"农家乐"生态旅游项目进行改造,提升档次,提高接待能力。目前,湿地公园规划区内,已有旅游接待床位600多个、餐位1800多个。同时,利用乌溪江湿地的优质水资源,发展生态渔业。产自乌溪江湿地的石斑鱼、银鱼、清水鱼、小鱼干等水产品,受到前来休闲旅游的消费者的欢迎。

（2）打造特色农家乐风格。乌溪江湿地形成了自己特有的农家乐风格。2014年在"五水共治"中众多企业和个人转型开办农家乐。凭借一棵920年树龄的大樟树，依托乌溪江上常有的水雾美景，以及出没水上的中华秋沙鸭、鸳鸯、小天鹅等珍贵禽鸟，配合渔民进行撒网表演，乌溪江湿地的农家乐吸引了大批摄影爱好者和游客前来；除此之外，乌溪江饮用水源保护管理局在此建设十里风光带，岸边新植了银杏、无患子等多种大树，水岸边又添了黄金带，农家乐生意蒸蒸日上。

（3）加强饮用水保护。为保护乌溪江饮用水源，乌溪江饮用水源保护管理局精心实施了"乌溪江国家湿地公园生态保护与修复"项目，向国家发改委和国家林业局联合报批。这是浙江省首个此类立项项目，争取到项目资金1724万元。建设乌溪江湖南镇临湖段十里水岸风光带，是该项目的子项目之一。十里水岸风光带主要在破石村辖区范围，北起与黄坛口乡交界的石壁后自然村，南至湖南镇大坝下方的迪青自然村。对乌溪江湖南镇临湖段生态进行修复，与破石村历史文化古村落保护相结合，以生态修复、环境改造为主，兼顾观赏性、生态性和经济价值，共栽种香枫、柿树、乌桕、石榴等11种乡土树种大树2000多棵，修复滨水水岸和生态栖息地约6平方公里。

（四）长兴仙山湖湿地保护与开发

1. 长兴仙山湖湿地资源

仙山湖国家湿地公园地处苏、浙、皖三省交界处，位于浙江省西北部的长兴县泗安镇西部，距长兴县城25公里，离杭州85公里、上海170公里、南京200公里，总面积2638.4公顷。

该湿地公园处于浙北平原区和浙西中山丘陵区交接地带，境内属低山丘陵地貌，山脉属天目山余脉。从地势来看，仙山湖周围的山地相对较高，仙山湖坝下侧平坦，其最高点仙山海拔162米，最低处海拔6.1米。

该湿地公园地处中亚热带季风气候区，由于湖区水面广阔，森林繁茂，具有冬暖夏凉、昼夜温差小的小气候条件；年平均气温13.9℃，极端最高气温38.2℃，极端最低气温-9℃，年平均降水量1309毫米，年无霜期239天；冬季多偏北风，春、夏两季多东北、东南风。

该湿地公园水系属太湖（长江）水系，其最大的河流泗安塘属西苕溪的支流。主要水面为仙山湖（原名泗安水库），常水位12.62米，相应库容830万立方米；历史最高水位为16.43米，出现于1999年。2008年，仙山湖水质达到国家Ⅲ类标准。该湿地公园的湿地植被有落叶阔叶林湿地型、高草湿地型、低草湿地型、浅水植物湿地型4种植被型。仙山湖湿地内有成群的鹭鸟、野鸭、鹤类等在此栖息。

2. 长兴仙山湖湿地开发与保护经验

（1）遵循统一开发与保护原则。坚持生态优先，保护为主，利用为辅的原则；坚持统筹兼顾，合理布局，分期建设的原则；坚持因地制宜，扬长避短，突出特色的原则；坚持以人为本，天人合一，注重实效的原则；坚持承前启后，协调统一，便于实施的原则。

（2）区域协调可持续发展。以湿地的保护理论、景观生态理论、可持续发展理论、生态经济理论为指导，以提高区域湿地生态环境质量为目标，以良好的湿地生态环境为基础，以湿地生态旅游为市场导向，充分发挥仙山湖国家湿地公园"名山、名湖、名人"的旅游资源优势，积极保护、科学恢复、合理利用、持续发展，使之成为生态良好、景观优美、效益全面，江南地区乃至全国一流的国家级湿地公园，实现区域经济、社会、环境的协调发展。

（3）明确功能分区。长兴仙山湖湿地分为半边塘湿地展示区、泗安塘农耕湿地体验区、仙山北湖湿地生态保护区、仙山湖湿地环境治理区、显圣寺佛教活动区、服务管理区。

长兴仙山湖湿地特色景点分别为仙湖览胜、苇荡迷宫、湿地花海、田园图绣、诸子说水、农耕拾趣、湿地之家。

（4）加强湿地资源保护。严格控制使用湿地，确保湿地及河流湿地、蓄水区湿地面积不减少。

严格保护公园范围内典型的原生湿地植被景观，保持现有湿地植被的特色。清除凤眼莲、喜旱莲子草等湿地有害植物。湿地植物造景尽量使用乡土湿地植物，慎用外来物种。沿仙山北湖水陆过渡带，采用模拟自然的手法，以人工促进的手段，恢复因被破坏而退化的湿地自然植被，形成自然开敞、富有变化的环湖湿地植被带。

湿地公园范围内禁止捕猎湿地动物和其他妨碍湿地动物生息繁衍的活动。对栖鹭岛的开垦地实施退耕还林，建设乔、灌、草层次的针阔叶混交林，为鹭鸟类动物提供充足的食物和良好的栖息环境。

（5）不断提升湿地水环境与土壤环境质量。加强山地水源涵养林建设，实施针叶林的阔叶化改造，在仙山湖湿地环境治理区大力发展生态经济林。加强农业面源污染控制。积极推进河沟、池塘、岛屿整治和修复。在服务设施、居民点集中等处设污水处理站，在分散的服务点设化粪池和消毒池，污水经二级处理后可排入水体。

水上活动项目游船采用环保型的电瓶船和自驾木舟。

在仙山北湖湿地保护区范围采取"退渔还湖"措施。

搬迁对湿地水环境质量影响显著的半边塘、新塘等居民点。

（6）注重旅游产品开发。一是修学科考游。利用本湿地公园湿地生态系统的完整性、典型性、原生性和稀缺性，生物资源的多样性，生态环境质量的天然本底性，农耕湿地文化的古老性，开展多学科的修学、考察、科普等特殊旅游活动。二是科教观光游。利用湿地公园湖面宽阔、水质清澈，芦苇成片、水草丛生，水鸟飞游、鱼虾成群的特点开展以回归自然，享受自然恩泽，揭示自然规律，保护自然环境，普及湿地科学知识为主题的科教观光游。三是环保亲水游。利用本湿地公园水资源丰富的特点，通过赏水、问水、乐水、品水、崇水等方式，开展以水资源保护为主题的环保亲水游。四是休闲度假游。利用本湿地公园良好的湿地生态环境条件和宜人的森林气候，开展休闲度假游。五是农耕文化游。建设富有江南水乡特色的湿地习俗演艺场、湿地生产竞技场，以及农耕湿地馆等，开展以体验博大精深的农耕湿地文化为内容的旅游活动。

(7) 注重品牌形象建设。

形象定位:"江南白洋淀,浙北仙山湖"。旅游宣传口号:"登四安名山,寻地藏遗踪;品诸子说水,读农耕文化;观仙湖鹭鸟,赏水上银柳;探苇荡迷宫,访湿地花海"。

(五) 云和梯田湿地保护与开发

1. 云和梯田湿地资源

云和梯田原称梅源梯田,位于云和县崇头镇。云和梯田湿地公园涉及梯田总面积1550公顷,其中核心景区总面积900公顷。右起南山、左至栗溪坑、上到梅竹、下及梅源,海拔300—1100米,层叠700多层。梯田面积集中连片,规模大,层层叠叠,高低错落,线条好、形状美、立体感强,山、水、梯田、村庄和谐地融为一体,风景优美,水源补给稳定。云和梯田湿地公园景观资源以垂直地带性森林景观为主,包括常绿阔叶林、竹林、针阔混交林、针叶林、矮林灌丛、落叶阔叶林、山地草甸等中低山森林景观生态系统及森林季相景观、湿地景观、森林—湿地复合景观。公园内挂牌的保护植物和名木古树有南方红豆杉、银杏等共204株,主要分布在下垟、坑根、栗溪等地村口,以栗溪古树群规模最大。栗溪古树群位于崇头镇栗溪村水口,距离公园中心景区1180米,由枫香、苦槠、甜槠、木荷、青冈栎、蓝果树、多脉榆、冬青、刺柏、马尾松、柳杉等树组成,约117株,最高30米,树干周长围最大8.53米,树干平均直径0.8米,郁闭度0.9度,树冠平均高15米,分布在栗溪坑的两侧,是村庄的天然屏障。临近金坞自然村的区域有国家一级保护植物南方红豆杉、银杏分布。该区域集古树群、古生物遗存、石拱桥、夫人庙、"留耕堂"等景点于一体,具有较高的科研价值和游玩、观赏价值。"云雾景观,浮云世"是云和梯田湿地公园的一大特色。

云和梯田湿地公园区域是畲族聚居地之一。畲族有着自己独特的语言、文化和民族风情,畲族文化是梯田农耕文化的直接产物,意识形态、精神文化生活深受其影响,畲民从饮食到服饰,从日常劳作到过年过节,从娱乐游艺到婚育寿丧,都保持着浓郁淳朴的风俗习惯,如樟树亲娘、牛大王、两头家、烀年猪、乌米饭、操石磉等习俗，是最生动、最丰富、最传统的人文景观。云和梯田国家湿地公园是经国家林业局批准试点的国家湿地公园。公园以梯田景观群为主，辅之以高山沼泽化草甸湿地，呈现"森林—梯田—村庄—河流"的垂直特性，拥有水稻田、高山沼泽化草甸湿地、河流、池塘4个湿地类型。

稻作梯田生态系统是人类为了适应山地环境生存而开辟的一种人工湿地生态系统。云和梯田是浙江山区传统农耕文化的典型代表，随着经济的发展和人们对与传统农耕文化的向往，这颗养在大山深处的明珠却吸引了越来越多的人对传统文化的驻足，这里已经成为成千上万摄影爱好者的圣地。云和梯田湿地有着多样的湿地类型和江南独特的、美学价值极高的梯田景观群，拥有优越的自然地理条件、良好的经济社会基础以及丰富的人文景观资源。

2. 云和梯田湿地开发与保护经验

（1）政府大力支持。以山村梯田景观及其文化为旅游主要吸引物的资源吸引型旅游发展模式是一个朝阳型旅游产业，云和梯田作为浙西南独一无二的特色资源其旅游市场前景广阔。梯田湿地公园建设得到政府有力支持。云和县委、县政府重视开发旅游生态文化产业，在云和县"一城一湖一梯田"的政府主导型旅游发展战略中肯定了云和梯田的资源特色，明确了云和梯田在云和县旅游发展格局中的战略定位。

（2）积极开展各种特色主题活动。2013年，云和县共接待国内外旅游者144.90万人次，比上年同期增长32.50%；旅游总收入42244.51万元，比上年同期增长35.30%。以云和梯田为题材的获奖摄影作品提高了湿地公园的知名度，以农耕文化为主题的"开犁节"活动逐步带动公园人气；云和县"小县大城"城市格局日渐完善，云和作为"浙西南休闲旅游目的地"和"丽水绿谷风情旅游区"的主题建设必然带动梯田国家湿地公园的健康发展。

（3）充分挖掘湿地文化资源。云和的农耕文化集合了儒家文化及各类宗教文化于一体，形成了自己独特文化内容和特征。主体包括语言、戏剧、民歌、风俗及各类祭祀活动等，是中国存在最为广泛的文化类型。每年的云和梯田开犁节约定俗成的一整套祭祀仪式完整地留存至今，祭祀场面隆重，表演多较自由，集祭神与娱人于一体。具体活动内容包括祈福迎神活动、炼火、开山号子、芒种犒牛、祭神田、开犁、耖耙、分红肉、山歌对唱等等，从形式到内容都是民俗文化的缩影，有着深厚的历史渊源和文化背景。

畲乡风情民俗文化。云和梯田区是畲族聚居地之一。畲族有着自己独特的语言、文化和独特的民族风情，畲族文化是梯田农耕文化的直接产物，意识形态、精神文化生活深受其影响。畲民从饮食到服饰，从日常劳作到过年过节，从山歌对唱、民族舞蹈到婚嫁习俗等，都保持着浓郁淳厚的风俗习惯，如樟树亲娘、牛大王、两头家、烀年猪、乌米饭、操石磉等习俗，是最生动、最丰富、最传统的民俗文化。

银矿文化。云和梯田，同时也是银矿文化的发祥地。云和梯田银矿文化源远流长。银冶虽然早已成为历史，但当年的采矿故事、传说，仍在当地传诵，成为"非物质文化遗产"的重要组成部分。公园境内的坑根石寨距今已有800多年的历史，这一带银矿资源丰富，明王朝时朝廷在这里开矿炼银，设立银官局。公园内仍留有银官桥、七星墩冶炼遗址等与明代银矿开采相关的史迹文物。

女神文化。崇拜女神的祈福活动同梯田耕作关系密切，当地居民祈福女神以保佑来年庄稼风调雨顺。目前公园入口处留有清乾隆年间的夫人殿，受到当地居民的保护和热捧。女神文化为云和梯田文化的重要组成部分。夫人殿位于崇头村，毗邻栈云桥，建于清乾隆二十八年（1763年），咸丰壬子（咸丰二年，1852年）初冬重建。1987年春，村民集资对屋面及墙体进行过修缮。夫人殿海拔278米，占地面积约80.58平方米，坐东朝西，一进三开间，悬山顶，小青瓦，九架梁，上施藻井，描绘盘龙、花鸟、人物等图案，为县级文物保护点。

二、浙江湿地生态旅游发展的主要成就

(一) 十分重视湿地区域的整体保护

2014年浙江省公布首批重要湿地名录。首批列入名录的包括杭州西溪国家湿地公园、宁波杭州湾国家湿地公园、衢州乌溪江国家湿地公园、象山韭山列岛国家级自然保护区、平阳南麂列岛国家级自然保护区、长兴扬子鳄省级自然保护区、富春江咕噜咕噜岛省级湿地公园、嘉兴石臼漾省级湿地公园、开化钱江源省级湿地公园、云和梯田省级湿地公园等32个国家、省级湿地公园和自然保护区。

截至2014年底,浙江省湿地面积达1665万亩,占全省土地总面积的10.9%,建有湿地及与湿地有关的自然保护区11个、自然保护小区30个,建立国家湿地公园8个、国家城市湿地公园4个、省级湿地公园16个。到2017年,全省建立省级以上湿地公园30个、湿地合理利用示范区50个、湿地生态教育基地50个,自然湿地保护率达到60%。到2020年,全省各地在两次湿地普查成果数据的基础上,按照不少于90%的比例要求,落实湿地保有量,确保全省湿地面积在1500万亩以上。首批重要湿地名录如表2-1所示。

表2-1 浙江省首批重要湿地名录

杭州市	杭州西溪国家湿地公园
富阳市	富春江咕噜咕噜岛省级湿地公园
宁波市	宁波杭州湾国家湿地公园
宁波市	镇海区镇海九龙湖省级湿地公园
嘉兴市	嘉兴市石臼漾省级湿地公园
嘉兴市	秀洲区秀洲连泗荡省级湿地公园
绍兴市	绍兴市镜湖国家城市湿地公园
诸暨市	诸暨白塔湖国家湿地公园
东阳市	东阳东白山省级湿地公园
衢州市	衢州区衢州乌溪江国家湿地公园
舟山市	定海区五峙山省级自然保护区

续表

舟山市	普陀区普陀桃花岛大深水滨海省级湿地公园
台州市	黄岩区台州鉴洋湖省级湿地公园
临海市	临海市三江国家城市湿地公园
温岭市	温岭龙山湖省级湿地公园
丽水市	丽水九龙国家湿地公园
象山县	韭山列岛国家级自然保护区
苍南县	苍南山海省级湿地公园
平阳县	南麂列岛国家级自然保护区
德清县	德清下渚湖国家湿地公园
长兴县	长兴仙山湖国家湿地公园
长兴县	长兴扬子鳄省级自然保护区
安吉县	安吉竹溪省级湿地公园
磐安县	磐安七仙湖省级湿地公园
龙游县	龙游绿葱湖省级湿地公园
开化县	开化钱江源省级湿地公园
岱山县	岱山秀山岛省级自然保护区
玉环县	玉环漩门湾国家湿地公园
青田县	青田鼋省级自然保护区
云和县	云和梯田省级湿地公园
景宁县	景宁望东垟高山湿地省级自然保护区
景宁县	景宁大仰湖湿地群省级自然保护区

2017年3月，浙江公布第二批省重要湿地名录。继2014年杭州西溪湿地、宁波杭州湾国家湿地公园、富春江咕噜咕噜岛省级湿地公园等首批32处湿地后，此次又有48处湿地、湿地公园和自然保护区被列入。具体名单如表2-2所示。

表2-2　　　　　　浙江省第二批重要湿地名录

杭州市	萧山湘湖湿地
杭州市	余杭三白潭湿地
杭州市	淳安千亩田山地沼泽湿地

续表

宁波市	浙东运河江北段湿地
宁波市	杭州湾河口海岸镇海段湿地
宁波市	浙东运河镇海段湿地
宁波市	奉化缸爿山岛海岸湿地
宁波市	杭州湾河口海岸余姚段湿地
宁波市	浙东运河余姚段湿地
宁波市	余姚牟山湖湿地
温州市	瓯海三垟湿地
温州市	洞头南北爿山鸟岛保护区
温州市	瑞安铜盘岛海洋特别保护区
温州市	瑞安林垟湿地
温州市	苍南龙港镇新美洲红树林湿地
湖州市	吴兴太湖南岸湿地
湖州市	吴兴长田漾湿地
湖州市	吴兴西山漾湿地
湖州市	吴兴移沿山湿地
湖州市	长兴太湖图影湿地
湖州市	安吉南北湖省级湿地公园
嘉兴市	平湖东湖湿地
嘉兴市	杭平申线平湖段湿地
嘉兴市	乍嘉苏航道平湖段湿地
嘉兴市	京杭大运河桐乡段及周边湿地乌镇旅游景区
嘉兴市	桐乡白荡漾湿地
嘉兴市	桐乡范蠡湖湿地
嘉兴市	乌镇旅游景区湿地
绍兴市	越城青甸湖湿地
绍兴市	上虞杭州湾海上花田省级湿地公园
绍兴市	嵊州西白山湿地自然保护小区
金华市	婺城莘畈溪湿地
金华市	永康南溪湾湿地
金华市	武义熟溪省级湿地公园
金华市	武义十里荷花湿地

续表

金华市	磐安夹溪湿地
衢州市	衢江中央徐洪泛湿地
衢州市	衢江月牙湖滩林湿地
衢州市	衢江前松园洪泛湿地
衢州市	衢江灰坪天坑湿地
衢州市	开化苏庄溪湿地
衢州市	开化古田溪湿地
衢州市	开化余村溪湿地
舟山市	嵊泗马鞍列岛海洋特别保护区
台州市	玉环披山海洋特别保护区
台州市	玉环海山乡红树林湿地
丽水市	龙泉宝溪湿地
丽水市	青田县方山乡龙现村稻鱼共生湿地

（二）湿地资源与环境得到有效保护

1. 湿地自然保护区建设初具规模

浙江省加强湿地自然保护区建设，切实保护好湿地野生动植物资源。浙江各地根据当地湿地资源现状，加快湿地类型自然保护区建设步伐，对湿地资源实行严格保护。对已建的自然保护区科学制定总体规划，加大资金投入，加强基础设施建设，不断提高管理水平，逐步恢复退化湿地，保护湿地生态系统及其生物多样性。天然湿地自然保护区内严禁狩猎、毒杀鸟类，禁止挖沙取土和一切不利于保护湿地动植物系统的人为活动，切实有效地保护湿地，为野生动物生存创造一个良好的环境。

2. 湿地自然保护区管理不断加强

采取综合措施加强湿地保护、管理力度，加强湿地自然保护区的管理力度，统一行政管理权限，增加湿地保护资金的投入。浙江省建立并完善了"综合协调、统一监督、分部门实施"的湿地保护管理体制，积极开展湿地保护与合理利用的示范等工作，强化政府和公众的湿地保护意识，为全面、科学、深入地开展湿地保护和合理利用湿地资源打下基础。

3. 湿地生态保护法律法规不断完善

浙江省通过立法有效地保护湿地的生态环境，合理利用湿地。浙江省制定了既符合社会经济发展实际，又能满足生态保护管理要求的法规体系。科学合理的法律体系的建立，可以通过法律手段有效地保护湿地鸟类、动植物、水生生物，保护湿地生物多样性，促进自然生态平衡、健康、有序地发展，使人与湿地和谐相处，健康发展。

4. 湿地科学研究水平逐步提高

加强湿地的科学研究，是促进湿地保护和可持续利用发展的重要保证。浙江省在认真履行《湿地公约》的基础上，加强国际合作与交流，积极开展下列研究：

一是重视湿地基础研究，包括湿地产生、演化规律、湿地形成过程、分布和分类等系统研究，湿地对环境的调节功能与生物多样性价值的研究，外来物种引种安全性评价研究，以及自然湿地和人工湿地生态系统结构与功能研究。

二是加强应用技术研究，包括湿地保护技术，现有被破坏和已退化湿地生态系统的整治、恢复及重建技术研究，湿地资源持续利用技术及管理技术研究，湿地效益评价体系研究等。以生态经济学、系统生态学和生物工程学等理论为指导，研究湿地资源开发利用的最佳模式，人为开发和利用对生物多样性的影响，以便在保护湿地的基础上充分发挥湿地资源的生态、社会与经济价值（朱海燕等，2011）。

5. 湿地保护宣传力度不断加强

根据湿地保护宣传提纲，制定宣传工作计划，针对湿地保护的基本问题开展有效宣传。在思想认识上，要教导人们正确处理保护与利用的关系，在人们思想中要形成保护第一的意识，形成合理利用的意识；要宣传湿地保护的机制和法规，让人们知道，破坏湿地、损害生物多样性也是违法行为；要把湿地功能和效益的宣传作为湿地宣传工作的长久性工作来抓。浙江省经过多年的湿地保护宣传工作，对提高公众湿地保护的思想认识、观念理念和减少不良举止行为方面起到了很好的作用。

(三) 经济、生态、社会效应明显

经过多年持续保护和恢复建设,浙江丰富的湿地资源正在日益发挥保障水源安全、保护生物多样性和促进地方经济社会发展的多重效益。

1. 有效改善水质

浙江地处东南沿海,是著名的江南水乡。2009年6月,嘉兴石臼漾水源生态湿地投入运行。这是浙江首个人工湿地。水源生态湿地利用湿地植物、土壤根孔,对水体中的污染物进行降解、吸收。根据长期监测,水源生态湿地对氨氮去除平均率达到41.9%,总磷去除平均率达到16.6%,总氮去除平均率达到10.8%。

因人工湿地改善了水质,2012年12月,嘉兴石臼漾水源生态湿地还得到了"迪拜国际改善人居环境最佳范例奖"。

2. 有效保护生物多样性

杭州湾湿地是西伯利亚、澳大利亚东亚候鸟迁徙路线中的重要驿站,更是世界濒危物种黑嘴鸥和黑脸琵鹭的重要越冬地与迁徙停歇地之一。据观测,杭州湾湿地有13种鸟类列入国家重点保护野生动物名录,列入世界自然保护联盟中国受威胁鸟类名录的有9种,湿地里有高等植物、浮游植物、底栖动物、鱼类等550余种。

据浙江省林业厅提供的数据,全省湿地分布有高等植物1482种,占全省高等植物总种数的32.49%;分布有脊椎动物1107种,占全省脊椎动物总种数的79.76%。湿地成为全省生物多样性最富集的地区。

3. 带动地方经济发展

依托优美的湿地景观,诸暨市阮市镇何家山头村"白塔湖湿地饭庄"吸引了众多游客。2013年以来,饭庄的渔家乐生意至少比上年增长三成以上。云和梯田省级湿地公园建立后,游客源源不断。村民们在梯田上种稻,不仅种出了风景,也种出了效益。

宁波杭州湾新区,土地资源十分紧张,却开辟出4350公顷土地建设湿地公园。生态优势让杭州湾新区如虎添翼,成为海内外投资商的关注重点。世界500强公司的12个项目已建成投产。

4. 生态效益明显提高

湿地对城市的生态作用大致分为净化功能、调节大气组分功能、均化洪水功能、蓄水功能。

(1) 净化功能。湿地作为"地球之肾",有着强大的除污净化功能。湿地对富营养物质的处理,一方面由植物和微生物等对氮素和磷素等的吸收,另一方面是土壤对 N、P 的滤过作用。由于西溪湿地位于杭州西部,主要属于蒋村乡,则对降低农用化肥中 N、P 等对农业方面的污染有着重要的作用。除此之外,通过湿地来处理城市污水,不仅能有效地净化污水,同时还可利用污水中的水肥资源促进水生植物的增产,还可节约能源,使城市污水再生利用或资源化,达到良好的生态、经济和社会效应。

(2) 调节大气组分功能。西溪湿地中富含各类植物,对 CO_2 的吸收有着重要的作用。杭州是一个人口密集的南方城市,平均每年高温天气可达 14 天。对于整个城市来说,湿地的蒸发,可调节区域小气候,减少城市"热岛"和"干岛"效应,对一些城市的观测结果表明,湿地蒸发速度是水面蒸发的 2—3 倍,蒸发量越多,导致湿地区域气温越低。强烈蒸发导致近地层空气湿度增加,从而降低周围地区的气温。在维持杭州 CO_2 的平衡和减少城市热岛效应方面,西溪湿地一直发挥着重要的作用。

(3) 均化洪水功能。杭州易受台风天气影响,容易遭遇强降雨天气,若没有良好的排水均洪能力,杭州城区易发生内涝。而湿地具有超强的蓄水性和透水性,其特有的生态构造可以吸收大量降水,为城市解决内涝问题。

(4) 蓄水功能。湿地不仅可以吸收大量降水,其超强的蓄水性和透水性还可以延缓蒸发蒸腾,平衡、保持区域内的水资源总量。当杭州遭遇干旱天气时,西溪湿地对水资源的平衡保持能力,可以在一定程度上降低干旱对杭州生态系统的破坏。

三、浙江湿地生态旅游发展的基本经验

(一) 政府主导旅游开发

纵观浙江省湿地建设情况,每一个大型湿地的开发利用都离不开政府的大力支持。政府可以有效地对湿地进行管理，规范湿地利用行为，加强湿地保护。具体可分为以下几个方面：

1. 完善湿地保护管理协调机制

湿地资源保护与合理利用管理涉及多个政府部门和行业，因对湿地保护、利用和管理的目标和利益存在差异，很容易对湿地保护管理工作产生影响。西溪湿地、云和梯田湿地保护受到相关政府机构的高度重视，建立了良好的湿地保护管理机制，取得了较好的成效。因此，对湿地的保护和管理离不开政府部门与当地群众的支持和参与。要加强对湿地的保护，就迫切需要建立有效的湿地保护管理协调机制，加强政府部门之间的协调与配合，建立高效的社区共管体系，在保护管理上形成合力，全力做到杜绝对湿地资源的过度开发和利用。

2. 重视湿地开发与保护规划

湿地保护是一项长期而艰巨的任务，对现有湿地资源要进行全面调查，实施有效保护，合理开发利用。省林业厅在全省湿地资源调查工作的基础上，同有关部门，依据《全国湿地保护工程规划》，编制了《浙江省湿地保护规划》。各湿地保护区根据当地实际，编制相应的湿地保护规划，明确保护目标、功能布局、重点项目和政策措施。下渚湖湿地、乌溪江国家湿地都根据当地特色出台了湿地开发与保护的相关规划。

3. 加强湿地抢救性保护工作

浙江各地按照有关法律法规，在适宜地区建设了一批各种级别的有推广示范意义的湿地自然保护区，划定保护区域，实行严格有效的保护。对不具备条件划建自然保护区的，也要因地制宜，采取建立湿地保护小区、湿地公园、海洋特别保护区、湿地多用途管理区或划定野生动植物栖息地等多种形式加以保护管理。对已具备省级自然保护区条件的湿地，积极进行申报。省林业厅选择一批具备条件的湿地保护区，申报国家级湿地自然保护区和列入国际重要湿地。凡经县级以上人民政府批准建立的湿地自然保护区，要按照已批准的湿地自然保护区总体规划，标明区界，予以公告。

4. 加强湿地保护管理监管工作

各级政府把湿地保护工作纳入重要议事日程，积极探索湿地保护的有效办法和途径，实行目标考核通报和奖惩制度。以西溪湿地为例，依据湿地保护规划，西溪湿地加大湿地保护资金投入；合理利用湿地资源，广泛吸引社会各方面资金，形成多渠道、多元化投入机制。各政府积极加强湿地保护的科普宣传教育工作，利用多种形式，扩大宣传效果，增强公众的保护意识。建立湿地监测制度，开展湿地监测站、点的规范化建设，定期对湿地资源与环境进行监测。

（二）积极探索生态旅游模式

湿地生态旅游模式是立足于湿地资源、吸引旅游者产生旅游动机、具有强烈的生态环境保护意识的旅游开发模式。在湿地生态旅游中，一是强调湿地资源，认为湿地生态旅游是指以湿地旅游资源为支撑，旅游者以获取湿地印象、实现旅游者特殊的旅游体验；二是强调湿地保护，认为湿地生态旅游开发的宗旨是让游客在进行休闲娱乐的同时，认识湿地的肾功能作用，提高湿地生态环境保护意识，以生态环境的整体优化为目标，是一种绿色旅游模式。为使湿地更加具有吸引力和观赏性，浙江省各湿地推出了丰富多彩的生态旅游产品模式。

1. 江滨观光、观鸟旅游模式

湿地的生物多样性会吸引大量的鸟类来此觅食栖息，管理者可以引导游人在经过设计的小木屋中观察各种水鸟的活动，而不会打扰它们；也可利用湿地的江面、湖面，开展具有观光、参与功能的旅游项目。以下渚湖湿地为例，下渚湖湿地是鸟类栖息的乐园，生活着黑水鸡、小鸦鹃、野鸭、白鹭、夜鹭、雉鹭、灰鹭、翠鸟等160多种鸟类，成为湿地一大景观。

2. 垂钓、品尝水鲜旅游模式

湿地环境，拥有大量的哑河、池塘，极适宜水产养殖业的发展。鳖、鳝、牛蛙、鳜鱼、银鱼等特种水产的养殖，也为湿地生态旅游提供了丰富的观光农业资源，是游客开展水上垂钓、特种水生动物观赏、食水鲜、水上娱乐等水上旅游活动的最佳场所。乌溪江湿地利用优质水资源，发展生态渔业。产自乌溪江湿地的石斑鱼、银鱼、清水鱼、小鱼干等水产品，很受消费者的欢迎。

3. 湿地商品文化旅游模式

湿地旅游商品是旅游商品中一个重要组成部分，具有文化性、艺术性、时代性、纪念性、实用性等特征。湿地文化旅游商品应突出商品的湿地文化特色，例如湿地动植物标本和化石，不仅为教育科研提供了第一手资料，而且可以开发出类型多样的工艺品供游客购买。云和梯田湿地的农耕文化、畲乡风情民俗文化、银矿文化、女神文化作为其特色文化，衍生出众多周边产品，成为吸引游客的重要来源之一。

4. 科学考察湿地动植物旅游模式

湿地丰富的动植物，对教育和科研是一种重要的资源，每年将吸引大量的科学工作者进行科普旅游和科学考察，管理方也可组织大专院校的师生来此考察、实习，一方面起到宣传旅游景点的作用，另一方面也可获得规模的经济效益。

（三）深入挖掘湿地文化

湿地文化是人类在利用湿地、改造湿地过程中形成的传统习俗、价值观念、行为规范等，发展湿地文化是生态文明建设的一项重要内容。当前，以文化为依托而开展的文化旅游正呈迅猛发展势头，越来越成为旅游价值体系的核心部分。凭借文化的凝聚力和感召力吸引游客，已成为文化旅游的一项重要功能。浙江省湿地文化源远流长，资源丰富多彩。

1. 积极开发湿地文化产品

弘扬湿地文化，首先要重视湿地文化的挖掘和提炼，突出地方特色，提升文化品位，开发一系列群众乐于接受且富有教育意义的生态文化产品，满足社会的多元文化需求，提升湿地文化的精彩度，扩大影响力和加强科普教育意义。依据西溪湿地的自然资源和人文资源特点，设计出丰富多样的旅游产品，满足不同游客的生态旅游需求。

浙江社会经济发达，湿地文化类型多样，资源丰富，民众的生态意识和文化素养较高,开发湿地文化产品具有独特优势。文化遗迹方面,要以西湖、大运河两个世界文化遗产及其他国家级、省级重点文物保护单位为重点,挖掘整理出适合不同人群和时季的人文精品。农耕文化是湿地的传统文化产品,以河姆渡的稻米文化、湖州的桑基鱼塘、诸暨白塔湖的农耕湿地、云和的梯田湿地等最为著名,可设计自助游等参与性强的旅游产品,以"真山、真水、真体验"的优势,打造独具特色的文化产品。节庆文化与民俗文化具有较大的关联度,许多属于非物质文化遗产,已被挖掘举办的有钱江观潮节、象山开渔节、秀洲连泗荡网船会、蒋村赛龙舟、建德九姓渔民水上婚礼等,更多的还遗存于民间甚至渐被遗忘失传,需要收集、整理后,搭建合适的平台予以发扬光大。饮食文化,是湿地文化的重要组成部分,传承和弘扬湿地文化中不可或缺的部分,以各种渔家乐为主要载体,主打渔家特色的菜肴,辅以情趣各异的餐饮环境,让游客亲身感受不同地域渔家特色饮食文化的魅力。有条件的地方,还可组织垂钓、撒网捕鱼等参与性较强的活动,也可择机推广船菜,观江上风景,品渔家美味。

2. 大力发展湿地生态文化旅游

生态视域下的湿地文化旅游,是利用了湿地优美的自然环境和人文景观,推出的适合大众的旅游休闲活动。这其中首先,必须保护和恢复湿地自然环境和人文古迹,净化水质,尽力恢复湿地自然地貌,保护生物多样性;其次,需对民俗文化、旅游路线作出科学规划,对人文古迹、名人故居进行必要的修缮,也可按历史景象再造历史文化景区,针对游客爱好和不同的节假日主题,把自然和人文景观穿成一线,推荐给不同类型的游客;再者,可利用当地的生态资源,设计相应的参与性科普宣教活动,如开辟候鸟观赏区,组织当地中小学生开展湿地知识及动植物的科普教育、参观和游览等活动。

以湿地公园为依托,开展生态文化旅游是一个行之有效的创新形式。湿地公园建设以"保护优先、科学修复、合理利用、持续发展"为基本原则,是国家生态文明建设的重要组成部分,实践证明,是科学保护和合理利用湿地的成功典范。以下渚湖湿地公园为例,下渚湖湿地公园规划较为全面,生态效益好。首先,下渚湖湿地公园旅游可以给游客提供诗意的旅游环境,放松身心,涵养精神;其次,湿地公园旅游不同于一般旅游,通过开放性活动,让游客与湿地环境、湿地人文景观、特色文化、湿地动植物进行近距离感知和接触,满足游客生态休闲的诉求。下渚湖湿地公园通过辟出专门的科普宣传区,展示湿地动植物图片,介绍湿地基本知识,让游客了解湿地的重要性和保护的迫切性,从而增强人们尊重湿地生态物种和生态功能的自觉性。

浙江省通过湿地公园设施建设,开展湿地保护和可持续发展,已取得了显著成效。今后应继续加强基础建设,完善区域布局和功能区划,努力建设一批档次高、示范性强、影响力大、特色明显的国家级、省级湿地公园,以此帮助人们更好地认识湿地、理解湿地、保护湿地、利用湿地,丰富人们的湿地文化知识,切身感知悠久灿烂的湿地文化。

(四) 突出湿地景观特色

湿地景观以湿地为主体对象,空间上由湿地斑块、廊道以及发生、变化和功能上与湿地有关的其他类型空间单元聚合而成的一定异质性的地理区域。在这个地理区域内,其他类型空间单元通过与湿地景观单元间的作用影响湿地生态过程和功能,并形成具有特定湿地景观组合特征和整体性特征的景观区域。

浙江省湿地共有多种景观类型,比如水体、林地、耕地和建设用地景观等。以西溪湿地为例,QuickBird 影像图数据分析结果显示,西溪湿地景观特色明确,耕地景观、林地和建设用地景观、水体景观斑块错综复杂。各类景观的最大斑块指数大小依次为水体、建设用地、耕地和林地景观,湿地内成片连通的水体形成较大的斑块,有利于湿地整体环境的重塑和水生生物多样性的保护。此外,部分林地(柿林、竹林、枣和桑林等)景观也是作为农业景观而存在。部分濒临水域的荒地已新长出芦苇、荻、斑茅、芒尖苔草、垂穗苔草、双穗雀稗等湿地原生植物,正逐步向原生态湿地景观演替,这些都进一步说明浙江的湿地具有明显的湿地特征和浓郁的农业景观特色。

除此之外,浙江省湿地注重湿地景观管理。湿地景观管理是从景观尺度,采用景观方法对湿地生态系统实施管理。景观方法是基于对景观中各类湿地生态系统结构与功能多尺度充分理解,为保护和管理湿地生态系统提供了科学框架。景观方法不仅要运用自然科学知识,而且要运用社会科学知识来管理生态系统。浙江省湿地景观管理包括三个方面:(1)湿地景观格局管理。其实质在于通过人为改变湿地景观要素空间结构,改变景观客体流运动阻力和运动方向,从而使之实现或增强或减弱某一特定功能;(2)湿地景观生态过程管理。既通过直接改变某一生态过程或景观客体流强弱,实现一定的景观功能;(3)湿地景观功能管理。其重点在于对具有重要景观功能的区域进行人为管理,通过综合管理措施,为最佳的景观实现特定功能创造条件。目前,浙江省注重对湿地景观格局、过程和功能的系统研究,实施多尺度的湿地综合管理。

(五)强化生物多样性保护

浙江省的湿地生境类型众多,其间生长着丰富多样的生物物种,不仅物种数量多,而且有很多是浙江省所特有,具有重大的科研价值和经济价值。其中鸟类和海洋贝藻类生物资源最为丰富。全省分布的湿地鸟类中有水鸟9目26科155种,其中列入国家重点保护的鸟类有41种。海洋贝藻类生物物种繁多、区系成分复杂,堪称我国近海贝藻类的一个重要基因库,在国际上也有相当的地位。

浙江省各湿地为保护生物多样性制定了一系列措施。

1. 建立有效的科研监测体系,逐步完善湿地科研与监测机制

为了加强浙江湿地科研监测能力,尽快改变现有基础设施落后状况,各湿地管理机构提高科研水平,培养和引进专业人才,革新科研管理体制,加快试验、观测、调查、研究、科技资料、科研管理、宣传教育等设施的建设。强化湿地科研、监测工作,在现有科研基础设施的基础上进一步完善提高。同时,加快对专业技术人才的培养,建立一支业务素质高的技术队伍,提高湿地的科研水平,完善必要的科研监测机制,加

强生物多样性保护。长兴仙山湖湿地加强山地水源涵养林的建设,实施针叶林的阔叶化改造,在仙山湖湿地环境治理区大力发展生态经济林。

2. 加强湿地保护管理机构建设,完善湿地生物多样性保护管理体系

加强对湿地的保护,必须强化对湿地生物多样性保护管理机构的建设,使湿地生物多样性保护管理工作能够深入到基层。为了更好的保护湿地,浙江省加大了对湿地保护的投入,编制详细的保护管理计划,制定科学、合理、规范的具有可操作性的保护管理实施方案,对保护管理人员实行目标责任制,明确责任,把保护管理的各项目标分解细化,落实到岗,责任到人。

四、浙江湿地生态旅游发展存在的问题

(一) 湿地生物多样性保护有待加强

栖息地减少加上湿地环境恶化,是浙江省鸟类、哺乳动物和两栖爬行动物资源数量减少的直接原因之一[①]。慈溪庵东湿地、灵昆岛东滩湿地、上虞中沙岛等一批重要鸟区湿地被围垦,使许多候鸟失去了觅食栖息地,迫使其另觅他乡,选择新的越冬栖息、迁徙停歇地。有资料表明:滩涂围垦和滥伐阔叶林,破坏了野生动植物的生存环境,使处于濒危的物种增加到785个,约占目前物种数的17%。部分对栖息地要求较高且对栖息地的变化十分敏感的鸿雁、黑脸琵鹭、卷羽鹈鹕、小天鹅等大型珍稀涉危水鸟类,已经呈现种群减少、数量下降的趋势。据温州市鸟类调查结果,与20世纪80年代相比,游禽减少25种,减少比例为44.6%;涉禽减少20种,减少比例为26.3%;列入中日候鸟保护名录的物种现存100种,减少了51种;列入中澳候鸟保护及其栖息的物种原有47种,现存34种。朱鹮、东方白鹳、黑鹳、中华秋沙鸭、白鹳等属国家一级保护鸟类,已多年未见;褐鲣鸟、岩鹭、黑头白鹮、白琵鹭、黑脸琵鹭、白额雁、灰鹤等国家二级保护鸟类也已罕见,黑嘴鸥数量明

---

① 《浙江省湿地保护规划(2006—2020)》。

显减少。同样的两栖类、爬行动物和哺乳动物也受到严重威胁。浙江曾是蛇的主要输出省，但由于人们大肆捕杀，致使浙江的蛇类数量急剧下降，浙江目前已由蛇的输出省变为进口省，眼镜蛇、眼镜王蛇已处于易危状态；龟、鳖类除人工饲养外，野生种群已十分稀少；东方蝾螈、中国瘰螈、肥螈等数量也在急剧下降，虎纹蛙数量已不足20世纪六七十年代的十分之一，大绿蛙、天台蛙、粗皮姬蛙、武夷湍蛙等只偶有发现，有的也趋灭绝。造成浙江省湿地生物多样性下降的原因除了水污染、历史上的围湖造田等问题外，还包括：江湖阻隔致使湖泊不能自然涨落，破坏了水生植被生长条件，阻断了鱼类在江湖间的洄游；大型水利工程运行后泥沙减少，水位下降，加上滩地围垦和杨树种植等活动，湿地植物环境进一步恶化等问题。

（二）湿地水环境保护有待持续推进

在三大生态系统中，湿地生态系统受环境污染危害的程度最为严重，水质污染是湿地面临最主要的威胁之一。随着国民经济的快速发展，工农业生产和居民生活所产生的污染源也随之大量增加，而湿地成为工农业废水和生活污水的主要承泄区。部分小城镇居民的生活污水未经处理，形成点状污染；生活污水排入清水河，演化为严重的线性污染；被污染的清水河因被人工改道，水流受到阻滞，向附近大面积湿地漫溢，造成面状污染。面状污染30余年，累积了大量污染物，对相对较浅的地下水造成污染，空气质量下降，演化为立体污染。通过实施"811"等环境整治工程，湿地环境恶化的趋势有所减缓，但全省地表水环境质量仍未得到根本性改变，近岸海域海水、运河、平原河网和城市内河污染仍然严重，水体富营养化程度严重，生物群落结构发生明显变化，水产养殖生物质量不容乐观。湿地环境面临的威胁仍然很大。

（三）湿地管理和协调有待科学规范

浙江省湿地面积有所减少，湿地面积萎缩、生态系统更加脆弱、区内动植物品种减少、过度和不合理开发在一定范围内存在。湿地及其资源类型多样，开发利用与保护管理涉及的主管部门很多，有水利、海洋、渔业、农业、林业、交通、旅游、土地、环保等。在湿地资源的开发利用方面，由于缺乏统一协调组织与机构，长期以来处于只重视自己所在部门的利益和所处行业的发展，各做各的发展利用规划，各搞各的开发利用。在湿地资源的管理保护方面，目前海洋与渔业、水利、林业、交通和环保等部门分别建有渔政、海监、水政、林政、航管、环境监理等机构，但由于缺乏统一协调组织，未能形成信息共享、联合行动、分工协作的保护管理机制。除此之外，湿地固有的生态环境特征增加了保护的难度。目前，我国以自然保护区建设作为湿地保护的主要措施，取得了阶段性的成功。但由于湿地生态系统的自然开放性，使得建立一个大小合适的湿地保护区变得更为复杂。

（四）湿地开发保护法规有待完善

与湿地有关的法律法规虽然不少，但是从当前湿地资源的开发利用与保护管理的现实需要出发，仍然存在不少问题，主要表现在：一是缺乏专业立法。国家虽然编制了《中国湿地保护行动计划》，但这只是在湿地保护和合理利用湿地资源方面采取的第一个步骤，从现实的角度和长远发展的观点来看，尚缺乏一部具有法律效力的湿地保护与合理利用湿地资源的专门法规。二是湿地权属不清。受历史、政策等因素的影响，我国湿地保护区土地权属问题一直含糊不清，土地权属问题始终影响着湿地资源的保护与利用。依据物权法的相关规定，湿地作为自然资源依法属于国家或集体所有，但同时我国土地管理法又明确规定土地的使用权和所有权相分离，在实际生活中造成了湿地的所有权人不一定拥有湿地的使用权，湿地的使用权往往属于相关个人或单位。三是执法监管受到制约。由于我国欠缺专门统一的湿地保护法律规范，使湿地保护执法工作受到极大制约。四是多重管理权限不明。我国湿地管理部门众多，但是具体权限划分不明，权利冲突，责任推诿现象屡见不鲜。各部门在实际管理湿地时常常会出现对于同一湿地管理的权利冲突现象，而伴随着权利冲突而来的又是责任的相互推诿，这往往制约着湿地的实际管理与保护。

五、浙江湿地生态旅游发展的对策建议

（一）编制科学的湿地旅游规划

湿地旅游是以相对不受干扰的自然区域为基础，不破坏和降低质量才能在生态上保持可持续发展。湿地旅游的客体是湿地和人文环境，也是一种无污染、无破坏的旅游，因此湿地旅游资源的开发要突出"天人一体，保护自然"这一主题。在制定湿地旅游的规划时，必须分析湿地旅游地的重要性，合理划分功能区，拟定适合动物栖息、植物生长、旅游者观光游览和居民居住的各种规划方案，并充分利用河、湖、山、绿地和气候条件，为游客创造优美的景观，为当地居民创造卫生、舒适和安谧的居住环境。当然，湿地旅游规划应与当地社会经济的持续发展目标一致，以湿地旅游来带动当地经济发展，以经济发展来改善湿地自然环境。

1. 以景观生态学的原理制定湿地旅游规划

景观生态学以整个景观为对象，通过物质流、能量流、信息流与价值流在地球表层的传输和交换，通过生物和非生物以及人类之间的相互作用与转化，运用生态系统原理和系统方法研究景观和功能、景观动态变化以及相互作用激励、研究景观的美化格局、优化结构、合理利用和保护。

湿地旅游开发必须以景观生态学和持续发展理念为基础，一切硬件和软件的建设都不可以破坏生态为前提。谁能更好地保护环境，谁就能赢得更多的客源市场。为此，湿地及自然保护区旅游发展必须遵循以下规划原则：①严格分区管理，制定法律、法规和采取有效的措施减少人为对自然生态环境的冲击；②必须保存生物的多样性和歧异度，以保持生态平衡，适度的复育计划，以舒缓生态资源及生物栖息地之压力；③全面进行环境影响的评估，谨慎的生态资源的监测；④制定游客准许和不准许行为准则；⑤湿地与保护区内开发旅游均应作符合生态景观学原理的详细规划，切勿轻举草率，大兴土木。

2. 湿地及保护区严格分区管制，建立绿色隔离带

纯原始核心区为严格管制区，禁止游客进入与增添人工建筑；尚未开发的自然景观缓冲区为一般管制区，机动车辆不得入内，可设立科学考察专门路线；已开发或可开发的观赏、游息园区、少量生态建筑或生态产业，但不宜建大型建筑；边缘保护带兼具防护、景观功能的绿色生态景观廊带；游客服务中心——"人与自然之家"兼备管理中心职能，在湿地景区建立生态科学与文化展览馆。

3. 发展生态产业

湿地生态产业分为三大类：一为动物饲养，二为花卉的种植，三为经营生态农庄，提供游客住宿。例如，巴布亚新几内亚蝴蝶庄，给当地经济带来了巨大的变化，一只翅膀长30厘米的大蝶可卖850美元，而当地村落一年的总收入仅1200美元。这些产品成为许多博物馆或大学的展品、学校的教学标本，或远销日本的手工艺品等。发展生态产业可以获得经济效益，而反过来支持湿地保护所需的经费。水面养殖业要作出评估和规划，在某些地区适当缩小养殖水面，养殖过度将造成水体的过度营养化。养殖注入高科技，形成精品化，即使缩小养殖水面，同样可获得经济效益。而其经济效益应该部分返回于保护湿地；适当发展某些动物（鱼类、鸟类等）养殖，但必须是和该湿地区相适应的湿地种群；利用已有森林或苗圃开拓花卉或育苗产业；动植物标本的制作；凡对湿地生态有破坏的产业，应当立即停止或转产，鼓励发展生态农业。

4. 开发新颖的景观观赏项目

在湿地旅游区内适当配置观赏性与实用性的生态建筑小景，如生态桥，生态观鸟亭，或观日出、夕阳的生态走廊。生态走廊作为某些特定区的观景地，又作某些特定区的一道风景线。生态走廊用藤本植物覆盖。生态观景亭用藤本植物覆盖，小亭也起到特殊观景地的作用。

在沼泽与草地交接地带，设立鸟类观赏台，划定野生动物观赏区；在浅海旅游区，开展海底鱼类观赏、潜泳等水上运动项目。泥质滩涂内适当地段、适当时间开放为参与性活动的拾贝区。

（二）提高公众的湿地保护意识

依托浙江省湿地公园的宣教资源，统筹布局湿地宣教中心；建立基于互联网的湿地保护宣教网络，改善和丰富湿地宣教内容与手段，形成高效的湿地保护宣教体系；大力宣传湿地的重要功能与效益、湿地保护的法律法规，营造关心湿地、爱护湿地、参与湿地保护的社会氛围，以"世界湿地日"、"爱鸟周"等常规宣传活动为依托，促进湿地保护宣传教育常态化；发动社会各界关心和支持湿地保护事业，在广大人民群众中形成尊重自然、顺应自然和保护自然的生态文明理念。

同时，可以考虑建立有奖举报制度，以鼓励公众参与湿地保护。政府有关部门可以依据其职权，按照法定原则程序等，向有关参与湿地保护监督举报的公众进行奖励。不断完善公众监督举报制度，第一，确定公正原则、公开原则、法制原则和物质奖励与精神奖励相结合的原则等主要原则；第二，在奖励条件的标准上，应坚持与现实社会中人们的普遍平均水平持平和可量化的条件标准应量化这两个原则。

（三）加强湿地旅游的立法工作

湿地及其资源的保护和可持续利用涉及面广，难度大，为此，必须建立完善和行之有效的湿地管理政策、法制体系。通过建立对威胁湿地生态系统活动的限制性政策和有利于湿地资源保护活动的鼓励性政策，协调湿地保护与区域经济发展，有效地发挥湿地的综合效益。

制定浙江省湿地保护条例。通过立法，明确各级、各行业的机制权限以及管理分工，确定湿地开发利用的方针、原则和行为规范，规定管理程序及对违法行为的处理方法和程序等，为从事湿地保护与合理利用的管理者、利用者等提供基本的行为准则。

不断完善湿地保护法规、政策。在评估现行政策和法律法规对湿地保护作用的基础上，对现有政策中制约、阻碍湿地保护与合理利用的内容进行改革，及时增补、修订法律法规中的不完善内容，不断完善湿地保护法规、政策。

制定鼓励节约利用湿地自然资源和在部门发展中优先注意保护湿地

生物多样性的政策，在投资、信贷、项目立项、技术帮助等方面解决政策引导问题。

加强执法人员培训，提高人员素质；加强执法力度，严格执法；建立联合执法和执法监督体制。

(四) 政府决策与社区参与结合

湿地的存在必须依靠政府的调控和湿地保护区内居民的理解和支持，湿地管理部门要在湿地旅游区及边缘地带设法划出一定的地段和明确一定的资源，允许湿地居民从事正常的生产、开发活动。湿地保护区在进行旅游开发过程中，当地居民的生产和生活必须得到保证，同时当地居民也应该参与到湿地旅游的开发和管理中去。湿地保护区是一个集自然、经济、社会于一体的实体，不能独立于社会，许多工作的开展，离不开当地政府的支持，要积极与有关部门建立联营管理组织，围绕资源利用、生产活动、旅游活动展开多种形式的工作。湿地旅游区与当地经济发展密不可分，要把湿地旅游区建设纳入地方政府经济发展规划中，做到湿地旅游区和湿地社区经济共同发展。

湿地旅游的健康发展，只有在政府官员和居民真正理解了湿地环境与人类生存、湿地功能与生活质量的休戚关系之后才有可能收到实效，其中政府官员是关键。"围湖造田"等决策对湿地旅游的开发无疑是惨痛的教训。另外，社区参与湿地旅游的宣传、监督，无疑有利于湿地旅游更完善的开发。社区要宣传湿地旅游有利于人们的身心健康等种种好处，特别要宣传湿地旅游作为一种当前最先进最文明的旅游方式对于整个人类社会的种种好处，让所有旅游者都学会并习惯这种旅游方式。旅游业的所有从业人员当然更要真正理解这种生态文明的旅游方式的必要性和优越性，从硬件到软件，都按照认真保护生态环境的要求来建设、来运作，为旅游者树立一个良好的榜样，使旅游者爱护旅游区的生态环境，真心实意地爱护旅游区的山山水水、花草树木、房屋道路，把旅游区看作自己由衷怜爱的心上人，而不是把它看作丢下一点钱就可任意损毁的玩物。

(五)建立完善管理和服务体系

湿地旅游管理和服务体系的建立对维持湿地生态系统平衡以及湿地旅游的规范发展有重要意义。成功的湿地旅游管理和服务体系应是根据湿地的"生态位",在保护湿地生态系统的同时,最大限度地发挥湿地的旅游效益。因此,必须综合评估,避免将较高的湿地资源效益和环境资本用于低价值的旅游产品生产。湿地旅游管理和服务体系就是在统一规划基础上,运用技术、经济、法律、行政、教育等手段,限制自然和人为损害湿地质量的活动,达到既满足人类经济发展对湿地资源的需要,又不超出湿地生态系统功能阈值的目的。湿地保护和湿地旅游管理的对象是维护生态平衡,因此,必须遵循生态学原则,了解湿地生态平衡机制,以生态学经济原理为指导,否则湿地保护和管理工作就失去了理论基础,湿地环境就不能从根本上得到有效的保护,人与自然的关系就不能协调,经济与社会就不会持续发展。

1. 建立有效的管理协调机制

湿地旅游管理与保护涉及水利、渔业、农业、林业、土地、旅游、环保等多个部门,加强部门间协调与配合是湿地保护和利用的关键。建议制定相关法规条例明确各级政府、部门的管理职权与责任,及时增补、修订相关法律、法规,提高执法人员专业素质,建立、完善执法监督体系,大力加强有关法律法规的宣传普及;建立湿地资源开发利用生态影响评估、审批、评价制度,依法论证、审批并监督(高欣,2006)。

2. 实施污染物排放总量控制

在全省总量控制的基础上,将水体纳污总量目标分解到地方,各水政主管部门根据管理区域确定水体纳污总量,环保部门应根据确定的相应指标实行水体纳污总量的有效控制。同时建立省级湿地生态环境监测和评价体系,及时监测、预测、预报湿地污染和生态环境状态。

3. 大力开展湿地资源科学研究

积极开展包括浙江湿地的发生、演变,湿地生物多样性的结构组成、数量变化与生态价值研究;工农业生产对天然湿地的影响评价;滩涂湿地动物保护与生态—生物学研究，湿地水鸟及其栖息地的监测与保护，沿海滩涂围垦对湿地鸟类的影响，湿地生物多样性与水产养殖、湿地旅游的关系评价等等。

【参考文献】

[1] 王倩. 江南湖泊型湿地旅游发展策略研究——以浙江德清下渚湖国家湿地公园为例 [D]. 复旦大学，2012.

[2] 郭春喜. 城市湿地公园生态规划研究及实例应用 [D]. 福建农林大学，2009.

[3] 王紫雯，潘翠霞. 城市湿地旅游开发中的景观特质保护——以杭州西溪湿地为例 [J]. 中国园林，2007（7）：74-78.

[4] 吕咏，陈克林. 国内外湿地保护与利用案例分析及其对镜湖国家湿地公园生态旅游的启示 [J]. 湿地科学，2006（4）：268-273.

[5] 张环宙，李秋成，吴茂英. 自然旅游地游客生态行为内生驱动机制实证研究——以张家界景区和西溪湿地为例 [J]. 经济地理，2016（12）：204-210.

[6] 唐代剑，何玮. 国内外湿地旅游保护·开发经验及发展态势研究 [J]. 安徽农业科学，2009（31）：15506-15508.

[7] 缪丽华. 杭州西溪湿地生态旅游开发现状与前景初探 [J]. 湿地科学与管理，2009（2）：38-41.

[8] 童道琴. 论湿地旅游资源的保护与利用——以杭州西溪湿地公园为例 [J]. 商业经济与管理，2006（4）：77-79.

[9] 陈海生，金连根. 云和梯田湿地公园景观与文化资源 [J]. 安徽农学通报，2014（12）：143-144.

[10] 袁龙义，龙利华. 长湖湿地生态旅游产品开发研究 [J]. 安徽农业科学，2011（8）：4812-4813.

[11] 张华，傅宇，朱培等. 长兴仙山湖国家湿地公园湿地资源及其

保护研究 [J]. 华东森林经理, 2014 (4): 44-47.

[12] 朱海燕, 钱婕靓, 俞静漪. 浙江湿地保护现状与发展对策 [J]. 浙江林业科技, 2011 (3): 73-77.

[13] 姚贤林, 严小宝. 浙江长兴仙山湖湿地公园现状分析、景点规划与形象策划 [J]. 华东森林经理, 2009 (3): 57-60.

[14] 高欣. 杭州湾湿地生物多样性及其保护 [J]. 沈阳师范大学学报, 2006 (1): 92-95.

(作者：赵忠诚，浙江理工大学经济管理学院；李植斌，浙江理工大学浙江省生态文明研究中心执行主任)

分论之三：山水生态旅游发展的浙江实践

山水生态旅游是指依托于山川、岩石、湖泊、河流、森林、植被等山水生态旅游资源进行旅游开发的一种旅游业态。浙江省是山水生态旅游资源丰富的省份，是习近平总书记"两山"重要思想的发源地。在习近平总书记"两山"重要思想的指导下，浙江省山水生态旅游资源在保护中得以开发，在开发中得以保护，并形成了一系列可持续山水旅游发展的典型模式和发展经验，值得总结推广。

一、浙江山水生态旅游发展的历史回顾

（一）浙江省山水生态旅游发展的资源优势

1. 资源数量和质量的优势

浙江省位于中国东南沿海长江三角洲南翼，南接福建，西与江西、安徽相连，北与上海、江苏为邻。据全国第二次土地调查结果，浙江土地面积10.55万平方公里，为全国的1.1%，是中国面积较小的省份之一，浙江山地和丘陵占70.4%，平原和盆地占23.2%，河流和湖泊占6.4%，耕地面积仅208.17万公顷，故有"七山一水两分田"之说。

"七山一水两分田"的浙江虽陆域面积较小，但地形复杂，山水生态旅游资源数量多，规模大、等级高。从拥有国家级风景名胜区数量来看，截至2017年6月30日，在国务院公布的国家级风景名胜区244处中，杭州西湖、富春江—新安江、雁荡山、普陀山、天台山、嵊泗列岛、

楠溪江、莫干山、雪窦山、双龙、仙都、江郎山、仙居、浣江—五泄、方岩、百丈漈—飞云湖、方山—长屿硐天、天姥山、大红岩、大盘山、桃渚和仙华山22处名列其中，占总数量的9.02%，居全国首位。浙江22处国家级风景名胜区都是以地文景观、水域风光等山水生态旅游资源作为其核心旅游资源。除了国家级风景名胜区，国家级旅游度假区如杭州之江旅游度假区、东钱湖旅游度假区、太湖旅游度假区、湘湖旅游度假区和国家5A级旅游景区西溪国家湿地公园、千岛湖风景区也都以山水生态旅游资源为核心。

从省域来看，浙江省国家级风景名胜区数量全国排名第一，国家级旅游度假区数量也仅次于江苏省。另外，杭州西湖作为中国唯一以湖泊为载体的世界文化景观遗产，江郎山也以"中国丹霞"列入世界自然景观遗产。浙江山水生态旅游资源从数量和质量两个方面均具有显著资源优势，从旅游细分业态角度来看，浙江山水生态旅游对于浙江旅游业发展举足轻重。

2. 资源特色优势

浙江省山水生态旅游资源不仅具有数量和质量优势，典型的江南式秀山丽水资源也具有显著的特色优势。

(1) 生态旅游资源的水色清美。浙江因水而名、因水而兴、因水而美。浙江生态旅游资源中的水资源类型丰富，既有钱塘江、富春江等江水，又有太湖、千岛湖等湖水，也有广阔东海海水，更有运河等河水。类型丰富，水资源量却不足，根据2013年浙江省水利普查公报，浙江省人均水资源量只有1760立方米，已经逼近了世界公认1700立方米的警戒线。虽然浙江单位面积水资源量可以排到中国省域第四，但是由于水资源80%分布于山区，所以人口集中、经济发达的浙东是重点缺水地区，而且浙江水资源还存在着供需缺口大、结构矛盾突出、污染严重、有效利用率低等四大突出问题。在此背景下，2013年11月29日，浙江省委十三届四次全会提出"五水共治"，即治污水、防洪水、排涝水、保供水、抓节水。经过4年多时间持续治理，浙江基本消灭了劣五类水，水体清了、水质变优了、河道顺了，浙江水资源的水色更加清美了。

（2）生态旅游资源的山景迷人。"七山一水两分田"的浙江山川生态旅游资源丰富。浙江境内有天目山脉、龙门山脉、会稽山脉、四明山脉、天台山脉、大盘山脉、千里岗山脉、怀玉山山脉、括苍山脉、雁荡山脉、洞宫山脉、仙霞岭山脉等众多山脉。其中，雁荡山因其是以白垩纪流纹质火山地质地貌为基础的自然公园，保存有地质、岩相、岩石等火山地质景观和嶂、峰、门、洞、飞瀑等地貌景观于2005年入选世界地质公园名录。另外，浙江省拥有的以山体为资源的地质公园主要有浙江常山国家地质公园、浙江临海国家地质公园、浙江新昌硅化木国家地质公园、大明山省级地质公园、大陈岛省级地质公园、大盘山省级地质公园、景宁九龙省级地质公园、四明山省级地质公园。浙江山川生态旅游资源不仅秀丽，基本都被繁茂植被覆盖，奇岩、瀑布、森林、竹海众多，山景非常迷人。

（3）山水生态旅游资源相互融合。浙江的山川资源和水资源并非孤立存在，而是相互融合，山中有水，水中有山，构成一幅典型的江南水墨山水画。如千岛湖周边群山环绕，富春江沿山而存，而楠溪江则是雁荡山世界地质公园的西园区。大量山水生态旅游资源协同是浙江山水生态旅游资源的显著资源特色。

（二）浙江省山水生态旅游的发展阶段

浙江山水生态旅游发展经历了山水观光、山水生态休闲和山水生态休闲度假三个阶段，三个阶段并非时间上的完全割裂，仅代表一种发展趋势。浙江山水生态旅游在不同发展阶段积极顺应旅游市场变化，从山水观光到山水生态休闲，再到山水生态休闲度假，体现在从打造山水旅游景点到打造山水旅游景点周边业态，再到依托山水旅游景点打造旅游度假区。

1. 山水观光阶段

浙江山水生态旅游发展的第一阶段是山水观光阶段，游客以观赏游览山水景色为主要目的。长期以来，浙江旅游基本是观光旅游主导，尤其是山水观光旅游，而且相当成功，也符合诗画浙江的定位，并具备很强的竞争优势，这让浙江旅游一直走在全国前列。时至今日，山水观光旅游仍然是浙江旅游的主要业态之一，山水观光旅游发展重点在于对旅游景点的打造。浙江山水生态旅游发展的山水观光阶段主要特征如下：

（1）以景区门票为主要旅游收入来源。山水观光阶段的山水生态旅游发展较为初级，旅游主要收入来源依赖于景区门票，游客门票消费占旅游消费总额比例比较高。

（2）以山水景点讲解为主要服务内容。山水观光阶段，绝大多数游客通常是第一次来该景点，除了游客自我观赏游览之外，地接导游的山水景点讲解服务是游览过程中的主要内容。

（3）游客逗留时间短。山水观光阶段的游览组织形式多为团队旅游，旅游团队要赶行程，通常对山水旅游景点只是过程性游览，多数游客即便是想逗留也会因为团队的原因而匆匆游览，游客逗留时间短。

（4）旅游消费水平低。旅游消费水平与游客逗留时间有较大关系，山水观光阶段游客逗留时间短，缺乏时间去旅游消费，游客旅游消费结构中娱乐、购物等消费比例也会很小，整体旅游消费水平较低。

（5）重游率不高。这是观光旅游的通病，浙江山水生态旅游发展的山水观光阶段，游客主要是因为异地性来看看山水风光，重点在于"来过了"，绝大多数"来过了"的观光游客不会为了观光目的再来观光游览，导致重游率不高。

总的来看，浙江山水生态旅游发展的山水观光阶段主要处在旅游产业发展较为初级的时间阶段，即大众旅游时代尚未到来之前，本部分拟以中国国务院修订公布《全国年节及纪念日放假办法》（"国庆黄金周"、"春节黄金周"的说法依据此办法而来的）的1999年为时间节点分段，即浙江山水生态旅游发展山水观光阶段为1949年至1999年。

2. 山水生态休闲阶段

浙江山水生态旅游发展的第二阶段是山水生态休闲阶段，游客以游憩休闲为主要目的。随着经济社会发展，旅游市场需求不断变化，山水观光旅游对于作为大众旅游时代基石的中产阶级已不具很强吸引力，旅游市场需求由以观光需求为主向以休闲需求为主转变。浙江省出现了众多以山水生态旅游景点为核心吸引物的相关休闲业态，例如特色餐饮、山林徒步、儿童娱乐等。浙江山水生态旅游发展的山水生态休闲阶段主要呈现以下特征：

（1）游客逗留时间拉长。游客出游的主要目的不是为了观光，而是为了游憩休闲，游客组织形式日趋多样化，不仅有团队形式，也有散客形式，游客逗留时间较观光阶段有所拉长，但是多以一日游居多。

（2）旅游消费水平提高。游客逗留时间拉长并以游憩休闲为主要目的，此阶段会产生娱乐、购物等旅游消费，即便是餐饮消费也会比观光阶段（观光阶段游客常以团餐为主）高，旅游消费水平较观光阶段有所提高。

（3）重游率提升。此阶段游客不以观光为目的，重游率会有所提升，譬如游客可能为了吃顿特色餐饮或玩某个旅游项目而重复游览。

浙江山水生态旅游发展的山水生态休闲阶段与大众旅游时代到来同步，当前浙江山水生态旅游发展主要处于这一阶段，即1999年至今。

3. 山水生态休闲度假阶段

浙江山水生态旅游发展的第三阶段是山水生态休闲度假阶段，游客不仅仅以游憩休闲为主要目的，更为重要的是以度假为主要目的。休闲更多体现的是休息、娱乐等功能，而度假更多体现的是放松、休养等功能。随着大众旅游时代到来，中产阶级业已成为大众旅游时代的基石，钢筋水泥构成的城市生活和快速的工作节奏使得现代城市人群度假需求异常旺盛，在此背景下，浙江山水生态旅游形式正在由山水生态休闲向山水生态休闲度假转变，当前正处于这一转型阶段，浙江众多依托山水生态旅游资源的国家级旅游度假区和省级旅游度假区正处在快速发展中。浙江山水生态旅游发展的山水生态休闲度假旅游阶段主要特征如下：

（1）游客逗留时间长。度假旅游的一个重要特点就是过夜，只要游客过夜，游客逗留时间就不会少于2天，游客逗留时间显著拉长。当前，浙江省多地都在想方设法地拉长游客逗留时间,而拉长游客逗留时间最有效的方法就是度假旅游。

(2) 旅游消费水平高。游客逗留时间长,旅游消费就会高,度假游客通常情况必然会有住宿消费,而且度假游客通常情况下收入水平较高,其相关旅游花费也会比较高,使得整体旅游消费水平高。

(3) 重游率高。度假游客关心的不是旅游产品的异地性,而是度假地点的环境优越性和度假旅游产品的舒适性等,而且这类游客群体通常每年会有特定的带薪休假时间,会常常对一些好的度假地点故地重游。

浙江山水生态旅游发展的山水生态休闲度假阶段正在快速全面到来,尤其是长三角地区,山水生态休闲度假旅游也是浙江山水生态旅游未来几年发展的主要内容。当前山水生态休闲度假发展趋势非常明显,但是浙江山水生态旅游度假发展也存在一些问题,譬如民营企业带薪休假制度落实问题、公务人员带薪休假疗养休养区域性问题等。浙江省积极顺应发展趋势,也正在着力解决相关问题,例如对于公务人员带薪休假疗养休养区域性问题,2017 年浙江省总工会邀请旅游业内专家对相关制度进行修订,并要求提供可行性实施方案,2018 年,浙江省有望解决该问题。

(三) 浙江省山水生态旅游的发展特征

浙江省山水生态旅游发展总体上呈现生态优先、创新性强、业态丰富和载体多样四大特征。

1. 生态优先

浙江在发展山水生态旅游过程中,以山水生态旅游资源修复和保护为基本前提,进行可持续性开发,坚决不搞山水生态旅游资源破坏性开发,充分体现了生态优先的发展特征。浙江不仅对山水生态旅游资源进行修复和保护,而且实施了多项重大战略进行生态环境修复和保护,全面遵循生态优先发展原则。

《2017 年浙江省政府工作报告》指出,浙江正在积极践行"绿水青山就是金山银山"理念,深入推进"五水共治"、"三改一拆",全面实施新一轮"811"美丽浙江建设行动,大力整治生态环境,倒逼产业转型升级,全省各地天更蓝、水更绿、山更青、城乡更美丽。

一是加大污水治理力度。大力推进清淤泥、截污纳管和污水处理厂提标改造,2016年完成河道综合整治2836公里、河湖库塘清淤1.37亿立方米,建成城镇污水管网3252公里、四年累计11625公里,完成27个城镇污水处理厂一级A提标改造、四年累计235个,完成4173个村的生活污水治理设施建设、四年累计23137个。全省221个地表水省控监测断面中,Ⅲ类以上水质断面占比77.4%,同比提高4.5个百分点;劣Ⅴ类水质断面占比2.7%,同比下降4.1个百分点。

二是加大雾霾治理力度。2016年完成1186万千瓦燃煤机组超低排放技术改造、四年累计完成3563万千瓦,占全省30万千瓦以上统调燃煤机组装机总量的90%。淘汰改造燃煤小锅炉14203台、四年累计改造35246台。淘汰黄标车和老旧车18.6万辆、四年累计淘汰88.9万辆,提前全部消灭黄标车。全省69个县级以上城市日空气质量优良天数比例平均为88.4%,同比上升3.4个百分点;PM2.5平均浓度为37微克/立方米,同比降低6微克/立方米,全省大气环境质量持续改善。

三是全面推进治城治乡。2016年拆除违法建筑1.54亿平方米、四年累计6.29亿平方米,改造旧住宅区旧厂区城中村3.38亿平方米、四年累计9.26亿平方米。积极打造珍贵彩色森林,新增珍贵树木2099万株、珍贵彩色森林20.6万亩,森林覆盖率达到60.96%。深入推进美丽乡村建设,培育美丽乡村示范县6个、示范乡镇100个、特色精品村300个、美丽庭院1万个。

浙江通过治水、治气、治城、治乡全面进行生态环境修复和保护,不仅全面践行了习近平总书记的"两山"重要思想,也实实在在地为浙江山水生态旅游提供了坚实的发展基础。

2. 创新性强

在对山水生态旅游资源充分保护的前提下,浙江山水生态旅游发展在产品设计、开发机制和管理体制等方面都体现出创新性强的发展特征。

产品设计上，山水生态旅游产品容易雷同，易使游客产生视觉和感官的疲劳感，需利用山水生态旅游资源进行特色化产品创意和设计，浙江山水生态旅游发展结合旅游市场需求，着力打造差异化、特色化、品质化的产品，形成了众多创新性的山水生态旅游产品，例如湖州德清莫干山"洋家乐"民宿，其在产品创意和设计上充分体现了对山水生态旅游资源开发和利用的创新性。

开发机制上，浙江在对山水生态旅游资源开发时充分考虑了开发机制的灵活性，反映了开发机制的创新性。实践中，投资者和经营者在对山水生态旅游资源开发时会遇到一些难以处理的政策问题，例如在山体或林间建设居所面临的土地问题，浙江在处理类似问题时，没有破坏山体和森林，通过架空层建筑来进行山水生态旅游资源开发，不仅较好地保护了生态环境，也规避了政策问题。

管理机制上，浙江对于山水生态旅游项目既有委托代管型，也有自发管理型，例如很多大中型山水生态旅游项目委托开元酒店集团、浙江隐居集团等知名酒店管理机构来进行委托代管；部分山水生态旅游项目为了差异化，进行自发特色化管理，有的用儒家思想进行管理，利用儒家思想教化员工来实现管理目标，也有的用人本思想来进行管理，把员工当成家人，充分调动员工的主观能动性来达到管理目标。

创新性是浙江山水生态旅游发展持续向好的关键因素，对产品设计、项目开发与管理的不断创新为了浙江山水生态旅游发展提供持续动力。

3. 业态丰富

浙江山水生态旅游通过"旅游+"和"+旅游"两种产业融合方式，形成丰富多样的山水生态旅游融合业态。

"旅游+"是以旅游业为主导，将旅游产业与其他业有机地结合，不仅为旅游业的发展提供内容和文化元素，同时也促进其他产业发展。浙江在一些经济欠发达地区以当地优越的山水生态资源为核心旅游资源，构建"山水生态旅游+"业态体系,形成了丰富多样的山水生态旅游业态,也促进了当地农业、林业、文化等产业的发展,同时农业、林业、文化等产业也为山水生态旅游提供了更加丰富的内容,例如永嘉县茗岙乡"山水生态旅游+农业"的梯田旅游、临安浙西大峡谷"山水生态旅游+体育"的徒步旅游等。

"+旅游"是以其他行业为主导,通过行业加旅游,丰富行业内容和内涵,同时带动当地旅游产业发展。浙江在一些经济较为发达的地区,通过行行加旅游,构建多元化的旅游业态,浙江当前正在重点推进的全域旅游正是"+旅游"的一种外在体现。当前,浙江有很多地区通过"行业+山水生态旅游"来构建当地旅游业态,例如平湖九龙山"体育+山水生态旅游"、杭州之江旅游度假区"疗休养+山水生态旅游"、遂昌高坪村"养老+山水生态旅游"等。

"山水生态旅游+"是以山水生态旅游主导、其他行业为辅助构建业态,"+山水生态旅游"是以其他行业为主导、山水生态旅游为辅助构建业态,两种方式构建了丰富多样的山水生态旅游业态体系,其为浙江山水生态旅游提供充足的内容支撑。

4. 载体多样

浙江通过多种载体来发展山水生态旅游,例如风景名胜区、自然保护区、旅游度假区、森林公园等,通过创建风景名胜区、自然保护区、旅游度假区、森林公园等来促进山水生态旅游的全面发展,截至2016年底,浙江共拥有国家级风景名胜区22处、国家级自然保护区10处、国家级旅游度假区4处、国家级森林公园39处(具体名录参见表3-1)。2017年,为了更好地对接当前形势,浙江创新性地制定了旅游风情小镇标准,并将旅游风情小镇作为载体的一种,以镇级建制来统筹发展旅游产业。

除了依托传统载体发展山水生态旅游,浙江不断创新载体为浙江山水生态旅游发展提供新的发展思路,并期望通过新的载体引领浙江旅游产业发展。

表 3-1 浙江省国家级风景名胜区、自然保护区、
旅游度假区、森林公园名录

载体类型	名录
国家级风景名胜区	杭州西湖风景名胜区、富春江—新安江风景名胜区、雁荡山风景名胜区、普陀山风景名胜区、天台山风景名胜区、嵊泗列岛风景名胜区、楠溪江风景名胜区、莫干山风景名胜区、雪窦山风景名胜区、双龙风景名胜区、仙都风景名胜区、江郎山风景名胜区、仙居风景名胜区、浣江—五泄风景名胜区、方岩风景名胜区、百丈漈—飞云湖风景名胜区、方山—长屿硐天风景名胜区、天姥山风景名胜区、大红岩风景名胜区、大盘山风景名胜区、桃渚风景名胜区、仙华山风景名胜区
国家级自然保护区	浙江清凉峰国家级自然保护区、浙江天目山国家级自然保护区、浙江南麂列岛海洋国家级自然保护区、浙江乌岩岭国家级自然保护区、浙江大盘山国家级自然保护区、浙江古田山国家级自然保护区、浙江凤阳山—百山祖国家级自然保护区、浙江九龙山国家级自然保护区、浙江长兴地质遗迹国家级自然保护区、浙江象山韭山列岛海洋生态国家级自然保护区
国家级旅游度假区	杭州之江国家级旅游度假区、东钱湖旅游度假区、太湖旅游度假区、湘湖旅游度假区
国家森林公园	浙江千岛湖国家森林公园、浙江大奇山国家森林公园、浙江兰亭国家森林公园、浙江午潮山国家森林公园、浙江富春江国家森林公园、浙江竹乡国家森林公园、浙江天童国家森林公园、浙江雁荡山国家森林公园、浙江溪口国家森林公园、浙江九龙山国家森林公园、浙江双龙洞国家森林公园、浙江华顶国家森林公园、浙江青山湖国家森林公园、浙江玉苍山国家森林公园、浙江钱江源国家森林公园、浙江紫微山国家森林公园、浙江铜铃山国家森林公园、浙江花岩国家森林公园、浙江龙湾潭国家森林公园、浙江遂昌国家森林公园、浙江五泄国家森林公园、浙江石门洞国家森林公园、浙江四明山国家森林公园、浙江双峰国家森林公园、浙江仙霞国家森林公园、浙江大溪国家森林公园、浙江松阳卯山国家森林公园、浙江牛头山国家森林公园、浙江三衢国家森林公园、浙江径山（山沟沟）国家森林公园、浙江南山湖国家森林公园、浙江大竹海国家森林公园、浙江仙居国家森林公园、浙江桐庐瑶琳国家森林公园、浙江诸暨香榧国家森林公园、杭州半山国家森林公园、浙江庆元国家森林公园、杭州西山国家森林公园、浙江梁希国家森林公园

二、浙江山水生态旅游发展的典型模式

(一) 观光游览模式

1. 模式概况

观光游览主要是为了满足旅游者改变常居环境、开阔眼界、增长见识、陶冶性情、怡悦心情、鉴赏大自然造化之美、享受现代化城市生活的情趣以及满足异地购物等多方面的需求和目的，是一种基本的旅游方式，在旅游业发展中占重要地位。

观光游览模式是山水生态旅游的重要模式之一，采取观光游览模式的山水生态旅游目的地通常都拥有举世闻名的山水生态旅游资源，浙江山水生态旅游发展中采取观光游览模式也是著名的观光游览旅游目的地，代表性有杭州西湖风景名胜区和温州市雁荡山风景名胜区，两者都是第一批国家5A级旅游景区。

2. 模式特征

浙江山水生态旅游的观光游览模式主要有以下特征：

(1) 部分山水生态旅游景区免收门票。山水观光旅游的一个重要特征就是门票经济，浙江省在发展山水生态旅游过程中，反其道而行之，部分景区通过免收门票来发展观光游览旅游，再通过观光游览旅游吸引人气来带动相关产业发展，推动旅游业和整个城市的发展。

(2) 不断提升山水生态旅游资源吸引力。一般的或普遍的观点是，山水生态旅游资源吸引力是资源赋予的，不受外在因素影响，但是实践中优质资源而不被游客群体持续关注，其吸引力会减弱。浙江省部分山水生态旅游景区通过多项创新举措持续提升其山水生态旅游资源的吸引力和关注度，使其观光游览旅游发展具有持续动力。

(3) 山水生态旅游的观光游览模式经济效益属性在弱化。浙江省山水生态旅游景区多为地方政府国有经营，很多地方政府因经济发展水平高而财政收入颇丰，越来越多的地方政府更愿意把山水生态旅游景区作为当地的一张名片，利用其扩大地方知名度和提升地方美誉度，追求其

社会效益和品牌效益,经济效益属性在弱化。在实践调研过程中,很多地方政府均表示,观光游览模式下的山水生态旅游景区不赚钱,但是对于强化地方知名度和美誉度以及增进当地老百姓福利均有积极作用。

3. 典型案例

(1)杭州西湖风景名胜区。杭州西湖风景名胜区是通过免收门票来发展观光游览旅游、再通过观光游览旅游吸引人气来带动相关产业发展和促进城市发展的典型案例。

杭州西湖风景名胜区位于浙江省杭州市中心,分为湖滨区、湖心区、北山区、南山区和钱塘区。秀丽的湖光山色和众多的名胜古迹闻名中外,是中国著名的旅游胜地,也被誉为人间天堂。景区内群山高度都不超过400米,环布在西湖的南、西、北三面,其中的吴山和宝石山像两只手臂,一南一北,伸向市区,构成优美的杭城空间轮廓线。景区总面积达49平方公里,其中湖面6.5平方公里,以湖为主体,旧称武林水、钱塘湖、西子湖,宋代始称西湖。景区由大量乔灌木组成疏落有致、大小不同的空间;以植物造景为主,辅以亭、台、楼、阁、廊、榭、桥、汀。西湖傍杭州而盛,杭州因西湖而名。"天下西湖三十六,就中最美是杭州"。2007年5月8日,国家旅游局正式批准其为国家5A级旅游景区。2011年6月24日,"中国杭州西湖文化景观"被列入《世界遗产名录》。

杭州西湖风景名胜区在2002年10月拆除了环湖围墙,24小时免费开放环湖公园,真正做到了"还湖于民",成为中国第一个不收门票的国家5A级风景区。杭州西湖风景名胜区通过免收门票措施,降低了旅游成本,使更多游客愿意来杭州,逗留时间也有所拉长,使杭州市餐饮、酒店、零售、交通等服务行业都获得了新的发展空间,为杭州创造了大量的就业岗位和经济效益,为杭州旅游产业发展和杭州地区经济发展作出了巨大贡献。2016年,杭州实现旅游总收入2571.84亿元,旅游接待量14095.08万人次,旅游产业增加值808.89亿元。以旅游产业增加值为例,杭州旅游产业增加值较2001年西湖景区免费开放之前,增长了8.26倍(2001年杭州市旅游产业增加值97.94亿元),保持了超过15%

的年均增长率。

（2）温州雁荡山风景名胜区。温州雁荡山风景名胜区通过多项创新举措持续提升其山水生态旅游资源的吸引力和关注度，使其观光游览旅游具有持续动力，是浙江省山水生态旅游采用观光游览模式持续性发展的典型案例。

温州雁荡山风景名胜区是首批国家重点风景名胜区，拥有国家级"卫生山、安全山、文明山"、国家文明风景名胜区、国家5A级旅游区、全国文明风景旅游区示范点、"世界地质公园"等称号，位于中国浙江省乐清市境内，部分位于永嘉县及温岭市，因主峰雁湖岗上有着结满芦苇的湖荡，年年南飞的秋雁栖宿于此，因而得名"雁荡山"。雁荡山主要有灵峰、灵岩、大龙湫、三折瀑、雁湖、显胜门、羊角洞、仙桥八大景区，有500多处景点。素以独特的奇峰怪石、飞瀑流泉、古洞畸穴、雄嶂胜门和凝翠碧潭扬名海内外，被誉为"海上名山，寰中绝胜"，史称"东南第一山"。其中，灵峰、灵岩、大龙湫三个景区被称为"雁荡三绝"。雁荡山的灵峰夜景，灵岩飞渡是其两大特别景观。

温州雁荡山风景名胜区也是以世界级的山水生态旅游资源作为核心吸引物着力发展观光游览旅游，通过观光游览来带动周边旅游相关产业发展。雁荡山在拥有世界级山水生态旅游资源的基础上，通过邀请《琅琊榜》剧组将其作为影视剧场景地、举办《中国雁荡山诗词朗诵大会》等活动以及智慧旅游持续创新等措施，不断强化山水生态旅游资源的吸引力，在国庆、春节黄金周等假日期间，景区多次位列全国人气景区前列，其观光游览旅游具有持续性发展动力。

（二）休闲度假模式

1. 模式概况

休闲度假旅游是利用假日外出以休闲为主要目的和内容进行精神和身体放松的旅游方式。中国经济社会发展使得旅游方式正在从观光旅游转向以休闲、放松和娱乐为主的休闲度假旅游。浙江省地处长三角区域，本省及周边省份经济发展和人民生活水平较高，休闲度假旅游蓬勃兴起。

浙江省当前正在积极利用其优越的山水生态旅游资源积极发展休闲度假旅游，浙江省的国家级旅游度假区和省级旅游度假区都是这种模式，其中以国家级旅游度假区湖州太湖旅游度假区和省级旅游度假区淳安千岛湖旅游度假区是这种模式的典型代表。

2. 模式特征

浙江山水生态旅游的休闲度假模式主要有以下特征：

（1）通过修复生态旅游资源，再利用生态旅游资源发展休闲度假旅游来替代传统工矿涉污产业。浙江多地早期重点发展工业和采矿等产业，虽然收获了经济效益，但是给生态旅游资源带来一定程度破坏，随着经济发展水平的提升和习近平总书记"两山"重要思想的应用，浙江当前正在着力修复生态旅游资源，再利用生态旅游资源发展休闲度假产业，借助休闲度假产业来获取经济效益，当前已取得显著成效，形成了生态旅游资源修复与保护和社会经济发展良性循环的发展态势。

（2）坚定保护尚未破坏的优质生态旅游资源，利用生态旅游资源发展休闲度假旅游。浙江当前拥有一些尚未破坏的优质生态旅游资源，这些优质生态旅游资源通常分布在经济相对落后区域，这些区域面临经济发展压力，为了缓解发展压力，浙江省采取不对其所在县域进行 GDP 考核等强力措施来坚定保护优质生态旅游资源，同时想方设法利用优质生态旅游资源发展休闲度假旅游产业来带动当地经济可持续发展。

（3）浙江山水生态旅游发展的休闲度假模式主要发展载体是旅游度假区。浙江旅游度假区基本都是依赖于山水生态旅游资源而设，同时旅游度假区这种载体充分包含休闲度假旅游的多项功能需求。截至 2016 年底，除了杭州之江国家级旅游度假区、东钱湖旅游度假区、太湖旅游度假区、湘湖旅游度假区四处国家级旅游度假区，浙江目前还有 38 家省级旅游度假区（具体名录参见表 3-2），一方面，由于地处长三角经济发达地带，休闲度假客源市场容量很大，另一方面，浙江省旅游度假区特色显著，很好地对接了旅游市场需求，当前浙江省旅游度假区正在蓬勃发展中。

表 3-2　　　　　　　　浙江省省级旅游度假区名录

载体类型	名录
省级旅游度假区	淳安千岛湖旅游度假区、临安清凉峰省级旅游度假区、镇海九龙湖省级旅游度假区、宁波松南山旅游度假区、宁海森林温泉省级旅游度假区、浙江省文成天湖旅游度假区、泰顺廊桥—氡泉省级旅游度假区、西塞山旅游度假区、长兴太湖图影旅游度假区、安吉灵峰旅游度假区、嘉兴湘家荡旅游度假区、嘉善大云温泉省级旅游度假区、海宁盐官旅游度假区、九龙山旅游度假区、乌镇石门旅游度假区、浙江省会稽山旅游度假区、浙江省绍兴市柯桥区鉴湖—柯岩旅游度假区、五泄旅游度假区、上虞曹娥江旅游度假区、嵊州温泉旅游度假区、金华仙源湖旅游度假区、浙江省武义温泉旅游度假区、磐安云山省级旅游度假区、兰溪旅游度假区、东白山省级旅游度假区、常山三衢湖旅游度假区、开化钱江源省级旅游度假区、龙游石窟旅游度假区、省级舟山群岛定海国际旅游度假区、省级舟山群岛普通国际旅游度假区、台州绿心旅游度假区、浙江省神仙居旅游度假区、临海牛头山旅游度假区、丽水瓯江风情旅游度假区、遂昌黄金旅游度假区、松阳田园风情省级旅游度假区、云河湖省级旅游度假区、景宁畲族风情旅游度假区

3. 典型案例

（1）湖州太湖旅游度假区。湖州太湖旅游度假区位于湖州市区北部、太湖南岸，行政区划总面积55.3平方公里，下辖仁皇山街道、滨湖街道和长田漾湿地管理处，22个行政村、8个城市社区，总人口约10万人，是集旅游、购物、休闲、度假、居住为一体的首批十七家国家级旅游度假区之一，是湖州滨湖大城市建设重点打造的滨湖新区。

2006年8月，时任浙江省省委书记习近平同志来湖州调研时，提出了"绿水青山就是金山银山"的南太湖中心开发思路。十多年来，太湖旅游度假区在省委市委及各级政府的坚强领导下，"举太湖旗，打太湖牌，做太湖文章"，在大力推进开发建设、繁荣发展旅游的同时，稳步推进南太湖水环境综合治理与保护，始终坚持保护与开发、整治与利用的有机统一。累计投入40多亿元，实施了生态修复、岸线综合治理、污染源整治、渔民居住上岸、湖面清源保洁、基础配套等六大工程，搬迁关闭了全部涉污工业企业，把生活在湖边的渔民全部搬迁上岸，高标准建设了污水处理厂、污水管网等一大批基础配套项目，沿岸沿线得到全面整治，南太湖水质常年保持Ⅲ类水标准。

旅游建设方面，在"规划引领、项目为王、生态优先、一流服务"发展理念的引领下，高起点、高标准引进建设了总投资50亿元的黄金湖岸景区，包含投资18.5亿元的超五星月亮酒店、太湖温泉水世界、渔人码头、游艇俱乐部、雷迪森度假酒店、亲水广场平台等，另外还开发建设了27洞的山地温泉高尔夫球场、古木博物馆、奥特莱斯名牌折扣店等一批重大休闲旅游项目。总投资120亿元的太湖鑫远国际健康城、总投资50亿元的湖州影视城、总投资36亿元的发现岛主题乐园以及长田漾湿地公园等一大批重大项目正在快速建设推进中。滨湖休闲旅游服务功能不断完善，2016年旅游人次突破610万，是目前国内发展最快、最具潜力的休闲旅游度假区之一。

湖州太湖旅游度假区是习近平总书记"两山"重要思想在浙江的实践应用，是先修复生态旅游资源再利用生态旅游资源来发展休闲度假旅游的典型案例。旅游度假区成立之前，部分涉污工业发展使得南太湖水资源污染严重，蓝藻泛滥，为了恢复生态，并保持经济活力，湖州通过休闲度假模式将业已污染的湖泊型生态旅游资源修复成优越的生态旅游资源，并对恢复了的"绿水青山"资源开发利用，形成旅游经济和生态旅游资源保护协调发展的良性态势。当前，湖州太湖旅游度假区已成为长三角地区知名的集旅游、购物、休闲、度假、居住于一体的旅游目的地之一。

（2）淳安千岛湖旅游度假区。淳安千岛湖旅游度假区位于浙江省杭州西郊的淳安县境内，东距杭州129公里，西距黄山130公里，是"杭州—千岛湖—黄山"这条名城、名湖、名山黄金旅游线上的一颗璀璨明珠。它与杭州西湖，安徽黄山、西递宏村、江西婺源、三清山、福建武夷山等国家级风景区构成了一个有机的旅游网络，淳安千岛湖旅游度区处于浙赣皖区域旅游合作体的中心部位，上海、江苏、安徽、江西、福建等多个地区大中型城市都可一路高速直达度假区。

千岛湖湖区面积573平方公里，等同于3000个杭州西湖，因湖中1078个芊芊翠岛而得名，拥有178亿立方米的水体，水体能见度常年保持在9—12米，属国家一级水体，被誉为"天下第一秀水"。千岛湖以"千岛、秀水、金腰带"①为主要特色。这里的岛屿犹如碧玉翡翠，小的似螺黛一丸，大的则是碧岫千寻，娴静如玉，似笋似筍；它的水如揭去面纱的少女，明眸皓齿，柔情依依，展露了秀水真容；它的腰带就像在翡翠上镶了一圈金边，在太阳的照耀下，光芒四射，耀眼无比。经过二十余年的跨越式发展，千岛湖品牌日益响亮，相继获得了首批全国重点风景名胜区、国家5A级旅游景区、全国青年文明号景区、中国十大魅力休闲旅游湖泊等诸多荣誉。

淳安千岛湖旅游度假区高星级度假酒店集群发展，千岛湖开元度假村、绿城喜来登、浙旅温馨岛度假村、万向洲际、滨江希尔顿、润和建国等相继建成开业，而天屿悦榕庄等多家知名品牌酒店也正在建设之中。2016年，千岛湖度假区业已形成10余家五星级的度假酒店群。同时，千岛湖游艇俱乐部、水上娱乐运动中心、自驾车野营基地、山地文化公园等高端休闲度假旅游产品也日益丰富，千岛湖旅游度假区正朝着国际旅游休闲度假胜地迈进。

淳安千岛湖旅游度假区是对优越山水生态旅游资源进行休闲度假旅游开发的典型案例。淳安山水生态旅游资源长久以来都非常优越，在面临经济发展压力的背景下，多年来，一直坚决取缔污染源头，禁止涉污企业存在，其作为"美丽杭州"建设实验区，杭州市于2013年在全国首创取消对其GDP考核，着力鼓励其利用山水生态旅游资源发展休闲度假旅游，目前已形成以高星级酒店集群为核心的多维休闲度假体系，在国际和国内都具有很高的知名度和美誉度，旅游产业体系日趋完整，旅游

---

① 岛屿与湖水相接处环绕着有一层金黄色的土带，称之名"金腰带"。

经济也取得长足发展,2016年,以淳安千岛湖旅游度假区为核心的淳安旅游业共接待游客1266.53万人次,实现旅游经济收入119.83亿元,比2015年分别增长12.89%和14.25%。

(三)高端民宿模式

1. 模式概况

民宿的概念源自日本的"民宿",是指利用自用住宅空闲房间,或者闲置的房屋,结合当地人文、自然景观、生态、环境资源及农林渔牧生产活动,以家庭副业方式经营,提供旅客乡野生活之住宿处所。民宿有别于旅馆或饭店的特质,民宿不同于传统的饭店旅馆,也许没有高级奢华的设施,但它能让人体验当地风情、感受民宿主人的热情与服务、并体验有别于以往的生活。

随着休闲度假时代的到来,以农家乐为主的国内民宿产业蓬勃发展,发展初期,得益于旅游市场快速发展的红利,取得了一定成绩,但是,随着传统中低端民宿产业快速发展,大量同质化的民宿旅游产品供给使得传统民宿产业举步维艰,民宿差异化发展势在必行。基于旅游市场快速增长和长三角地区存在中高端旅游消费市场,浙江省利用优越的山水生态旅游资源发展高端野奢民宿以区别于传统中低端民宿,取得显著成果。

2. 模式特征

浙江山水生态旅游的高端民宿模式主要有以下特征:

(1)高端化。为了区别于以农家乐为主的传统中低端民宿,部分浙江民宿通过邀请国际顶尖设计师进行民宿旅游产品创意和设计,旅游产品总体呈现高端化特征,称之为高端民宿模式。其客源定位于长三角高端客户,并通过"饥饿营销"手法,以产品质量为核心,限定产品供应数量,树立产品品牌形象,以达到其高端化定位目的。

(2)文化性。定位高端仅靠硬件是不够的,高端民宿模式特别重视文化性,除了民宿内部设计富有多元的中西文化,其很重要的特色是倡导人文主义精神,关注客人个性需求,充分维护员工尊严,主张自由平等和自我价值实现,高度民宿通常把客人和员工都统称为家人,充分展示了其人文主义色彩。

(3)生态性。高端民宿接待的多是高端客户,这个群体通常自身素质及人文修养较高,有较强的社会责任感,大多数非常注重对生态环境的保护,高端民宿通过循环节水、就地取材、低碳运营等措施来提升民宿的生态性,迎合了客源群体的心理需求,受到客源群体的认同。

3. 典型案例

湖州德清莫干山"洋家乐"集群就是浙江山水生态旅游高端民宿模式的典型案例。湖州德清莫干山"洋家乐"集群位于以"清凉世界"著称的国家级风景名胜区莫干山。因为"洋家乐"的兴起,莫干山被美国《纽约时报》评为2012年全球最值得去的45个地方之一。"洋家乐"是指在德清的外国人开办的乡村旅游民宿项目,由于是"洋人"经营,所以被称为"洋家乐"。

"洋家乐"已形成集群式发展态势,有裸心谷、法国山居、西坡29、后坞生活、小木森森、隐·莫干、清境原舍、铜管庄养生居、枫华乡村会所、西坞里73号Lodge、香巴拉生态农庄、莫干山万国别墅、三九坞国际乡村会所、莫干山里茶园会所、骑迹山庄等众多特色化高端野奢民宿。"洋家乐"高端民宿虽然价格颇高,但是很受客人欢迎,主要在于其突出了人文、时尚、生态、低碳、环保等理念,满足了中高端客户需求,具体如下:

(1)融入环保生态理念改造农房。租用当地的泥坯房,在不破坏原有房屋框架结构的前提下,围绕低碳环保主题,利用旧原料,根据房子本身的特点进行设计。例如,院子中,老房子拆下来的大梁对半剖开,成了长条桌;大树墩成了圆桌,石磙子一个个叠起来,就是凳子;盖着茅草棚的吧台,全部是用废旧啤酒瓶堆垒起来;墙边散放着农家常见的土罐,是烟灰缸;竹篾编成的是喇叭状的垃圾筒。所有的装饰保留和深化了泥坯房原有的风格和材质,融进新的设计元素,体现出自然和现代感的融合,也表达出主人的原生态理念。

(2) 提倡绿色低碳生活方式。"洋家乐"的低碳、环保特点完全符合国际旅游新潮流,如鼓励游客自己动手做饭,要求节水节电,毛巾不每天更换,不许在室内抽烟,室内装潢及设施强调就地取材,尽量从当地农家寻找旧家具加以利用,或就地取材等等。由民居改建的"洋家乐"还没有空调,夏天一台电扇,冬天装个火炉,烧的是废木料或木屑压成的柴火,门前有蓄水池承接雨水,可循环使用。这些低碳的做法深得老外和崇尚环保人士的赞赏。

(3) 倡导无景点另类健康休闲理念。"洋家乐"休闲度假的人大多是"裸家族",他们的理念就是:放下一切!把自己交给自然,过一种简单的生活,爬山、散步、骑车、钓鱼,或者闭上眼睛,不思考也不说话,静听四周的鸟鸣声、山间的流水声、竹海的摇曳声。传统的旅游方式是大流量的观光,消耗很多的资源,产生很多的垃圾。"洋家乐"经营理念是为了给城市的居民创造一个可以完全放松解压的天然场所,但是并不破坏当地的自然环境,做到人与自然的真正融合。

(4) 当地乡风民俗与西方生态文化融合。"洋家乐"聘请当地人做"管家",请村里的一些妇女来做工。村里的孩子会带前来度假的外国小朋友下河摸鱼、上山摘果。每年3—4月份都会组织外国孩子和当地学生联谊,宣传环保理念,有时在一些节假日举办露天音乐会、烧烤、露营等活动,会邀请村民参加。参加当地农村的民俗文化活动,比如山里盛行的"年猪饭"。春节还特意安排外国客人与农家同乐,过中国春节。每年开展环保志愿者活动,到当地的学校宣传,把国外的环保理念带进来,只有人的意识达到了环保,才能真正保护好环境。

(5) 生态的客源群体。普通农家乐的客源一般都是景点的游客,他们没有自己的客户群,只能依靠景点的游客带动自己的发展。而"洋家乐"不一样,他们都有自己的一批独特的客源,而且已经开始挑选他们的客户群,三九坞国际乡村会所主要的主要客源是外资企业高层和他们的国外友人,自从2008年开放至今,来此住宿的游客已遍布50个国家300多座城市,莫干山里茶园会所的主要客源是长三角地区特别是上海的法国人，骑迹山庄的主要客源是长三角地区一些自行车俱乐部的会员，他们客源群体的共同点是多为长三角地区在外企工作的白领，以国外工作人员居多。客户群体要求"洋家乐"做到低碳环保，同时这些客户又会很注意保护当地的自然环境，形成了一个良性循环。

湖州德清莫干山"洋家乐"高端民宿集群是利用山水生态旅游资源进行旅游开发的经典案例，不仅没有破坏山水生态旅游资源，反而使环保理念深入人心，很好地保护了当地生态环境，另外，其特色化的产品设计创新和高端的服务品质也充分迎合了当下的市场需求。从经济效益上看，它有效地带动了入境旅游市场发展，促进了当地相关产业发展及旅游富民；从品牌来看，它有效地促进了莫干山旅游品牌的国际化，得到了国内外广泛认可。

（四）健康养生模式

1. 模式概况

健康养生包括休闲度假、疗休养、运动保健、高端养老等内涵，随着经济社会发展和老年社会到来，健康养生旅游将是未来旅游业发展的一个重大主题，浙江众多山水生态旅游资源不仅具有良好的宜居环境，而且还有很多可以食疗、药疗的养生资源，利用优越的山水生态旅游资源发展以健康养生为主题的旅游产业是浙江山水生态旅游的一种新模式。

2. 模式特征

浙江山水生态旅游的健康养生模式主要有以下特征：

（1）健康养生模式对于山水生态旅游资源优越程度依赖度高。相比较于其他模式，山水生态旅游资源是否足够优越对于健康养生模式更为重要。疗休养、高端养老等健康养生客户群体看中的就是优质的空气、山水、森林以及周边的生态环境。

（2）健康养生模式对医疗服务配套要求高。健康养生模式仅仅提供旅游硬件配套和旅游软件服务是不够的，疗休养、高端养老等健康养生活动应要配备较高水准的医疗服务配套，这种医疗服务配套包括急救服务、健康咨询服务、诊疗服务，甚至包含美容美体等服务。

(3)健康养生模式盈利点较多。健康养生模式下，客源群体逗留时间较长，而且能够来消费健康养生服务的客源群体收入水平较高，除了相关旅游服务和医疗可以收费，相关养生产品和置业销售也是其重要的盈利点。依托山水生态旅游资源的健康养生模式未来将会造就一个收入丰厚的产业。

3. 典型案例

台州仙居神仙居旅游度假区是这种模式的典型案例。神仙居省级旅游度假区地处浙东南沿海台州市西大门仙居县的中部，浙江省中心镇白塔镇境内，位于台州与温州、丽水、金华三市的交汇处。度假区于2003年经省政府批准设立，位于仙居县白塔镇集镇区和神仙居景区、景星岩景区、淡竹原始森林景区的核心地带，台金、诸永两条高速公路及新35省道在此交汇，交通便捷，具有良好的生态资源和区位优势。

旅游度假区总体目标定位：通过开发建设，将其打造成面向长三角地区的特色乡野度假目的地、养生宜居置业地、服务业集聚区和仙居县旅游集散中心。度假区规划面积为10.1平方公里，以"一山、两库、三水"、优美滩林、原味乡野、宜居坡地为基础，以休闲度假、运动保健、健康养生为主要特色，分游客服务中心区、山谷风光区、田园观光区、户外健身运动区、高迁古村展示区五大功能区块，总投资约150多亿元。游客服务中心区是度假区的核心服务基地，承担旅游集散功能，将建游客中心大楼、生态停车场、人工湖、水上演艺、风情水街、星级酒店等，满足游客吃、住、行、游、购、娱等要求。山谷风光区主要为游客提供山谷农业观光旅游、休闲养生、高端酒店、旅游置业、户外运动等服务。田园观光区主要为游客提供农业观光旅游、户外休闲度假、乡野运动等旅游综合服务。户外健身区主要是将运动休闲和健康疗养相结合，建设成为旅游度假休闲疗养、健康体育运动基地。高迁古村展示区主要是对高迁古村作进一步修缮和保护，完美展示古村的原始风貌，给游客提供一个体验江南古民居和耕读等民俗的游览胜地。

神仙居，顾名思义，神仙居住的地方，其间山水风光大美，生态环境绝好,通过健康养生模式利用此间山水生态旅游资源来发展山水生态旅游恰到好处。健康养生模式发展山水生态旅游具有显著的经济效益,不仅扩大了旅游投资,也吸引了大量游客前来休闲度假、疗休养、运动保健、高端养老,同时带动了相关养生产业的发展,例如台州铁皮石斛产品的热销;另外,也具有显著的社会效益,促进了当地就业,在一定程度上实现旅游富民。

(五) 运动休闲模式

1. 模式概况

运动休闲是一种健康的生活方式,既享受运动的快感,又体验了休闲的愉悦,越来越受到商务人士和年轻人士的喜爱,山水生态旅游的运动休闲模式指借助于山水生态旅游资源开展包括高尔夫、赛车、骑行、徒步、滑翔伞等体育运动活动的一种山水生态旅游发展模式,其寄情于山水生态旅游资源的运动活动项目作为旅游业发展的核心旅游吸引物。

2. 模式特征

浙江山水生态旅游的运动休闲模式主要有以下特征:

(1) 运动休闲模式对山水生态旅游资源依赖度不高。运动休闲模式总体上对山水生态旅游资源的优越性依赖度不高,客源群体更多关注的是运动休闲活动。

(2) 运动休闲活动的创新性至关重要。山水生态旅游资源作为衬托,运动休闲活动是核心,运动休闲活动的创新性至关重要,不仅体现在运动项目类型创新,更重要的运动项目活动内容的新颖度和丰富度。

(3) 运动休闲模式客源群体相对明确。运动项目通常有特定的客源群体,客源群体相对明确,旅游市场营销也相对容易,主要采用俱乐部制、会员制等方式营销。另外,实地调研发现,这类客源群体对钟情的运动休闲项目会上瘾,具有很高的忠诚度。

3. 典型案例

嘉兴平湖九龙山旅游度假区就是运动休闲模式的典型案例。嘉兴平湖九龙山旅游度假区地处江浙沪三省市交会处,距上海、杭州、苏州、宁波等区域中心城市100公里左右，紧靠沪杭高速、杭浦高速、乍嘉苏高速和杭州湾跨海大桥，是长三角经济带的中心区块。1991年，九龙山被林业部批准为国家级森林公园。1998年10月，浙江省人民政府批准建立平湖九龙山旅游度假区，总面积10.12平方公里，开发以山、海、林、岛、滩等资源为依托，不断完善高端运动休闲功能，拓展大众化休闲度假旅游项目，游艇、马会、高尔夫、赛车、赛马、圣岛海钓等运动休闲项目和圣马可假日酒店、亚洲蝶会所、威斯汀酒店等休闲度假旅游项目都业已建成并投入运营，2012年，九龙山旅游度假区被评为浙江省首批运动休闲旅游示范基地，时至今日，已成为浙江省内独一无二的高端运动休闲型旅游度假区。

九龙山的山并不奇秀，海也不蔚蓝，但是九龙山正以运动休闲王国的新品牌呈现在世人面前，并广受赞誉，重要原因在于利用山水生态旅游资源开展运动休闲旅游，并以高尔夫、马会、游艇、跑马、赛车、航空等高端运动休闲项目为主导，把这些"高大上"的运动休闲项目打造成为九龙山山水生态旅游的核心吸引物。同时，九龙山利用这些多维的"高大上"项目，成立各种类型的俱乐部汇集人气，度假区每年都会举办国际马球赛、高尔夫邀请赛、速度赛马、帆船比赛以及国际论坛等活动，成为国际交流和合作的有效平台。

九龙山旅游度假区通过多年的特色化开发建设，经济、社会、生态和品牌效益显著。2016年，平湖市旅游局和九龙山旅游度假区管委会合署办公之后，以九龙山旅游度假区为核心的平湖旅游，全年接待旅游人数760.93万人次，实现旅游综合收入79.38亿元，同比2015年分别增长13.78%和16.26%。就业方面，度假区提供了包括管理、草坪养护、环卫、保安等工作岗位，当地老百姓就业渠道进一步拓宽。生态环境保护方面，度假区投入巨额资金开展保滩、围堤、防台防汛、景观改建、园林绿化等，大大改善了度假区生态环境。

（六）宗教朝拜模式

1. 模式概况

宗教朝拜模式是借助于宗教作为核心吸引资源吸引信徒或游客来发展山水生态旅游的一种模式。

2. 模式特征

浙江山水生态旅游的宗教朝拜模式主要有以下特征：

（1）宗教作为吸引信徒和游客的核心吸引资源。该模式虽然不依赖于宗教产生旅游收入，但却依赖于宗教作为核心吸引资源招徕信徒和游客。

（2）旅游收入主要依赖山水生态旅游。宗教招徕信徒和游客，再通过发展山水生态旅游来服务于信徒和游客以获取旅游收入。

（3）知名度高。宗教朝拜模式下山水生态旅游在海内外知名度较高，因宗教而山水名，普陀山、天台山等山水生态旅游资源在国际上知名度很高。

3. 典型案例

浙江省宗教圣地众多，有很多借助宗教资源发展山水生态旅游的成功案例，其中台州天台县天台山风景名胜区就是利用宗教朝拜模式来发展山水生态旅游的典型案例。

天台山国家级风景名胜区坐落于浙江省东中部天台县境内的天台山，是中国浙江省东部名山。素以"佛宗道源，山水神秀"闻名于世，是中国佛教天台宗和道教南宗的发祥地，又是活佛济公的故里，为"中华十大名山"之一，1992年被列为浙江省十大旅游胜地，2000年底被国家旅游局评为全国首批国家4A级旅游景区，2015年10月，被国家旅游局评为国家5A级旅游景区，是国家级重点风景名胜区。东连宁海、三门，西接磐安，南邻仙居、临海，北接新昌，是驰誉海内外的国家级风景名胜区，绵亘浙江东海之滨，因"山有八重，四面如一，顶对三辰，当牛女之分，上应台宿，故名天台"，以佛教天台宗祖庭、道教南宗祖庭所在地和济公"活佛"的故乡而闻名于世。天台山国家级风景名胜区共分为13个景区：国清景区、赤城景区、佛陇景区、石梁—铜壶景区、华顶景区、百丈—琼台景区、桐坑溪—万年寺景区、桃源景区、清溪景区、开岩—

紫凝景区、寒山湖景区、明寒岩景区和九遮山景区。各景天然成趣，别具一格，各擅其胜，美不胜收。其中尤以石梁飞瀑、华顶归云等景致为最。

天台山国家级风景名胜区内部目前已形成包括住宿、餐饮、观光游览、宗教朝拜、养生保健等功能于一体的山水生态旅游产业体系，是天台县旅游产业发展的重中之重。支撑如此庞大山水生态旅游产业体系关键在于国清景区，该景区内部国清寺是国家级文物保护单位，是佛教天台宗祖庭，也是日本、韩国佛教天台宗的祖庭，在海内外具有广泛的信徒基础，至今，在日韩和东南亚一带仍拥有300多万天台宗佛教徒。每年会有大量的海内外信徒和游客前来拜谒。宗教朝拜不仅带来了信徒客源和游客客源，也增强了天台山在海内外的知名度和美誉度，进一步扩展了游客客源。为了进一步利用宗教朝拜模式来发展天台山山水生态旅游，天台县决定，自2017年5月19日起，浙江天台山国家5A级旅游景区取消国清景区门票，免费向公众开放。

三、浙江山水生态旅游发展的基本经验

（一）贯彻"两山"重要思想，坚持生态保护优先

2005年8月15日，时任浙江省委书记的习近平同志在湖州市安吉县天荒坪镇余村考察时，首次提出了"绿水青山就是金山银山"的科学论断。后来，他又进一步阐述了绿水青山与金山银山之间关系认知的三个发展阶段：第一阶段是用绿水青山去换金山银山；第二阶段是既要金山银山，也要保住绿水青山；第三阶段是绿水青山本身就是金山银山，由此形成了著名的"两山"重要思想。"两山"重要思想系统地阐述了经济建设与生态建设之间的关系，为经济发展和生态保护协调发展提供了理论依据。

"两山"重要思想创立以来，浙江各地把优越的生态资源作为可持续发展的最大本钱，护美绿水青山、做大金山银山，不断丰富发展经济和保护生态之间的辩证关系，在实践中将"绿水青山就是金山银山"化

为生动的现实，成为千万群众的自觉行动。

浙江省山水生态旅游发展的基础是优越的山水生态旅游资源，浙江在发展山水生态旅游产业过程中，坚定贯彻"两山"重要思想，不仅始终坚持生态保护优先的基本原则，更为重要的是想方设法通过发展山水生态旅游产业把绿水青山转化成金山银山，并已在实践中得到应用和论证。

永嘉县楠溪江所在北部山区经济相对落后，当地没有以牺牲楠溪江生态环境为代价发展经济，而是充分挖掘楠溪江水秀、岩奇、瀑多、村古、滩美的独特优势，以楠溪江为串联，以山水生态旅游产业为核心，构建永嘉县"一带两城五组团"型全域旅游发展布局，大力发展山水生态旅游，取得显著成效。2016年全县旅游产业累计接待游客755.62万人次，实现旅游总收入81.61亿元，比2015年增长65.8%，增速位全县所有行业之首。"永远的山水诗、最美的桃花源"也成为永嘉县楠溪江极具号召力的品牌。

丽水莲都区的古堰画乡以美丽的瓯江山水及良好的周边生态环境为依托，建设摄影、美术写生基地，集聚了很多艺术家在当地落户，开展美术创作和作品观赏销售，取得良好的经济效益。另外，类似古堰画乡景区内部必须乘船才能过江入住的古村民宿"小楼"也是别具特色。当前古堰画乡景区也正在积极争创国家5A级旅游景区。不断通过对山水生态旅游形式创新，让一个偏远的乡村小镇成为一个著名的旅游目的地，也是将绿水青山转化成金山银山的典型案例之一。

坚定贯彻"两山"重要思想是浙江省发展山水生态旅游最为重要的理论经验。不仅要坚定修复和保护好山水生态旅游资源，更加重要的是在修复和保护的前提下想方设法将山水生态旅游资源转化成现实的"金山银山"，只有这样，才能形成修复和保护中开发、开发之后再强化修复和保护的可持续性发展态势。

（二）着力打造特色，形成差异化发展态势

山水生态旅游若开发不当，极易让游客产生旅游视觉和感官疲劳，就资源角度来说，浙江省山水生态旅游资源也有雷同性。浙江在发展山水生态旅游过程中，注重对旅游市场细分，积极对接旅游细分市场，着力打造主题特色，形成差异化。差异化不仅仅表现在主题特色型开发模式的差异化，更多的表现在山水生态旅游项目设计的创新性、山水生态旅游产品的精致度以及旅游服务的动情化等方面。

"西塞山前白鹭飞，桃花流水鳜鱼肥。青箬笠，绿蓑衣，斜风细雨不须归。"这首出自唐代隐逸诗人张志和之手的《渔歌子》可谓是家喻户晓，这首诗描述的就是西塞山的绝美风光。为了更好发展西塞山山水生态旅游，浙江省政府于2016年1月批准同意西塞山旅游度假区正式成为浙江省省级旅游度假区。为了避免与浙江省内其他省级旅游度假区项目同质化，同时也要符合西塞山山水文化内涵，西塞山旅游度假区着力强化旅游项目的差异化，引入由华盛达集团投资30亿元建设的原乡蝴蝶小镇项目，该项目作为西塞山旅游度假区的重点项目之一，其最大特色是将建设全亚洲最大的生态蝴蝶馆，该场馆将以包括VR在内的多种形式体验和展示包括斑蝶、粉蝶、凤蝶、环蝶、灰蝶、蛱蝶、弄蝶、蚬蝶、眼蝶等在内的世界范围内知名的多个蝴蝶品种。

即便是同质化的山水生态旅游产品，若能做到极致精致，也是一种高级的差异化。隐藏在杭州西湖秀丽山水中的法云安曼度假酒店和龙井草堂其餐饮产品就特别精致。杭州法云安曼酒店坐落在法云村，位于西湖西侧的山谷之间，天竺古村一侧，北高峰之麓，毗邻灵隐寺和永福寺，面积共计14公顷，有47处居所，全为土夯建筑，以传统建筑工艺修缮一新，砖墙瓦顶，土木结构，屋内走道和地板均为石材铺置，酒店的装潢、摆设既非常别致也极端精致，整个酒店的感觉是古色古香的，粉墙黛瓦，青石涓流，所有的细节都没有现代的金属感。龙井草堂坐落在杭州龙井路鸡笼山，位于风景如画的"龙井八景"旁，一片27亩的江南风格园林，错落布着古朴精致的亭台楼阁，餐厅一共只有八间包厢。英国著名美食作家 Fuchsia Dunlop 在《纽约客》上发表的一篇评论高度赞誉其食材溯源体系之完美，餐厅只按照节气时令供应菜品，食材全部从有机种植的农户直接采购。没有菜单，只有一本采购日记，记录了厨房供货的农民、工匠、菜品等相关信息。客人来吃饭需要提前预订，可以自己选择消费金额的范畴，但吃什么、怎么吃由草堂的厨师来决定。不仅如此，每道菜都有一个相关的典故，每上一道菜，都会有专人进行讲解。餐饮产品具有很高文化性和极端精致度，在大众点评网上，杭州的龙井草堂拥有五星评级。虽然法云安缦酒店和龙井草堂餐厅消费很高，但是由于其极端精致性，形成了无与伦比的差异化，受到客人的青徕，旅游产品几乎都要预订。

  旅游服务也是山水生态旅游差异化的关键因素之一，旅游服务动情化正是浙江山水生态旅游发展得以持续发展的重要原因之一。要做到旅游服务动情化，仅靠提高旅游服务标准对服务人员严格要求是不够的，必须要提升旅游服务人员的文化属性和融合属性。隐匿在丽水市遂昌县湖山乡黄泥岭村的躬耕书院，三面环山一面抱水，不通公路，只能靠渡船进出，书院的工作人员多为黄泥岭村村民，文化水平不高，书院在闲暇之余教授工作人员及村民背诵《朱子家训》、《弟子规》，周末召集全村孩子来书院，由专职教员辅导功课并背诵《三字经》等经典国学，长久以来，书院工作人员和村民彬彬有礼，对外来游客称呼老师，旅游服务具有特别的文化属性，外来游客普遍都感受到旅游服务动情化。湖州德清莫干山高端民宿裸心谷特别建设一栋土夯房子展示民宿建成过程，并把建筑工人和服务人员称呼为家人，使他们与民宿融为一体，成为民宿的主人翁，被感动了主人翁也会感动客人，其旅游服务质量显著提升。

  差异化发展是浙江省发展山水生态旅游最为重要的实践经验。同质化对于山水生态旅游发展来说是致命的，山水生态旅游开发的实践中有"宁可不做，也不要同质化"的发展理念。能够有开创性的旅游产品和服务是差异化发展的理想情形，开创性在实践中也是稀缺的，差异化并一定要开创性或者标新立异，细节上的稍许不同也是差异化，因此在山水生态旅游开发过程中，要注重开发具有创新性的旅游产品和服务，同时也要注重旅游产品和服务细节上的差异化。

(三)不断创新经营模式,激发经营活力

由于山水生态资源的国有属性和稀缺属性,多数山水生态旅游开发项目为政府主导经营,尤其是山水生态旅游景区项目。地方政府主导的山水生态旅游项目开发在一定阶段可以更容易集中相关资源,对于发展初期会有显著的积极作用,但是从长远来看,会受到行政行为的过多干预,资源配置效率总体不高,缺乏经营活力。

从市场经济角度来看,山水生态旅游开发应遵循"市场能解决的交给市场解决,市场不能解决的交给政府解决"原则。浙江在山水生态旅游资源开发过程中,正在依据这一原则积极探索,不断创新经营模式,激发经营活力。当前,浙江省山水生态旅游发展除了多为地方政府成立的旅游投资公司主导经营之外,也有国有企业经营、集体经营和民营等,多样化经营模式也激发了山水生态旅游活力,促进了旅游产业发展。

遂昌金矿国家矿山公园位于浙江省丽水市遂昌县东北部,主要由国有企业杭钢集团主导经营,依托美丽山水及黄金矿洞等资源进行旅游开发,公园已开发黄金青年公寓、黄金博物馆、黄金商业街、金池淘金体验区、黄金冶炼观光区、上元茶楼(金都桃花源)、银坑山水库、瑶池仙境、叠翠农家、金艺科普游、金龙穿山游、金窟探险游等旅游项目及生态旅游景点,目前经营绩效良好。

台州市天台县后岸村位于浙江省天台县街头镇,是集体经营的典型案例。村周边山水生态旅游资源丰富,有十里铁甲龙、寒岩夕照、明岩古寺、东海渔夫手记、九遮山等旅游资源,其中十里铁甲龙由数十块天然巨岩排列而成,气势恢宏、极具视觉冲击感。春季的后岸村,大片桃花林蔓延至视线尽头,绿柳垂岸、碧波荡漾,令人恍如世外桃源,晴天视线开阔,令人心旷神怡,雨天云雾缭绕、宛如仙境。后岸村也为唐代"和合二仙"之一——诗僧寒山子的隐居地。经过多年经营建设,后岸村面貌日新月异,农家乐发展如火如荼,可供住宿床位近千个,年接待游客十万余人。后岸村的发展模式也被称为"后岸模式",现已发展成为集漂流、登山、垂钓、观光、采摘、餐饮、住宿及商务接待于一体的

闻名浙江乃至长三角地区的山水生态休闲旅游目的地。

山水生态旅游景区少有民营的案例。金华磐安舞龙峡景区就是一家完全民营的山水生态旅游景区，其由浙江磐安神行旅游开发有限公司投资建设，据企业负责人介绍，采用的还是众筹模式筹资开发，目前经营状况很好。舞龙峡景区已于2016年被评为国家4A级景区，其位于省级风景名胜区夹溪上游，有号称"浙中大峡谷"，地处尖山镇楼下宅村，其山脉属大盘山脉东北分支，河流则为曹娥江水系的夹溪。景区内汇集了潭、瀑、湖、石、山、林等丰富的山水生态旅游资源，而且兼具楼下古宅、城里山大兴国遗址等人文资源，奇、秀、险、静、野特色明显，资源优越性、景观独特性、生态原真性良好，舞龙峡被认定为是我省面积最大、发育最成熟、景观最丰富的台地峡谷地貌，是一个集旅游、休闲、养生于一体，集观瀑、漂流、登高、探险、朝圣祭拜、观光休闲、文化体验、亲水娱乐、极限运动诸多功能于一体的台地峡谷风景旅游胜地。

浙江山水生态旅游发展的一个重要经验就是市场化经营，在对山水生态旅游资源充分保护的前提下，通过市场化来提升资源利用效率、激发经营活力。当前，浙江省部分地方政府在对生态旅游资源利用设立准入门槛的前提下，邀请专业机构利用旅行成本法和意愿调查法等方法积极对山水生态旅游资源进行估价，将其生态旅游资源进行招拍挂，期望最终将其推向市场，进行市场化运作，以获得更高的资源配置效率，这也必然是山水生态旅游发展经营模式的一个趋势。

（四）优化政府机构，提升管理水平

优化政府机构，提升管理水平，对于浙江山水生态旅游发展具有重要意义，在山水生态旅游发展初期和基础设施建设方面，政府作用不容忽视。浙江省在优化政府管理机构和提升管理水平方面都做了有益的探索。

为了弱化政府管理部门的行政机构属性，强化其服务功能属性，浙江部分县区级旅游局（委）采用了更名调整和合署办公等方式来优化政

府管理机构。温州市永嘉县风景旅游管理局更名为温州永嘉楠溪江风景旅游区管理委员会,调整后的名称更加突显对楠溪江这一核心生态旅游资源的功能性管理,同时行政级别提高一级,更加有利于资源整合。平湖市旅游局也与九龙山旅游度假区管委会合署办公,本质上在于弱化平湖市旅游局的行政属性,强化对九龙山旅游度假区的功能性管理。同时,浙江省一共成立涵盖国家级旅游度假区和省级旅游度假区在内的42个旅游度假区管理委员会,进一步突显管理机构专属特性和功能属性。

另外,浙江省通过干部高配直接主管和邀请企业高管来主导地方旅游发展等措施来提升管理水平。温州市文成县旅游发展工作委员主任由县委书记王彩莲直接担任,这对于统筹文成全域山水生态旅游发展具有优势。刚刚退居二线的前任杭州市旅游委员会李虹主任则有多年外企工作经验,其拥有的多国语言能力对于杭州山水生态旅游国际化作用显著。

政府管理对于山水生态旅游前期发展和后期监管都是必要的,浙江在发展山水生态旅游过程中主要有两个方面的经验:一方面是突出政府管理机构的功能属性,弱化其行政机构属性,要充分体现政府管理机构的服务属性,而非上级管理部门的管辖属性;另一方面,通过强化学习培训和高薪高职外聘高层次管理人才来提升管理人员的行政管理和服务水平,坚决避免出现"外行人管内行人"的现象。

四、浙江山水生态旅游发展存在的问题

(一)规划问题

旅游发展,规划先行,尤其是涉及到山水生态旅游资源开发的山水生态旅游,这也是习近平总书记"两山"重要思想的基本要求,当前浙江省各地高度重视旅游规划问题,强化主体功能定位,优化空间开发格局,把它作为实践"绿水青山就是金山银山"的战略谋划与前提条件。但是受制于行政体制等原因,当前多数旅游规划编制和实施或多或少在连续性、衔接性、落地性方面存在问题。

连续性不足体现在政府主管领导换届之后,现任主管干部可能会对前任主管干部制定的旅游发展规划不够认可，致使有规划不落实的现状，有的甚至要求重新编写旅游发展规划，造成重复规划、规划混乱等情况。衔接性不足体现在对各类相关规划和上位规划衔接不足，例如山水生态旅游发展规划与交通规划衔接不够，旅游基础交通规划与交通规划不够匹配。落地性不足，部分山水生态旅游规划追求设计过多"高大上"的旅游项目，不去考虑项目实施进度问题以及项目投融资问题，有的项目无法按时实施完成，有的项目甚至无法真实落地。旅游规划是山水生态旅游发展的纲领，不解决好这些问题将会在一定程度上制约浙江省山水生态旅游的长远发展。

（二）人才问题

浙江山水生态旅游发展不缺资源，也不缺资金，最缺的是人才。主要缺乏三个方面的人才：一是专业的山水生态旅游产品设计人才；二是山水生态旅游项目管理人才；三是基础性的旅游服务人才。

首先，在"产品为王"的时代，旅游产品设计至关重要，浙江当前山水生态旅游产品设计主要依赖于外部技术支持，而产业内部人员设计水平有限。当前，旅游市场需求变化很快，完全依靠外部技术支持的产品设计在落地性和及时性上存在不足。其次，不少山水生态旅游项目地理位置相对偏远，部分中高端管理人才更愿意在城市里工作，不愿去位置偏远地方从事管理工作。最后，基础性旅游服务人才缺乏，尤其是高水平专业旅游服务人才，这是浙江山水生态旅游发展面临的最大问题。当前旅游行业基础性服务人才整体薪酬待遇普遍不高，未来发展空间也缺乏确定性，高水平专业基础性服务人才会因为这些问题不愿从事山水生态旅游相关服务工作，这导致多数山水生态旅游基础性服务人员为当地居民，专业性不高，服务质量提升难度较大。在山水生态旅游快速发展的背景下，大量的人才需求和错位的人才供给结构之间的矛盾将是制约浙江山水生态旅游发展的关键问题，当前山水生态旅游景区工作人员难以招聘、流失率较高的问题已然显现。

（三）服务问题

旅游产业是一个服务型产业，旅游服务是旅游业的根本，旅游行政管理者和旅游从业者都知晓旅游服务的重要性。实践中，浙江山水生态旅游发展存在重项目硬件建设轻服务软件建设、旅游服务质量提升不够持续、旅游服务质量监督管理不严等问题。

第一，当前浙江山水生态旅游处在快速发展阶段，全省在建的依托山水生态旅游资源的旅游度假区规划设计有众多重大旅游项目，投资额巨大，这些项目硬件建设往往都是一流水平，而软件服务质量却跟不上，致使旅游项目失色以及品牌受损，部分是因为人才缺乏的原因，更重要的原因是项目投资方重硬件投入轻软件服务。第二，旅游服务质量提升难、下降易，其提升过程是一个持久性的马拉松式过程，当前呈现出紧一段、松一段的现状，抓就提升，不抓就下滑，旅游服务难以做到坚持不懈地抓，同时服务人员自身职业素质不高和服务意识缺乏使得自我监督能力较差，导致旅游服务质量提升断断续续、不够持续。第三，旅游服务质量监督管理不严。管理部门知道旅游服务质量的重要性，但是碍于中国式情面，往往对导致旅游服务质量下降的行为管理不严，在对全省多家山水生态旅游景区暗访过程中，发现即便是国家5A级旅游景区，游客服务中心咨询服务人员也存在低头玩手机、服务人员对游客咨询缺乏耐心等现象。缺乏好的旅游服务质量，再好的山水生态旅游项目和硬件设施也缺乏生命力，提升旅游服务质量永远在路上。

（四）效益问题

效益问题是浙江山水生态旅游发展中值得关注的一个问题，效益包括社会效益、生态效益和经济效益等。总体上来看，浙江省山水生态旅游发展的社会效益和生态效益比较显著，但是经济效益需要进一步提升。

从社会效益角度来看，大量山水生态旅游项目拉动了旅游投资增长，提供了就业岗位，拓宽了就业渠道，并给当地居民提供了环境优越的游憩场所，丰富了精神文化生活，同时也提升了当地旅游品牌知名度。从生态效益角度来看，浙江省内多地市以山水生态旅游取代了矿业开采、涉污工业等破坏生态的产业，并进行绿化改造，对水体进行治理，生态效益较以往有显著改善。

从山水生态旅游项目经济效益角度来看，不少项目效益不佳，难以做到收支平衡，部分项目存在重投资轻收益的问题，项目经营难以长久维系。浙江省内有山水生态型国家高等级旅游景区多年亏损，靠政府财政拨款维持营运，这种现状对于旅游设施改善和旅游服务质量提升都是不利的。依托山水生态旅游资源的民宿产业快速发展，实际经济效益却不佳。以杭州为例，2016年，杭州大约有3000家民宿，创造了超过10亿元的收入，吸引投资超过7亿元，但是民宿业内有一个说法是，80%的民宿没有实现盈利，更有甚者直言——95%的民宿都在亏损。山水生态旅游项目投资效益必须高度重视，只有项目盈利，产业发展才是健康的，较大规模的经营亏损面对于产业的长久发展是极其不利的。

五、浙江山水生态旅游发展的对策建议

（一）依据《中华人民共和国旅游法》强化山水生态旅游发展规划的连续性、衔接性、落地性

我国《旅游法》第十七条规定，国务院和县级以上地方人民政府应当将旅游业发展纳入国民经济和社会发展规划。国务院和省、自治区、直辖市人民政府以及旅游资源丰富的设区的市和县级人民政府，应当按照国民经济和社会发展规划的要求，组织编制旅游发展规划。根据《旅游法》规定，政府是旅游发展规划组织编制的主体，因此政府编制的旅游规划在执行层面应具有连续性，不能因为人为因素随意变更，即便是修编，也要报批人大通过及备案。

我国《旅游法》第十九条规定，旅游发展规划应当与土地利用总体规划、城乡规划、环境保护规划以及其他自然资源和文物等人文资源的保护和利用规划相衔接。根据《旅游法》规定，旅游发展规划在编制时，需要充分考虑与其他相关法定规划及自然资源、人文资源保护与利用的协调平衡，避免各种规划之间的矛盾。同样，编制其他法定规划时，也要兼顾旅游业发展的需要，以便达到相互协调，共同促进的目的。政府或规划编制单位在编制山水生态旅游规划过程中，应充分学习、理解相关规划和上位规划，力求做到无缝衔接。

我国《旅游法》第二十二条规定，各级人民政府应当组织对本级政府编制的旅游发展规划的执行情况进行评估，并向社会公布。据《旅游法》规定，政府要对旅游规划是否落地及执行情况进行考核、评估、公布，旅游规划重在落地，坚决避免"旅游规划，墙上挂挂"的现象出现，强化旅游规划落地性，一方面要重视旅游规划前期编制的科学性，另一方面要重视旅游后期实施的执行性。

（二）优化旅游人才培养结构和培训模式，健全旅游人才补贴制度和奖励措施

第一，优化山水生态旅游人才培养结构。实用的旅游人才主要包括中高端的产品设计人才和基础性的旅游服务人才，因此一方面通过强化多元专业硕士博士教育（例如人文地理、园林设计、旅游管理等专业）并结合实践来培养中高端的产品设计人才，另一方面大力发展旅游职业教育来培养基础性的实操型旅游服务人才，建议弱化既缺乏理论研究和产品创新能力、又不愿从事基础旅游服务工作的旅游人才培养。

第二，优化山水生态旅游人才培训模式。基于很多山水生态旅游人才并非科班出身的现状，建议对部分优秀的基础性服务人才每年组织一次较为系统化的人文素质和旅游服务技能提升等方面脱产培训，而非开展零星缺乏实效的讲座报告式培训，培训过后的优秀基础性服务人才通过干中学、传帮带来培训其他非科班出身的基础性服务人才。

第三，健全山水旅游人才补贴制度和奖励措施。发展山水生态旅游具有一定的社会效益和生态效益，从福利经济学角度看，其具有正外部性，理应给予其补贴，对于山水生态旅游人才也是如此。山水生态旅游人才难招和流失率较高的一个重要原因就是薪酬问题，除了建立科学的薪酬体系，建议省级层面给予旅游人才发放专项旅游从业补贴，并形成制度。另外，各地可结合实际情况对优秀的旅游人才给予不同形式的奖励，以鼓励其从事山水生态旅游行业的相关工作，例如杭州市就曾经给予为杭州市山水生态旅游业做出贡献的导游住房奖励。

（三）通过强化旅游服务重要性意识、建立明察暗访制度等多维举措着力提升山水生态旅游服务质量

一方面，强化旅游服务重要性意识。项目硬件建设容易，旅游服务软件建设难，建议旅游行政管理部门和旅游投资经营商不断强化旅游服务重要性意识，要有项目硬件建设和旅游服务软件建设两条腿同时走路才能走得好的意识。实践中，旅游投资经营者在对旅游项目硬件建设投入的同时，也要加大对旅游服务软件建设的资金投入，例如开元酒店集团就投入资金进行旅游服务标准化建设以提升其旅游服务质量，2014年，开元酒店集团作为浙江省两家企业之一入选第二批全国旅游标准化示范单位，其标准化的旅游服务在开元众多依托山水生态旅游资源的旅游度假酒店得到应用，并受到广泛好评。

另一方面，建立常态化的明察暗访制度。浙江省目前很多山水生态旅游景区热衷于游客满意度排名，在这种背景下，游客满意度排名靠前的危机意识淡薄，游客满意度排名靠后的临时抓抓旅游服务质量提升工作，改进措施也缺乏针对性，总的来看，这种方式对于旅游服务质量提升效果比较笼统，且缺乏持续性。另外，浙江省山水生态旅游景区的游客投诉意见簿在部分景区沦为摆设，真正依据意见簿改进旅游服务质量的情况比较少见。建议浙江省对山水生态旅游景区建立常态化的明察暗访制度，尤其是暗访制度，通过暗访可以相对真实地掌握山水生态旅游景区旅游服务质量细节的不足之处，再通过暗访报告的形式反馈给山水生态旅游景区，山水生态旅游景区可以依据暗访报告逐项改进旅游服务，其对旅游服务质量提升具有针对性，效果显著。

（四）坚定进行旅游供给侧结构性改革，提高山水生态旅游投资项目绩效

供给侧结构性改革，就是从提高供给质量出发，用改革的办法推进结构调整，矫正要素配置扭曲，扩大有效供给，提高供给结构对需求变化的适应性和灵活性，提高全要素生产率，更好地满足广大人民群众的需要，促进经济社会持续健康发展。供给侧结构性改革包括优化投资结构、融资结构、产业结构、产权结构、产品结构、分配结构、流通结构和消费结构等方面。

浙江省山水生态旅游发展也要坚定推进旅游供给侧结构性改革，着力提升山水生态旅游投资项目绩效水平，使其可持续性发展。浙江山水生态旅游供给侧结构性改革主要包括旅游投资结构改革、旅游产品结构改革、旅游营销结构改革和旅游消费结构改革四个方面。

首先，旅游投资结构改革。积极优化浙江省山水生态旅游投资结构，结合当下旅游市场对立项的山水生态旅游项目要进行科学评估其项目投资绩效，并进行筛选甄别，审慎对待与旅游市场发展趋势相逆且投资绩效评估很差的山水生态旅游项目。

其次，旅游产品结构改革。对于山水生态旅游产品，不追求多而全，而追求少而精、小而美，注重细节的同时，积极关注旅游市场需求的变化，及时对接旅游市场需求，以"工匠精神"来打造差异化、特色化、品质化的精致型山水生态旅游产品，借以优化旅游产品供给结构。

再次，旅游营销结构改革。浙江省国内旅游抽样调查显示，地缘结构对于浙江省山水生态旅游客源市场，尤其是国内旅游市场具有决定性作用。对于山水生态旅游发展而言，浙江省省内客源是核心，周边省份客源是战略重点，旅游营销重点区域应该是浙江省及周边省份，而非其他区域省份，因此应及时调整旅游营销的客源对象结构。另外，旅游营销方式方面，应弱化推介会、发布会等传统营销方式，强化图片营销、事件营销等新型营销方式。

最后，旅游消费结构改革。强化旅游产业及相关产业中附加值高的产品研发、生产和推广，例如旅游工艺品等，采取措施积极引导山水生态旅游游客增加对这类产品的消费，借以优化旅游消费结构，提升旅游消费水平，进而提升旅游项目绩效。

【参考文献】

[1] 浙江省旅游局. 浙江省乡村旅游发展经典案例 [M]. 中国旅游

出版社，2013.

［2］浙江省旅游局、浙江省体育局. 浙江省运动休闲旅游范例［M］. 中国旅游出版社，2015.

［3］浙江省农村与农业工作办公室. 浙江农家乐休闲旅游宝典［M］. 浙江科学技术出版社，2015.

［4］李跃军. 浙江山水旅游资源特征及利用［J］. 资源开发与市场，2002，（6）.

［5］应向伟. 浙江水利专家解读"五水共治"［N］. 中国科学报，2014-03-24.

［6］慎海雄，何玲玲，张乐. "绿水青山就是金山银山"在浙江的探索和实践［EB/OL］. 新华网，2015-02-28.

（作者：邓进，浙江旅游职业学院）

分论之四：生态旅游产业发展的浙江实践

生态旅游产业是一种既能实现区域经济和旅游产业良性互动、又能维系整个生态平衡的可持续旅游产业，同时产生社会效率、经济效益和生态效益，越来越受到各界关注。浙江省自20世纪90年代中后期开始发展生态旅游，以森林公园、自然保护区和风景名胜区生态旅游起步，至今已发展到以古村落（或古桥或古遗址）、湿地景观、民族风情、宗教文化、生态农业、生态工业等为主题的专项生态旅游，出现传统景区、产业融合（"生态旅游+"）、全域旅游、空间组合等多种发展模式。浙江省一直"干在实处，走在前列"，20多年以来的生态旅游开发实践证明，生态旅游产业对浙江经济的拉动性、社会就业的带动力以及对文化与环境的促进作用日益显现。生态旅游产业作为一种可持续发展的旅游产业发展模式，对浙江旅游产业向深层次发展具有重要意义。本部分在总结其发展的典型模式和总体成效基础上，提炼一套具有重要价值和借鉴意义的浙江经验，并分析了发展过程中存在的问题，最后针对问题提出相应的对策建议。

一、浙江生态旅游产业发展的历史回顾

浙江省旅游业自20世纪70年代末始，至今已有近40年的历史，其中生态旅游产业始于20世纪90年代中后期，至今也已有20多年发展史。多年来，浙江省生态旅游业从森林公园、自然保护区和风景名胜区等形态逐渐转向古村落（或古桥或古遗址）、湿地景观、民族风情、宗教文化、生态农业、生态工业等为主题的专项形态，取得了令人瞩目的成就。根据旅游业发展的总体状况，浙江省生态旅游产业大致可分为孕育萌芽、形成发展和加速提升三个阶段。

（一）孕育萌芽阶段（1978—1994）

1978年，浙江省建立了省级旅游主管部门，正式拉开了浙江旅游发展的序幕。此后，全省各地市先后成立相关旅游管理机构。1986年，浙江省委、省政府将旅游局定位于省政府直接领导的旅游行政管理机构，明确了旅游主管部门的性质。

这一阶段，浙江省旅游业得到了初步发展。1986年，国务院和国家旅游局领导在考察浙江省旅游资源时提出两步走策略：第一步，以杭州为中心保护好现有的自然风光，让西子湖"淡妆浓抹总相宜"，强化吸引力；第二步，扩宽范围，科学规划，旅游经济需考虑宁波、温州、绍兴的开发以及沪、苏、杭三角洲地区和沿海开发区的发展。"两步走"的建议为此后的浙江省旅游战略规划和发展提供了重要指导（中国旅游研究院，2011）。

生态旅游的概念由国际自然保护联盟（IUCN）特别顾问、墨西哥专家谢贝洛斯·拉斯喀瑞在20世纪80年代初首次提出（梁微和徐红罡，2010）。随后，生态旅游作为一种业态，成为旅游业的重要组成部分，浙江旅游界特别是旅游学术界已经开始关注并研究它。在此阶段，旅游景区景点建设开始起步，千岛湖、普陀山、西湖等一批旅游景区景点进入开发建设阶段，浙江省旅游、环境、未来研究三个省级学会在80年代联合召开了旅游开发与生态环境研讨会，提出了旅游开发要遵循生态学原则这一观点（陈仙波和王福英，2003）。1982年，浙江省建立第一个森林公园——宁波天童森林公园，同年千岛湖被列为国家级森林公园和全国首批44处重点风景名胜区之一；1992年，千岛湖被国家旅游局列入"杭州—千岛湖—黄山"名山明水之旅国家黄金旅游路线。浙江省从20世纪80年代初开始进行以生态村、镇为中心内容的生态农村建设，随着城市居民亲近自然和回归田园的需求开始出现，乡村旅游开始萌芽。

到20世纪90年代初，浙江省旅游业已经形成了较为完整的产业体系，生态旅游有所萌芽，衣、食、住、行、游、购、娱等要素齐全，入境旅游和国内旅游均得到较大发展。1994年，浙江省接待国内旅游者达2900万人次，国内旅游收入63.5亿元，接待入境旅游者61.3万人次，旅游外汇收入1.8亿美元，旅游总收入79.1亿元，约占全省GDP的2.9%。

（二）形成发展阶段（1995—2003）

1995年，在西双版纳召开了中国首届生态旅游研讨会，会议由中国旅游协会生态旅游专业委员会组织，它被看成我国生态旅游的一个重要起点（铁铮，2015）。与此同时，浙江省人民政府咨询委员会于1997年12月召开了就如何把浙江省从旅游资源大省建设成为旅游产业大省的专家论证会，在发展旅游产业过程中，生态环境保护理念被学界进一步强化。

这一阶段，浙江省深入开发景区景点，生态旅游不断被挖掘。1995年，绍兴县、磐安县和临安区（2017年撤市建区）被国家环境保护局列为首批国家级生态示范区建设试点；1996年，临安开始从太湖源头起步发展生态旅游，建立临安太湖源生态旅游区，之后全省各地的生态旅游区与旅游项目如雨后的春笋，层出不穷，如磐安县高姆山生态旅游区、嘉善县大云生态旅游区等。以陈仙波为代表的专家在自身主持的省社联重点课题"浙江旅游资源保护与生态旅游开发研究"对全省开发生态旅游的布局和重点又提出了"全省布局，各市有点"的结构模式，即在全省建立天目山旅游区、千岛湖—新安江、富川江旅游生态区、南麂生态旅游区，并确定安吉县龙王山生态旅游区、海盐县南北湖生态旅游区、诸暨市五泄生态旅游区、宁波天童森林公园、普陀桃花岛生态旅游区、仙居生态旅游区、凤阳山—百山组生态旅游区、金华双龙生态旅游区和开化县古田山生态旅游区为各相关市开发生态旅游的重点（陈仙波和王福英，2003）。除了以森林公园、自然保护区和风景名胜区为主要类型的生态旅游之外，以文化为主题的生态旅游也得以发展，1996年，宋代文化主题公园"宋城"对外开放。此外，乡村生态旅游在此阶段上开始进入发展时期，乡村旅游的产品丰富度和质量有了大幅度提升，出现了观光度假、休闲娱乐、现代农业体验、健康抗体等综合性旅游产品。

这一阶段，浙江省确立了旅游业在经济中的基础地位，逐步建成一个档次较高，衣、食、住、行、游、购、娱各项设施配套成熟的旅游接待体系，生态旅游进入形成发展阶段。2003年，浙江省接待国内旅游者达8429万人次，国内旅游收入695.3亿元，接待入境旅游者181.8万人次，旅游外汇收入8.7亿美元，旅游总收入767.5亿元，约占全省GDP的7.9%。

（三）加速提升阶段（2004年至今）

2003年省委、省政府作出了建设生态省的决定，同年5月发布了《生态县、生态市、生态省建设指标（试行）》，要求旅游区环境达标率为100%。2004年浙江省作出建设旅游经济强省的战略部署，出台《中共浙江省委省政府关于建设旅游经济强省的若干意见》，明确指出按照"严格保护、合理开发、持续利用"的要求，科学规划、合理开发利用各类旅游资源，注重保护好生态环境、风景名胜和文物古迹等不可再生资源，走资源节约、生态平衡、可持续发展道路，同年浙江省旅游还实现了国内旅游者超1亿人次、接待境外游者超250万人次的"双突破"。继习近平在安吉余村首提"绿水青山就是金山银山"的重要论断，浙江省进一步将"绿水青山"的优势转化为生态旅游的优势，在全国走出了一条生态文明与生态旅游互动的发展之路。

浙江各地在大力发展生态旅游过程中，该旅游业态的竞争实力明显增强，产业规模迅速扩大，产品质量大幅提升，逐渐成为浙江省经济增长的"新动能"。2009年，"生态旅游年中国行——走进浙江"活动在杭州等地成功举办，当时浙江有1个国家级生态县、43个国家级生态示范区、138个全国环境优美乡镇、2个国家级生态村，生态旅游资源总量位居国内前列。在此期间，浙江省旅游度假区、风景名胜区、森林公园和自然保护区数量快速增长，据不完全统计，2004—2016年期间，省级以上旅游度假区从14家（国家级1家）增加至47家（国家级4家），省级以上风景名胜区从53家（国家级16家）增加至59家（国家级22家），省级以上森林公园从78家（国家级26家）增加至119家（国家级39家），省级以上自然保护区从16家（国家级8家）增加至26家（国家级11家）。此外，古村落（或古桥或古遗址）、湿地景观、民族风情、宗教文化、生态农业生态、生态工业等为主题的产业融合下的专项生态旅游也得到了快速发展（李植斌等，2013）。在科学发展观指导下，全省各地重视引导旅游业的科学发展，先后编制了《浙江生态省建设规划纲要》、《浙江省生态旅游规划》，修订完成了《浙江省旅游发展总体规划》、《浙江省海洋旅游规划》、《浙江省乡村旅游发展规划》等500多个旅游规划。同时，全省还加强旅游市场法制建设和标准化管理，制定了《浙江省旅游管理条例》、《浙江省旅游度假区管理办法》、《浙江省森林管理条例》、《浙江省风景名胜区条例》、《生态旅游区建设与服务规范》等一系列法规规章条例，大力整治旅游市场，推行旅游诚信建设，提升旅游服务水平。

这一阶段，浙江省旅游业作为服务业的龙头产业和国民经济重要支柱产业的地位已经初步确立，生态旅游成为旅游经济的核动力。2016年，浙江省接待国内旅游者达57300万人次，国内旅游收入7600亿元，接待入境旅游者1120万人次，旅游外汇收入74.3亿美元，旅游总收入8093亿元，约占全省GDP的17.4%。

二、浙江生态旅游产业发展的典型模式

浙江生态旅游产业发展模式总体可归结为传统景区型、产业融合型（"生态旅游+"）、"全域旅游"型（混合产业型）以及空间组合型四大类型。

（一）传统景区型生态旅游发展模式

景区型生态旅游模式以旅游景区为空间载体，既追求旅游经济效益，又是产业带重要的生态区。生态旅游景区可分为山地型、森林型、草原型、湿地型、海洋型、荒漠型和人文生态型七大类型，通常有特定景区界限，以环境保护为前提，增设配套设施，完善吃、住、游等服务项目，让游客饱览自然奇观或休闲度假的旅游发展方式。"七山一水两分田"的浙江拥有较好的生态资源优势。自20世纪90年代中后期以来，生态景区旅游在浙江省得到快速发展，主要覆盖山地、森林、湿地、海洋和人文生态五种类型。

山地型生态旅游景区是以山地环境为主而建设的生态旅游区，适于开展登山、探险、攀岩、观光、漂流、滑雪等活动，如兼有"露台之幽静、雁荡之崎岖"的台州神仙居景区、典型丹霞地貌的衢州江郎山景区均属于山地型景区。森林型生态旅游景区是以森林植被及其生境为主而建设的生态旅游区，也包括大面积竹林（竹海）等区域。浙江森林公园建设起步较早，早在1982年就建立了第一家森林公园——宁波天童森林公园，是浙江省生态旅游的最主要形式，截至2016年底，全省建有省级以上森林公园119处，经营面积36.5万公顷。其中，国家级森林公园39处，省级森林公园80处。2016年，省级以上森林公园共接待国内外游客6422.79万人次，其中海外游客人数达到76.74万人次，森林公园总收入227.22亿元。由中国绿色时报社《森林与人类》杂志发起的首批37个"中国森林氧吧"评选活动中，浙江省有4处森林旅游景区（浙江玉环大鹿岛、浙江大盘山国家级自然保护区、浙江雁荡山国家森林公园、浙江钱江源国家森林公园）入选，其中因"山顶有湖，芦苇丛生，秋雁宿之"故而山以鸟命名的雁荡山国家森林公园空气、水体等质量均达国家一级标准，主要景区、景点的空气负离子含量每立方厘米达2.6万个，成为人们休闲养生的福地。

湿地型生态旅游景区以水生和陆栖生物及其生境共同形成的湿地为主而建设的生态旅游区，主要指内陆湿地和水域生态系统，也包括江河出海口。浙江省水域风光所占比例也较大，河流和湖泊占总面积的6.4%，4家国家级旅游度假区——杭州之江国家旅游度假区、湘湖旅游度假区、东钱湖旅游度假区和太湖旅游度假区均为湿地型生态旅游景区，西湖名胜、西溪国家湿地公园、"两江一湖（富春江—新安江—千岛湖）"风景名胜区等湿地型生态旅游景区已成为中国江南著名的黄金旅游线。海洋型生态旅游景区以海洋、海岸生物与其生境为主而建设的生态旅游区，包括海滨、海岛。浙江沿海产业带（嘉兴、杭州、舟山、绍兴、宁波、台州、温州等7个地级市形成的沿海区域）是我国富有滨海旅游竞争力的区域之一，包括杭州湾沿海产业带、温台沿海产业带。温州的南麂列岛国家级海洋自然保护区是我国唯一加入联合国世界人类生物圈保护组织的海岛，滨海—岱山岛、桃花岛、秀山岛、洞头列岛等一系列省级风景名胜区都是浙江省滨海旅游开发的代表性旅游地，品牌知名度高，开发层次高，具有带动沿海产业带旅游发展的功能。人文生态型景区在与自然和谐共生基础上形成的，以突出的历史文化等为特色的人文生态旅游区。浙江保护开发了河姆渡文化、良渚文化、吴越文化等地域性、民族性特色文化、影视文化等旅游资源，全面建设宣传"文化浙江"，营造了景区景点特定的文化氛围，如宋城景区、余姚河姆渡遗址、绍兴市鲁迅故乡沈园景区、衢州根宫佛国文化旅游区等。

（二）产业融合型发展模式

1. "生态旅游+农业"模式

生态农业旅游是指依托丰富的海、陆、山、水等地貌和生态资源，使得旅游业与农、林、牧、渔等相关产业的融合互通，因地制宜发展观光、休闲、采摘、餐饮、娱乐、度假、养生、康体等多种形式的乡村旅游业态（乔海燕，2014）。素有"鱼米之乡"之称的浙江，其农业旅游的萌芽可追溯至20世纪90年代。随着杭州等地城市的发展，城市居民开始青睐田园风光，在杭州富阳市率先兴起了垂钓、采摘等初级的乡村休闲活动。2000—2005年间，浙江省生态农业旅游进入发展壮大阶段。随着浙江城市化进程的加快，越来越多的城市居民选择到乡村游览风光和休闲度假，由此步入快速发展通道。从简单的餐饮、住宿、采摘、棋牌向观光度假、休闲娱乐、现代农业体验、健身康体等综合性旅游产品演化（胡胜国，2011）。一些地方开始有意识地举办具有地方特色的农业节庆活动，如象山"开鱼节"、平湖"西瓜节"、义乌"莲藕节"等；一批新的各具特色的休闲观光农业园区随之崛起，如传化大地、藤头生态景区、中南百草原、秀山美地、方圆观光农业园等；新兴的、极具亲和力的采摘果品菜蔬、吃农家饭、品尝特色美食、住农家院、体验传统生活习俗、购买土特产等为特点的休闲观光农业旅游活动逐步具有很强的知识性、趣味性、参与性、互动性，休闲观光农业的内容、形式和文化内涵得以延伸，这标志着浙江省休闲观光农业作为一个全新的农业产业形态、全新的农业旅游业态基本形成（李东生，2011）。

2005年11月，浙江省委和省政府在湖州安吉县召开了首次全省农家乐休闲旅游工作现场会，这标志着农家乐休闲旅游正式纳入各级党委政府农村工作的范畴。随后省委和省政府专门出台了相关扶持政策，制定发展规划，2006年底，浙江省农业厅制定了《关于发展休闲观光农业的意见》；2007年8月，省政府在嘉善召开现场会，对发展休闲观光农业进行全面部署；2008年底，组建了浙江省休闲观光农业行业协会，近90家规模较大的休闲观光农业园区成为会员。通过政府引导和典型引路，浙江省休闲观光农业开始步入规范发展阶段，涌现出大量休闲度假、养生康体、生态观光、现代农业、民俗风情、文化体验等综合体验式乡村旅游精品项目（阮慧娟和吴雪飞，2005）。2000年浙江省仅拥有休闲观光农业区81个，至2005年5月底达到近500个，到2016年，浙江省累计建成各类休闲观光农业园区（点）3818个，带动农民就业21.5万人，接待游客1.5亿人次，总产值达到393.9亿元。浙江省目前已初步形成了以农家乐休闲旅游和古镇古村文化休闲旅游为主体，渔业观光休闲旅游和乡村观光休闲旅游为两翼，新农村特色休闲旅游、运动休闲旅游和中医药文化养生休闲旅游为补充的乡村旅游供给体系。

生态农业旅游是农业和生态旅游业相融合的产物，是一种农业与旅游休闲观光等服务业有机结合、相互带动的农业农村经济发展新业态。浙江省生态农业旅游业的开发模式多样，主要可分为以下7种特色类型：

一是休闲农庄型，主要依托乡村自然风景和环保生态的绿色空间，在原有现代农业园、高效生态农业基地等基础上，兴建休闲娱乐设施满足游客需求。如桐庐巴比松庄园、杭州明朗休闲农庄、慈溪大桥农庄、南浔荻港农庄等，目前浙江的休闲农庄主要集中于绍兴地区（张建国等，2006）。二是农家乐型，以农民家庭为基本接待单位，开展"吃农家饭、住农家屋，干农家活，享农家乐"的旅游项目，档次低于休闲农庄、度假村。如安吉县福镇石岭村的农家乐、西湖区梅家坞的农家乐、上虞市驿亭镇白马湖餐饮垂钓中心、舟山沈家门渔港等，都让游客感受原汁原味的农家氛围，感受农家风情。三是农家园林型，此类型的农家乐以花卉、盆景、苗木为特色项目，吸引游客前来观光、赏景、休闲，并提供农家乐菜品和农副产品等。如余杭香草园、杭州九溪十八涧的茶园、丽水青田梨花村、安吉谈香山千亩薰衣草花海和竹博园等。四是农业园区型，依托浙江省各地的国家级、省级农业科技园区、农业示范园园区和高新农业园区的农业产业，向人们推广展示现代农业的风采。如浙江传化承建的省级农业高新技术示范园区、慈溪长河蔬菜出口创汇有限公司承建的慈溪长河省级农业高新技术示范园等。五是农业产业型，依托浙江的优势农业产业带，挖掘农业景观的生态旅游价值。如衢州依托柑橘（Citrus）产业基地，发展以"周迅家乡，橘子红了"为形象、以柑橘采摘游为主要载体的休闲观光农业，浙江的仙居杨梅（Myrica rubra）节、台州枇杷（Eriobotrya joponica）节、余杭蜜梨（Pyrus communis）节等都是依托传统农业产业发展生态农业旅游的典范。六是集市商贸型，依托各地大中型农副产品集散中心，为游客提供休闲观光和优质农副产品采购等服务。如杭州的中国浙江花木城、新昌县的浙东茶叶商贸城的旅游开发皆为此类型。七是民俗风情型，利用农村、农业的民俗文化、民族文化和村寨建筑吸引游客，并开展节庆活动等项目，代表性的有浙北丝绸古镇、桐乡乌镇、西塘古镇、丽水景宁"中国畲乡三月三"等。

2. "生态旅游＋工业"模式

工业与旅游业的融合根据功能和产生效益的差异可划分工业旅游和

旅游制造业两种类型。工业旅游起源于法国，最初产生于汽车产业，20世纪90年代，工业旅游为政府部门所重视，并逐渐为公众所认识，成为旅游业的一个重要分支。工业旅游包括工业遗产旅游和工厂观光旅游，游客通过了解工业生产与工程操作过程，获取科学知识，满足行、食、游等基本旅游享受和更高层次的精神享受。工业旅游企业则提供集求知、购物、观光等为一体的旅游产品。旅游制造业则指旅游相关产品制造的行业，主要生产用于满足旅游企业经营所需原材料、设施设备以及旅游者出游所需的有形产品（中国旅游研究院，2011）。

作为工业基础相对雄厚的浙江，有着极为丰富的工业旅游资源，如绍兴的江南丝绸之路、天目山的天荒坪抽水蓄能电站、三门核电站的低碳生活、温州的红蜻蜓、吉利汽车的生产基地等等。浙江省工业生态旅游萌芽于20世纪70年代人们对新安江水电站的访问，到90年代形成一批以温台经济、安吉天荒坪蓄能电站为代表的工业旅游项目。2004年国家首批"全国工业旅游示范点"中，浙江占有11家、排名第一；2012年11月，首批16家企业被评为省级工业旅游示范基地，这标志着浙江省旅游产业与工业融合发展取得了阶段性的成果。现今，工业生态旅游作为浙江省鲜明特色的旅游形式持续升温，截至2016年浙江省工业旅游示范基企业数量增加至21家，杭州娃哈哈集团下沙工业园、温州奥康集团和淳安千岛湖农夫山泉生产基地等主要工业旅游企业的游客接待量显著增长。浙江省工业生态旅游产业具有两大重要特征：一是以民营企业为开发主体，二是依托各地的产业集群优势形成地域特色鲜明的工业旅游，如杭州高新技术产业、宁波港口与服装业、台州摩托车与缝纫机制造业、金华传统工业等均具有地域优势产业特征。

制造业是浙江工业经济的支柱，"浙江制造"凭借自身优势在改革开放的浪潮中获得迅速发展，使浙江经济地位在全国不断提升，其中不乏从事旅游产品生产的企业，旅游制造业占制造业的比重越来越大。浙江的旅游制造业不仅涵盖传统意义上的酒店用品、旅游纪念品、旅游服装等，还包括大批旅游装备产品、旅游交通工具、旅游时尚用品等。目前,浙江旅游制造业基地的遍地开花成为浙江发展的一大特色。如富阳倾力打造的"休闲运动之城",其游艇业和球拍制造业远近闻名,拥有"中国休闲运动车"荣誉称号的永康、金华的旅游交通工具、浦江的水晶玻璃制品、台州的环保旅游产品等均蜚声省内外,这些地区的旅游制造业在一定程度的都形成了产业集群和规模经济,拥有较强的竞争力,有利于形成区位品牌。

3. "生态旅游+服务业"模式

旅游业与其他服务业的融合表现为第三产业内部的相互交叉渗透,创新出众多旅游产品和旅游新业态,如表4-1所示。

表4-1 "生态旅游+服务业"的融合类型和表现形式举例

产业融合类型	表现形式举例
生态旅游+餐饮住宿业	餐馆、酒店、民宿
生态旅游+商贸业	商贸会展、商贸城
生态旅游+房地产业	旅游地产
生态旅游+交通运输业	绿道、邮轮、游艇
生态旅游+信息通讯产业	智慧旅游、旅游APP(如飞猪旅行)、酒店管理系统
生态旅游+金融业	旅游电子商务支付、旅游保险
生态旅游+文化产业	文化旅游、宗教旅游
生态旅游+体育事业	运动类休闲度假游(滨海、山地户外运动)、观赛或参赛旅游
生态旅游+医疗事业	康体养生旅游、保健旅游
生态旅游+教育事业	旅游教育培训、修学旅游

浙江省生态旅游产业与其他服务业的融合具有广阔的产业发展空间。从生态旅游与食宿、娱乐、商贸、交通等传统服务业的融合发展来看,"杭帮菜"、茶楼、酒店民宿、嘉兴和义乌旅游商品市场等已经成为浙江省旅游业的核心行业之一。以民宿为例,浙江的民宿经济节节攀升成为浙江旅游大产业中的重要环节,特别是乡村旅游,其主要抓手就在于民宿。目前省内有很多优秀的民宿范例,如莫干山的西坡民宿、松阳的云上平田,都是乡土风情和文化内涵的完美融合。据统计,截至2016年,仅杭州就有超过2000户民宿,产值超过7亿元。为了规范民宿经济,浙

江省还率先以地方立法的形式重新设置了民宿的范围和条件，出台了《关于确定民宿范围和条件的指导意见》，为浙江民宿设立了一道门槛，让浙江民宿彻底告别"野蛮生长"，有利于成为浙江的品牌、全国的标杆。

生态旅游与信息通讯、金融、文体、医疗、教育等高端服务业的融合，不仅可以盘活区域服务业资源与生态旅游业资源的存量，还可扩充资源增量，促进其资本化和增值化。浙江悠久的历史为发展文化产业提供了丰富的文化资源，无论是公共文化服务，还是艺术创作、产业发展、遗产保护，敢为人先的浙江都走在前列。以宗教生态旅游为例，宗教就与名山联系在一起，也就与旅游的关系十分密切。浙江省拥有众多的古刹名寺，如我国四大佛教名山之一的普陀山的普济寺、法雨寺、慧济寺，为佛教临济宗重要门庭和日本曹洞宗祖庭的宁波天童寺，为明朝"天下宗禅十刹"之一的溪口雪窦寺等。浙江省还将宗教生态旅游与森林公园、自然保护区的生态旅游项目结合在一起，现已开发浙东佛教朝拜游、济公故里参拜游等（浙江省发展生态旅游产业课题组，2004）。

随着人们关注和参与休闲生态养生旅游的意识不断强化，孕育并显示出了我国现阶段发展休闲生态养生旅游存在巨大市场潜力。浙江省高度重视生态旅游产品的创新，大力发展养生旅游。武义县在"2009武义·国际养生旅游高峰论坛"发布《养生旅游武义宣言》，成为全国最早提出实施养生旅游新概念的县份之一，随后丽水市提出"秀丽山水、养生福地"的战略，如今一大批养生旅游综合项目正在浙江各地兴起，如泡汤之旅——临安湍口众安氡温泉，修禅之旅——普陀山，"洗肺"之旅——德清莫干山，"仙境"之旅——浙江天台山，养味之旅——丽水庆元、强身之旅——临安大明山高山滑雪场等等。

（三）"全域旅游"发展模式

市场导向的无景区旅游、全域旅游成为浙江省发展生态旅游的又一新亮点。截至2016年底，浙江省19市县先后入选国家全域旅游示范区，随后浙江省又公布了首批"浙江省全域旅游示范县（市、区）"创建名单（25家），其中，杭州市、湖州市、丽水市、舟山市普陀区、台州市的天台县和仙居县等，都是"全域旅游"建设的先锋地带。以杭州市和安吉县为典范分别阐述浙江省"全域旅游"、"块状经济"的发展模式。杭州城区和景区相互融合，山水资源和城市空间布局浑然一体，是中国"全域旅游"的发展先锋。2016年杭州接待中外游客14059万人次，实现旅游总收入2572亿元，同比增长16.87%。杭州旅游的成功主要表现为理念的创新，核心经验如下：一是找准旅游资源核心优势，杭州依托城市水系大做文章，构建了整个城市的休闲旅游骨架；二是弱化传统的景区旅游观念，2002年推出"免费西湖"的旅游创新政策，开始了从"观光城市"到"休闲城市"的产业升级；三是集聚优质的建设项目，提出"旅游综合体"的概念，杭州规划建设的旅游综合体包括西溪湿地、塘栖古镇、休博园、东方文化园、白马湖、径山（禅茶文化）、余杭大美丽洲、良渚文化村等多达50个；四是延长产业链条，丰富全域化旅游产品，如杭州民宿、"杭帮菜"、文化旅游"夜生活"（夜游品牌演艺、夜游项目）等成为发展亮点；五是创新旅游的形式，杭州把对游客有吸引力的中医药馆、农贸市场、居民社区都包装成社会资源参观点，向游客开放，创新了景区景点的外延；六是创新旅游管理体制，如在全国首创旅游部门牵头成立由九个部门组成的市旅游商贸系统等举措。

浙江"安吉模式"已经成为中国美丽乡村的样板，其主要发展经验表现为精品战略，拥有"中国第一竹乡"、"中国美丽乡村"等品牌美誉。安吉是最早发展乡村旅游的县之一，2015年安吉县共接待游客1495.21万人次，旅游总收入175.6亿元，全县发放调查样本总量1000份，游客满意度为86.12，较上两年均有显著增加。安吉模式的核心经验为：一是突出"生态立县"战略，以县域大景区建设为核心，把乡、镇、村作为一个大景点来打造，科学编制系列规划，如《安吉县旅游发展总体规划》、《安吉县旅游标准化发展规划（2014—2020）》、《安吉县休闲旅游业十三五规划》等；二是建设高端项目，全县建成的16个高端休闲项目以及投资总额超过140亿元的休闲带已成为高端休闲项目集聚的高地；三是旅游标准化提升质量，安吉县组织了 30 余项国家标准、行业标准的培训，涵盖全县景区、旅行社、餐饮住宿等各个涉及旅游的行业，制定地方标准 4 项，实施地方标准《特色文化主题饭店划分与评定》、《农家乐经营户（点）旅游服务质量星级划分与评定》、《乡村旅游点服务质量等级划分与评定》、《生态旅游区建设与服务规范》、《果蔬采摘基地旅游服务规范》等；四是大战略引领产业融合，变农业资源为农业资本，在要素重新定价、重新分配中占据主动，并推动乡村旅游从观光型向复合型转型升级，进而使农业在"接二（产）连三（产）"的同时，实现"跨二进三"的重大跨越，围绕品牌推进支柱产业，围绕农业效益实现三产良性发展（张跃西，2013）。

（四）空间组合型生态旅游发展模式

浙江省旅游资源总量丰富，类型多样，但在全省范围内呈大分散、小集中格局，区域特色明显。故浙江省依托生态优势，加强整合区域旅游资源，不断完善与省内外的旅游合作协调机制。浙江省积极参与跨省合作，谋求共赢发展。

第一，深化长三角旅游合作。长三角有中国旅游的"金三角"之称，是国内最早提出旅游区域合作构想的地区，对全国有重要的示范效应。20 世纪 80 年代开始，长三角区域旅游合作开始酝酿，90 年代进入联合阶段，2003 年正式开启旅游合作融合阶段，2004 年安徽与江浙沪三省市正式签署"3 + 1 旅游合作协议"，自 2012 年开始长三角旅游合作每年都会召开一次联席会议。长三角区域旅游合作以共同构建旅游经济圈为目标，不断完善旅游市场合作机制，各省旅游部门定期召开会议，交流信息并设计统一的旅游形象和标志。从 1980 年在无锡召开区域旅游协作会议到 2007 年沪苏浙三地同时颁布《旅游景区（点）道路交通指引标准设置规范》，再到三地围绕"2010 上海世博会"举办一系列市场合作宣传活动，再到江浙沪皖四省（市）旅游局签署的《2016 长三角区域旅游一体化发展杭州方案》，沪苏浙皖四地旅游界经过 30 多年的磨合，在旅游合作方面积累了丰富的经验。长三角区域旅游合作可归纳为 5 类发展模式：一是政府主导型，包括制度安排模式、专题纽带模式、规划引导模式和联合营销模式，如每年举办联席会议商讨合作方案、出台系列发展规划要求展开的旅游合作、2008年联合推出的"相约世博会、畅游长三角"等。二是政府推动型，包括联合体模式、互动型模式和办事处模式，如浙江省旅游交易会在上海和南京举办推广浙江旅游精品、宁波旅游局成立驻上海办事处等。三是企业主导型，包括景区主导模式、旅行社主导模式和酒店主导模式，如杭州西溪湿地与上海的"Thata's Shanghai"媒体合作在上海高星级酒店内摆放景区宣传单、公交车上打广告以及成立上海办事处、连锁酒店自身业务在长三角区域内的扩张等。四是行业引导型，依赖于旅游协会拥有的规模庞大的会员数量，促进会员之间团结、联合与协调，成为政府与企业之间的桥梁与纽带。五是项目驱动型，如由上海市牵头，浙江省和江苏省组织旅行社行业积极参与的"世博之旅"专项旅游线路产品设计活动，精选了55个产品作为"世博之旅"线路和96个世博主题体验之旅示范点，其中包括都市风情游、乡村休闲游、历史建筑游等各类产品（朱红兵和冯翔，2014）。

第二，加强与周边省份的旅游合作。浙江省主动加入与其他省市区的开放合作，加强与安徽、福建、江西等邻省的旅游合作。2015年由浙江省牵头，浙皖闽赣共同联手创建了"国家东部生态旅游实验区"，拟划定四省16个设区市、超过100个县（市、区）、总面积近22万平方公里为实验区范围，把实验区定位为"打造国家东部生态屏障"、"国际一流的旅游目的地"、"山区生态富民示范区"、"多省合作交流机制创新示范区"，总体发展格局致力于构建"一圈三片五组十线"。国家旅游局已将"浙皖闽赣国家东部生态旅游实验区"并入国家重大区域旅游发展战略，并列入2015年重点区域规划编制计划。预计到2020年，年接待游客8亿人次，人均停留天数达到3天以上，旅游总收入达8000亿元，旅游业增加值占GDP比重达10%以上，农村居民人均可支配收入达1.8万元，城市化率可达60%。

第三，浙江省内各市县区之间的资源整合。2008年，位于长三角地区南翼的杭州、嘉兴、湖州和绍兴等四个城市成立都市圈旅游专委会,联合打出了"绝色江南·吴越经典"的区域整体旅游主题品牌,推出"绝色江南山水游"、"吴越文化经典游"、"滨海休闲度假游"、"水乡古镇风情游"和"都市商务休闲游"等区域旅游概念线路;2010年,商讨编制了《杭州都市经济圈旅游发展规划》和《畅游杭州都市经济圈杭州、绍兴、嘉兴、湖州自驾游攻略》,并以跨海大桥开通为契机,对接上海世博会,加强产品共推,积极开展远程市场联合营销,都市圈旅游品牌的知名度和影响力大幅提升。同时,随着杭州湾跨海大桥、舟山连岛大桥相继建成,浙江东南部已成为我国最具魅力的"黄金旅游线"之一,各地组成联合体专门推出风情滨海体验之旅、诗画山水休闲之旅、古韵江南文化之旅等精品线路。如最早组建的"新天仙配"(新昌、天台、仙居、临海)主打爱情浪漫之旅品牌,"江南仙境游"联合体(龙游、武义、缙云、仙居、临海)以"仙境"共性为主题,浙东南五彩之旅联合体(临海、温岭、乐清、楠溪江、洞头)以浙东南五地各具特色的旅游城市连线而成,海山仙国游联合体(象山、宁海、三门、临海),以环三门湾地域特性为主题。此外,金华也在区域内展开县市合作,共铸"大金华"旅游品牌,充分发挥"浙中三城"的影响力,推出的区域合作线路有"神奇金三角"、"浙中黄金线"、"浙江中西部名山名水线"等(见表4-2)。

表4-2 浙江省三大旅游经济带

旅游经济带	特色资源	覆盖地区
杭州湾历史文化旅游经济带	历史文化名城、吴越文化、古镇、古运河等	嘉兴市、湖州市、杭州市、绍兴市、宁波市
浙东沿海海洋旅游经济带	海洋海岛风情、海天佛国、阳光沙滩等	舟山市、宁波市、台州市、温州市
浙西南山水生态旅游经济带	自然山水、风景名胜、植被生态	金华市、衢州市、丽水市

资料来源:《浙江省旅游资源调查报告》。

三、浙江生态旅游产业发展的总体成就

改革开放以来，浙江省旅游产业呈现出持续快速健康的发展态势，旅游经济强省已经基本建成。浙江省生态旅游经济已经处在全国领先水平，逐步成为省域经济战略性支柱产业，在促进经济绩效、优化环境资源质量、创建产业品牌、带动关联产业融合发展和提升国内外影响力方面成效显著。

（一）生态旅游经济效益显著

浙江省旅游业作为服务业的龙头产业和国民经济重要支柱产业的地位已经初步确立，经济效益十分显著。1994年以来，浙江省旅游经济总收入逐年攀升，发展速度之快令人瞩目，从1994年的79亿元增加到2016年的8093亿元，年均增长高达26.2%，增速高于商贸、物流、文化、商务等其他服务业，增幅亦均高于同期全国旅游业发展水平，旅游经济主要指标位居全国前列。1990—2016年浙江省旅游经济收益增长如图4-1所示。根据国内和国际上对支柱产业的认定标准，一个产业的增加值占GDP比重达到5%就可认定是支柱产业，达到8%则可被认定为战略性支柱产业。据统计显示，2016年浙江省旅游产业增加值3305亿元，对浙江省经济（全省GDP为46485亿元）的综合贡献度达到7.1%以上，相当于全省第三产业增加值（24001亿元）的13.8%，由此可见，旅游产业地已成为浙江省经济的重要发展内容，正逐步向战略性支柱产业演进。

生态旅游作为近十多年来浙江省旅游发展的重要形式，带来的经济效率也十分显著，生态旅游已成为许多地方的"摇钱树"，"开发一个景、富了一个村"的现象不胜枚举。以湖州市为例，自习总书记于2005年在安吉余村提出了"绿水青山就是金山银山"的重要思想起，湖州坚持把"绿水青山"的优势转化为生态旅游的优势，在全国走出了一条生态文明与生态旅游互动的"湖州之路"。到2016年湖州已成功创建8个省级生态旅游区，同时全面构建以"四大模式"、"乡村十景"、"十大产

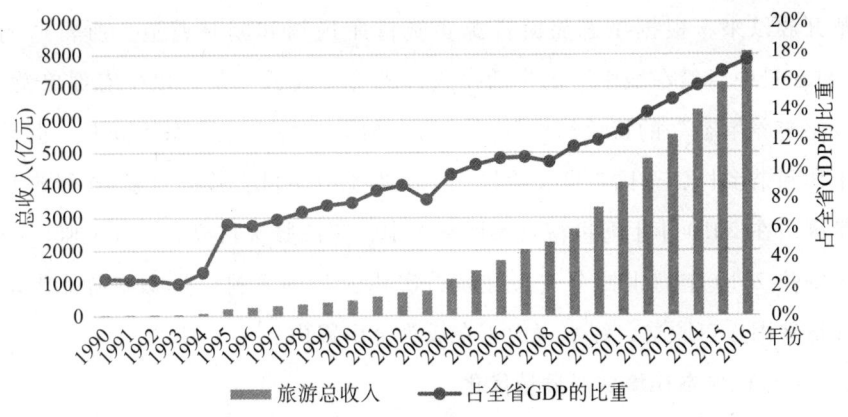

图4-1 1990—2016年浙江省旅游经济收益增长示意图

业"为主体的生态乡村旅游大产业体系,还充分利用太湖流域水污染防治的"零点行动",开展太湖流域水环境治理,大力发展生态滨湖旅游,建成了生态型的国家旅游度假区,逐步形成以生态乡村旅游和生态滨湖度假的两大生态旅游主体产业。2005年,湖州共接待国内游客900万人次,入境游客8.3万人次,十大景区门票收入仅4854万元,实现旅游总收入54.65亿元;到2016年,全市共接待国内游客8750.19万人次,入境游客93.62万人次,实现门票收入8.47亿元,旅游经济总收入882.54亿元(干永福,2016)。

  生态旅游经济效益的提升也同时促进了革命老区、民族地区、边远山区和贫困地区群众的脱贫致富,将这些地区潜在的旅游资源转化为经济优势,成为吸纳农村转移劳动力、增加农民收入、消除地区贫困的有效途径。杭州淳安县、宁波奉化市滕头村等地曾经皆为山地丘陵多、耕地面积不足的穷地方,然而其利用自身丰富的竹林、森林、秀水等生态资源优势,扬长避短,大力创建生态旅游脱贫致富。2015年淳安县接待国内外游客1121.9万人次,实现旅游经济收入101.1亿元,其中森林旅游收入达60.6亿元,居全省第一位,旅游产业辐射带动全县23个乡镇,直接吸纳就业人口10.5万人,农民生产的农副产品直接或间接进入旅游消费市场流通,有力地促进了农村低收入农户的增收致富。滕头村自改革开放以来，根据生态旅游资源实施村庄规划和园林营造，所营造的"村在景中、景在城中"的生活模式，成功实践了一条"以生态促旅游，以旅游养生态"的特色经济发展路径，相继荣膺全球生态500佳、世界十佳和谐乡村、全国首批文明村、中国生态第一村、首批国家4A级旅游景区，在2010年上海世博会参展案例中，宁波滕头村成为世界上唯一一个进驻2010上海世博会"最佳城市实践区"的乡村。生态旅游业带动大量贫困人口脱贫，绿水青山正在成为金山银山。

（二）生态环境资源质量优化

生态旅游建设不仅有利于环境质量的改善，而且较好地保护了森林、水域、湿地、生物等生态资源。根据《浙江省生态旅游规划》，全省生态旅游区分为6个片区：浙北平原水乡景观保护区（重点建设区域包括良渚—运河—古镇文化生态保护带、西湖—西溪湿地景观保护区、钱塘江潮—盐官历史名镇保护区、绍兴古城文化保护区）、浙西低山丘陵生态保护区（重点建设区域包括千岛湖—富春江—新安江水系景观保护区、莫干山—天目山—浙西大峡谷山地生态保护带、衢州西部自然保护区、仙霞岭—廿八都历史文化景观保护区）、浙中丘陵盆地生态保护区（重点建设区域包括兰溪古村落文化保护区、武义—郭洞—俞源人文生态保护区等）、浙西南山地森林生态保护区（重点建设区域包括龙泉—凤阳山—百山祖—庆元生态保护带、仙都—仙居山地景观保护区）、浙东北丘陵沿海生态保护区（重点建设区域包括北雁荡山—楠溪江山水文化生态保护区、溪口—雪窦山特色城镇保护区、河姆渡—三江口—镇海口遗址文化保护区、大佛寺—天台山宗教文化保护区）、浙东南海洋生态保护区（重点假设区域包括南麂列岛海洋生态保护区、舟山海洋宗教文化保护区）。

通过推进生态旅游区的建设，生态环境资源质量得以不断优化。以杭州西溪湿地为例，西溪湿地形成于1600年前，新中国成立后，在"围湖造田"浪潮中，西溪湿地大量被侵占，改革开放以来，随着工业化和城市化的推进，湿地的生态功能进一步退化，河道淤塞、水质变差。近些来，西溪湿地实施综合保护工程，通过加强原生态保护、地形整理、植被配置和生物安全管理等措施，恢复和重建湿地生态系统及食物链，达到了保护和提升杭州动植物生态系统多样性和稳定性的目的，也为各类沉水、挺水、浮水和湿生植物提供了适宜的生存环境。经监测，与2005年数据相比，至2017年西溪湿地的植被植物新增了453种，现为674种；昆虫增加了385种，现为862种；鸟类增加了92种，现为171种；有国家一级重点保护动物1种、二级重点保护动物15种，二级重点保护植物4种，生态适生能力在不断加大。此外，浙江省通过加强水源、自然保护区、森林公园等旅游资源保护，结合"五水共治"等环境治理举措，生态环境状况综合指数连续多年位居全国前列。2015年，浙江全省生态环境质量总体为优（11个设区市中，9个生态环境状况为优，2个为良），全省水质达到或优于Ⅲ类水标准的省控断面占72.9%，目前全省森林面积达9074.8万亩，森林覆盖率达到60.91%，活立木总蓄积量达到3.14亿立方米。

（三）生态旅游产业品牌创建成效明显

30多年来，浙江省一方面不断开发新的旅游产品，另一方面适时调整优化旅游产品结构，实现了从"单一型"观光景区到"多元化"旅游产品体系的跨越，打造了一批从"绿色浙江"到"生态浙江"的旅游产业品牌。提到浙江旅游，早年人们所熟知的局限于以西湖为代表的少数观光景区，如今围绕"诗画浙江"整体品牌，在观光、休闲度假、文化、海洋、乡村、红色、生态等方面积极打造旅游产品品牌（见表4-3）。

表4-3　　浙江主导生态旅游产品品牌

重点产品	产品品牌
观光旅游产品	"山水浙江，人文大观"
休闲度假旅游产品	"闲适浙江，忘情假日"
文化旅游产品	"文秀浙江，雅致本色"
海洋旅游产品	"海富浙江，蔚蓝达远"
乡村旅游产品	"民生浙江，鱼米江南"
生态旅游产品	"纯美浙江，灵净自然"
红色旅游产品	"英华浙江，烽火东南"

资料来源：《2012浙江生态经济发展报告》。

生态旅游品牌遍布全省、数量众多。截至 2017 年 7 月底，旅游度假区品牌：建成国家级旅游度假区 4 个（杭州之江国家旅游度假区、湘湖旅游度假区、东钱湖旅游度假区和太湖旅游度假区）、省级旅游度假区 43 个；风景名胜区品牌：建成国家级风景名胜区 22 个、省级风景名胜区 37 个，如妩媚多姿的杭州西湖国家级风景名胜区、融自然景观和佛教文化于一体的普陀山国家级风景名胜区、以田园山水风光见长的楠溪江国家级风景名胜区等；森林公园：建成国家级森林公园 39 个、省级森林公园 80 个（截至 2016 年底），如素有"海上名山，寰中绝胜"之称的雁荡山国家森林公园、被誉为"天下第一秀水"的千岛湖国家森林公园、历为中国四大避暑胜地之一的莫干山国家森林公园等；自然保护区品牌：建成国家级自然保护区 11 个、省级自然保护区 15 个，如为浙江第一、第二高峰的黄茅尖、百山祖就位于凤阳山—百山祖国家级自然保护区内、为黄浦江之源的安吉龙王山自然保护区、素有"天然植物园"和"大树王国"之称的天目山国家级自然保护区等。此外，浙江还积极打造浙江省山水旅游节、中国·国际生态（乡村）旅游节等节庆品牌。

浙江省持续推进生态城市建设，截至 2016 年底，累计建成国家级生态县（市、区）34 个，国家环境保护模范城市 7 个，国家级生态乡镇 691 个，省级生态县（市、区）67 个，省级环保模范城市 10 个。2009 年，由《浙江日报》和浙江省生态旅游系列宣传活动组委会联合主办，浙江在线协办了"浙江省十大生态旅游名城、名镇、名村、名景"评选活动。活动根据景区、景点的唯一性或典型性、生态旅游规划的科学性、可持续发展潜力、生态设施、资源保护、道路与交通、旅游接待服务设施等方面进行评选，随之产生的知名度和美誉度得到广大提升（见表4-4）。

（四）生态旅游的综合带动功能凸显

浙江省生态旅游产业不但形成厚实的产业基础，而且综合功能全面发挥，催生关联产业融合发展，形成生态旅游与特色产业融合发展的良好局面。改革开放初期，旅游业以外事接待为主，经多年发展，浙江省

表 4-4　　浙江十大生态旅游名城、名镇、名村、名景

十大生态旅游名城	安吉县	遂昌县	温岭市	龙游县	武义县
	江山市	文成县	宁海县	上虞市	诸暨市
十大生态旅游名镇	宁海县前童镇	建德市大慈岩镇	余姚市四明山镇	绍兴县兰亭镇	衢州市衢江区黄坛口乡
	湖州市吴兴区妙西镇	天台县石梁镇	诸暨市枫桥镇	丽水市莲都区大港头镇	上虞市丰惠镇
十大生态旅游名村	奉化市萧王庙街道滕头村	东阳市南马镇花园村	江山市石门镇清漾村	普陀区普陀山镇龙湾村	宁海县桥头胡街道双林村
	安吉县鄣吴镇鄣吴村	吴兴区妙西镇楂树坞村	江山市清湖镇和睦村	婺城区汤溪镇寺平村	嘉善县姚庄镇北鹤村
十大生态旅游名景	淳安·千岛湖旅游度假区	舟山·普陀山风景名胜区	台州·天台山风景名胜区	宁波·东钱湖旅游度假区	缙云·仙都风景名胜区
	湖州·南浔旅游景区	温州·江心屿景区	萧山·湘湖旅游度假区	金华·双龙风景区	诸暨·五泄风景名胜区

资料来源：《2012 浙江生态经济发展报告》。

生态旅游产业初具规模，已形成食、住、行、游、购、娱等较为完善的产业体系。旅游产品从单一的观光向观光休闲多元综合方向发展，涌现出农业旅游、工业旅游、混合产业旅游、海洋旅游、会展旅游等新业态，生态旅游业的发展也直接推动了农业、服装制造、地产、金融、通信、物流、文化创意、医疗等相关行业的协同发展，实现产业的共生效应。截至 2016 年，浙江省星级饭店数量为中国第一，五星级酒店的数量达 79 家。从相关行业情况来看，就农业而言，各地方乡镇依据自然条件和人文传统，开发农事体验游、乡村民俗游、集市商贸游、农产品的采摘、养生农庄、都市农庄等特色生态农业旅游项目，如宁波奉化滕头生态农业游、安吉中南百草园生态农业游、浙江古村落文明游等。与工业融合的情况来看，出现了现代工业生态旅游并渐成趋势，代表性的如安吉的天荒坪抽水蓄能电站，自 1999 年 8 月上水库、下水库开放以来，凭借其独特的山区地貌、优越的地理位置和较高的知名度及良好的社会效益而闻名于国内外。除此以外，生态旅游业的发展还带来了文化产业的繁荣

与发展，出现了多个文化演绎的精品，如"最忆是杭州"（原"印象西湖"）、"宋城千古情"、千岛湖的"水之灵"等，这些文化演艺的精品实现了与旅游的互动。

（五）生态旅游的国内外影响力大幅提升

经过三十年的发展，浙江旅游业无论是产出还是项目数量都排在全国前三位，更是全国生态旅游行业内的领头雁及国际知名的生态旅游目的地。2009年"生态旅游年中国行——走进浙江"活动在杭州等地成功举办，浙江积极打造生态旅游精品项目，广泛宣传，注重消费引导，形成推动生态旅游的良好市场氛围。2008年金融危机期间，生态旅游的"异军突起"一度带动浙江旅游业应对金融危机，成为扮演拉动内需、扩大消费的关键角色。浙江省将杭州、宁波、绍兴、金华—义乌设定为国家旅游目的地城市，分别依据功能定位打造核心旅游产品，建设面向国内外市场的旅游品牌。当前浙江省国内旅游、入境旅游全面繁荣发展，国内旅游情况来看，1990年浙江省共接待国内游客约2000万人次，2016年接待国内游客则高达5.73亿人次，26年间增长了约28.65倍，国内旅游收入增长近400倍（见图4-2）。从国际入境旅游情况来看，1990—2016年间浙江省接待入境旅游人数从约50万人次增长至1120万人次，创汇收入从5000万美元增长至74.3亿美元，如图4-3所示。浙江省与世界各国各地区及国际旅游组织的合作不断加强，积极配合国家总体外交战略，举办了一系列具有影响力的旅游交流活动，旅游外交工作格局开始形成。2015年在舟山召开的国际海岛大会，一炮打响了浙江的海岛旅游；而在乌镇召开的世界互联网大会，则为浙江的"互联网+旅游"更是添了一抹色彩；尤其是2016年举世瞩目的G20峰会召开以后，浙江杭州已经成为国内外游客热门的旅游目的地。如今，浙江省将浙江作为一个大景区进行谋划，从景点旅游推向全域旅游，使之成为国内外更具有影响力的旅游产业重要板块。

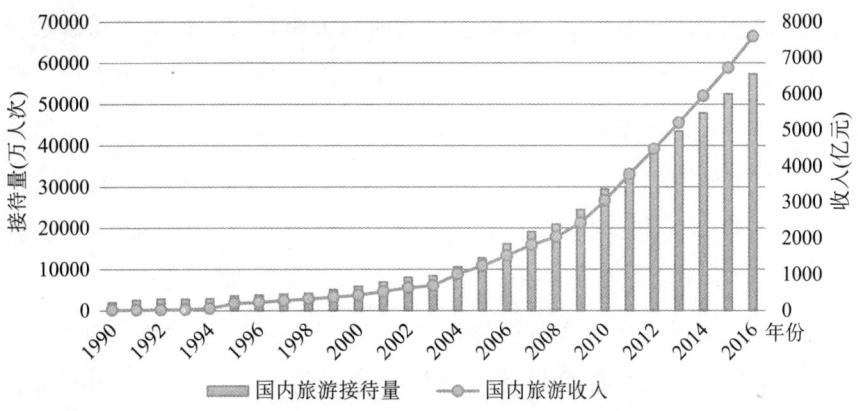

图4-2 1990—2016年浙江省国内旅游接待人次数和国内旅游收入示意图

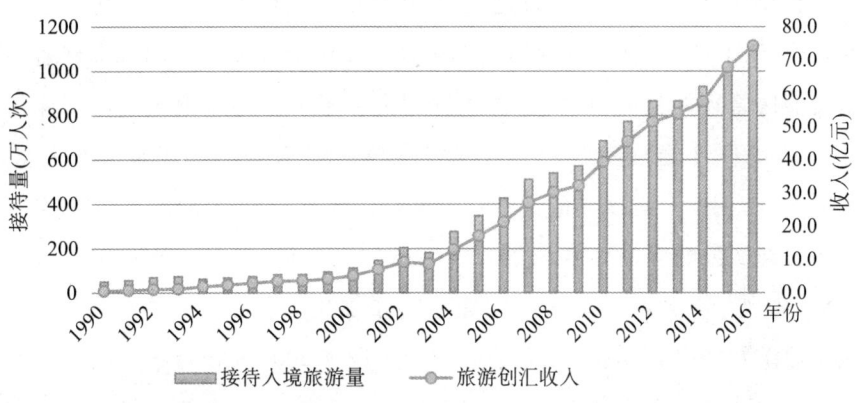

图4-3 1990—2016年浙江省接待入境旅游人数和旅游创汇收入示意图

四、浙江生态旅游产业发展的基本经验

浙江省在生态旅游经济发展过程中,各地依托生态旅游资源优势,积累了独具特色的经验,未来对浙江生态旅游产业的壮大依然具有很好的借鉴意义。在此,概括为以下六大基本经验:

(一)努力构建地方生态旅游法制体系,营造良好的浙江旅游法制环境

健全的生态旅游法制体系是加强生态旅游调控的关键,是有序发展生态旅游的保障。法制体系由法律体系和标准体系两部分构成,为了规范浙江省生态旅游的建设，浙江省一方面积极出台相关的地方旅游法规和地方政府旅游规章，另一方面浙江省旅游局率先制定地方生态旅游区服务标准。随着生态旅游的建设发展，浙江省适时修订相关法规，以确保"依法治旅"有法可依。浙江省第九届人民代表大会常务委员会于2000年12月28日通过《浙江省旅游管理条例》，即日起实施；《浙江省旅游度假区管理办法》于2001年4月12日以浙江省人民政府令第127号发布，自2001年6月1日起施行；2013年《中华人民共和国旅游法》的出台施行促进地方综合性旅游法规启动了新的修订工作，在上位法《旅游法》的基础上，2015年9月25日浙江省第十二届人民代表大会常务委员会第二十三次会议通过《浙江省旅游条例》，新《条例》已于2016年6月1日实施，同时废止《浙江省旅游管理条例》和《浙江省旅游度假区管理办法》。同时，浙江省还出台了一系列专项旅游资源保护法，如1993年通过实施的《浙江省森林管理条例》（2004年修订）、2008年10月1日起实施的《浙江省普陀山风景名胜区条例》、2012年1月1日起实施的《浙江省风景名胜区条例》（同时废止1996年通过的《浙江省风景名胜区管理条例》）等。为了加快生态旅游区的建设和规范生态旅游区的服务标准，浙江省在全国率先于2007年出台地方性的《生态旅游区建设与服务规范》，2007年6月正式实施。《生态旅游区建设与服务规范》将生态旅游区等级划分为生态旅游示范区和生态旅游达标区，该《规范》从资源保护、环境保护、规划建设、经营服务、制度与管理、生态教育、社区共建等方面提出基本要求，并制定了详细的评分细则，检查得分最高为680分，另有加分项目最高为40分，合计得分在600分（含）以上，被评定为"生态旅游示范区"，合计得分在500分（含）以上，被评定为"生态旅游达标区"。《生态旅游区建设与服务规范》的标志、标牌、证书由浙江省旅游标准化技术委员会统一规定，由浙江省旅游标准化研究会负责执行操作。由此，浙江省生态旅游区的服务品质得到进一步提升，增强了旅游吸引力。浙江省各地区也积极制定管理办法，推动当地生态旅游的可持续发展。宁波市政府出台了一系列乡村旅游管理规定和办法，如《宁波市市级农家乐特色村认定办法（试行）》、《宁波市市级农家乐休闲旅游示范点认定办法（试行）》、《宁波市农家乐休闲旅游发展专项资金实施细则（试行）》等。各县（市、区）也纷纷出台了当地的管理办法，规范和促进了乡村旅游的发展。

（二）科学编制生态旅游产业发展规划，保障生态旅游产业有序健康发展

在生态旅游产业的发展过程中，系统编制的规划和科学合理的布局至关重要。浙江省先后编制了《浙江生态省建设规划纲要》、《浙江省生态旅游规划》、《浙江省旅游产业发展规划（2014—2017）》、《浙江省旅游业发展"十三五"规划》等。《浙江生态省建设规划纲要》依据生态环境特点将全省划分为6个生态区：浙东北水网平原生态区（钱塘江河口生态亚区、宁绍平原城镇及农业生态亚区和杭嘉湖平原城镇及农业生态亚区）、浙西北山地丘陵生态区（含天目山脉森林生态亚区，千岛湖流域森林、湿地生态亚区和钱塘江中游森林生态亚区）、浙中丘陵盆地生态区（含浙中丘陵农业生态亚区和金衢盆地城镇及农业生态亚区）、浙西南山地生态区（含乌溪江流域农林生态亚区、瓯江流域森林生态亚区和飞云江流域森林生态亚区）、浙东沿海及近岸生态区（含浙东沿海城镇及农业生态亚区和浙东滨海湿地生态亚区）和浙东近海及岛屿生态区（含浙东北海洋生态亚区和浙东南海洋生态亚区）。为了保证生态旅游的健康发展，《浙江省生态旅游规划》提出建设6个生态旅游保护区，《浙江省生态旅游规划》进一步将全省划定6个旅游生态保护区（浙北平原水乡景观保护区、浙西低山丘陵生态保护区、浙中丘陵盆地生态保护区、浙西南山地森林生态保护区、浙东北丘陵沿海生态保护区、浙东南海洋生态保护区），并分别制订相应的旅游资源、环境保育及旅游开发措施。随后，《浙江省旅游产业发展规划（2014—2017）》要求以"一核两翼五圈多点"为总体构架，着力提升杭州旅游的核心带动作用，大力推进"东扩西进"两翼发展，加快建设浙北、浙东、浙东南、浙中和浙西南五大旅游经济圈。《浙江省旅游业发展"十三五"规划》进一步积极呼应全省"一体两翼"总体框架,围绕"一核两翼四圈多点"的旅游业布局,强调发挥四大都市区在区域旅游发展的主导地位,加快"东扩"发展海洋海岛旅游、"西进"发展生态旅游和乡村旅游,优化空间组织秩序,提高空间运行效率。由此可见,浙江省通过对生态旅游产业的发展战略日益清晰,规划布局亦渐趋合理,在空间上充分体现了全域统筹"一盘棋"。浙江省各地也纷纷因地制宜出台了旅游规划,以便合理开发、找准定位,如《宁波市旅游业发展总体规划纲要》、《宁波市旅游业发展"十三五"规划》、《温州市旅游业"十三五"发展规划》、《湖州市休闲旅游产业发展"十三五"规划》等。为了有序推进乡村旅游,安吉县委托中国环境科学院编制了《生态县建设总体规划》,还编制了生态农业、生态工业、生态旅游、生态文化、生态人居、神态城市六大专项规划,所有乡镇和三分之一的行政村也编制了生态乡镇、生态村建设规划,从开发建设的角度,编制了矿产开发、山林开发、水资源利用等控制性详规,初步形成了横向到边纵向到底的规划体系。

(三)持续改善生态旅游经济发展要素,为生态旅游产业的发展奠定基础

浙江省生态旅游经济的繁荣首先依托于对生态旅游资源的开发和保护。浙江省拥有丰富的生态旅游资源,据百度百科资料显示,浙江省重要地貌景观800多处,水域景观200多处,生物景观100多处,人文景观100多处。由于生态旅游资源和环境具有生态脆弱性和环境敏感性,在生态旅游产业的发展过程中,浙江省避免破坏性的开发性建设,注重资源开发向开发利用与有效保护共赢转变,并且强化治理已损害的生态资源环境,坚持保护优先原则,给生态旅游业的发展打下了坚实的基础。截至2016年底,全省拥有省级以上旅游经济强县30个,省级以上旅游度假区43个,4A级以上高等级景区187个,其中国家级旅游度假区4个,5A级景区14个,数量均居全国第二。此外,浙江省还积极改善其他生态旅游经济发展要素。其一,浙江省提倡培育多元化市场主体,投融资渠道的拓宽为生态旅游产业发展输血、造血注入了资本活力。相比于全国其他地区，浙江省旅游市场投资主体更为多元化，已实现从国有向民营经济为主体、多种经济成分并存的多元投资类型的跨越。旅游业发展初期，基础设施建设和公共服务体系等主要依赖于政府投入，作为我国民营经济最活跃的省份之一，民间资本雄厚，为了吸引浙江省民营企业投资，各地纷纷出台相应政策，引导社会资金流向旅游项目和基础设施建设。新的投资体制打破了过去旅游市场主要依赖政府的旧格局，旅游产品供给者呈现国家、集体、个人、民资、外资一起上的多轮驱动局面。其中，浙江民营经济在浙江省生态旅游产业发展中发挥了十分重要的推动作用。投资旅游业的浙江民营企业大致可分为三种类型：一是以旅游业为主导产业的旅游企业集团，如宋城集团、开元旅业集团；二是以其他产业为主导产业的大型企业集团，如万向集团、横店集团、香溢旅业集团、广厦建筑集团、南都集团控股有限公司等；三是以个体、私营经济为主要成分的股份制公司或股份合作制企业，集社会闲散资金，化零为整，共同开发旅游。据统计，"九五"期间，浙江省民营企业旅游投资总额近50亿元，占总投资的53%；"十五"时期民营企业投资比重提高到60%以上，涌现了开元旅业集团、宋城集团、横店集团等国内著名的民企旅游集团。其二，浙江省生态旅游的快速发展也得益于旅游基础设施的持续改善、日益优化的交通运输。2016年，全省公路总里程11.9万公里，其中高速公路4062公里；共有民航机场7个，完成旅客发送量2628万人，吞吐量5050万人；铁路、公路和水运完成货物周转量9789亿吨公里；旅客周转量1075亿人公里；港口完成货物吞吐量14.1亿吨，其中，沿海港口完成11.4亿吨，内河港口完成2.7亿吨。《浙江省旅游业发展"十三五"规划》指出，未来五年浙江将构建高品质旅游交通服务体系，构建高铁、航空省内1小时旅游交通圈，推动城市公交服务网络延伸到周边主要景区和乡村旅游点，解决"最后一公里"问题；支持低成本航空和旅游支线航空发展，到2020年将争取建成10个以上具有旅游功能的通用机场。浙江还将以举办G20、2022年亚运会为契机，增辟与国际旅游主要客源地城市的航线，争取开辟公海无目的地邮轮航线。其三，浙江省高度重视旅游人才工作。旅游就业人数呈逐年增加态势，据显示，至 2010 年末，全省旅游就业人数超过 310 万，占全社会就业人数的 6.1% 以上，旅游业平均每年新增就业岗位 10 万个以上。至 2010 年，浙江省旅游饭店、旅游景区、旅行社等在岗在编就业 27 万余人，其中大专学历占 20.9%，本科学历占 7.62%，研究生学历占 0.8%；初中级职称人数分别占 21.62%、7.8%；高级职称人数为 2.81%。从类型来看，旅游服务技能人才约 17 万人，专业技术人才约 5.2 万人，旅游管理人才（含企业经营管理、旅游部门行政管理人才）约 4.8 万人。《浙江省旅游业人才发展"十二五"规划》明确提出走"科教兴旅，人才强旅"之路，对旅游人才队伍的规模、素质、结构、类型等提出新的需求。

（四）不断构筑生态旅游的"块状经济"产业组织形态，发挥产业互补优势和集聚效应

"块状经济"是推动浙江省区域生态旅游产业快速发展的重要方式，能产生滚雪球式的集聚效应。空间集聚性是浙江"块状经济"模式下生态旅游产业发展最为显著的特征，这与生态资源基础、地理区位、经济区位密切相关，主要表现为以旅游资源、旅游市场以及人才服务为中心的空间集聚，如浙江宋城、千岛湖、横店等旅游度假和著名景点周围都已表现出空间集聚的特征。生态旅游的"块状经济"模式不仅包含同一行业的聚集，还包括同一产业供应链的集群。以千岛湖为例，千岛湖是新安江水力发电站拦坝蓄水而形成人工湖，因湖内拥有星罗棋布的 1078 个岛屿而得名。千岛湖旅游起步于 1982 年，依托得天独厚的自然生态环境，历经 30 多年的发展，借助"块状经济"模式，成为两江一湖（富春江—新安江—千岛湖）的重点名胜风景区的主要组成部分，千岛湖国家森林公园是上海经济区和杭州的"后花园"。千岛湖旅游产业发展成功主要源于其对旅游项目及配套设施的块状经济模式，从旅游景区景点、项目设施、酒店餐饮等多方面协调发展。千岛湖内有梅峰岛、猴岛、龙山岛、锁岛、三潭岛等主要景点，万向洲际、绿城喜来登、天宇悦榕庄、

滨江希尔顿、开元度假村等十几家五星级的酒店已落户千岛湖,千岛湖游艇俱乐部、高尔夫球场、水上娱乐运动中心、自驾车野营基地、山地文化公园等一大批高端假日产品也日益丰富。千岛湖用产业链夯实块状旅游,形成产业互补的"旅游块状"经济发展模式。

(五) 勇于推动生态旅游的本土化创新,为产业发展提供原动力

浙江省立足于得天独厚的生态和人文资源优势,设计能够凸显本土特色旅游项目。例如,在发展农家乐旅游过程中,浙江注重展示当地的特色,反映当地多彩的乡土文化、纯朴的民俗风情和恬淡的农家生活,不断推进农家乐向主题化、景区型转变,涌现出一批特色主题农家乐:如丽水市遂昌县的温泉养生农家乐,松阳县的摄影主题农家乐,云和县的畲族风情农家乐,莲都区的古堰画乡美术写生农家乐,金华市武义、兰溪的古村落主题农家乐,衢州市的养老养生农家乐,杭州市郊的茶饮休闲农家乐,湖州和杭州的安吉、临安等地的山区健康生态养老农家乐,宁波、舟山、温州、台州的海岛风情、海洋文化主题渔家乐等等。

旅游产业融合发展,是新时期生态旅游创新的重要内容。浙江不断拓展"生态旅游+"的产业融合发展内容和空间,探索创新产业业态,主要从两个方面进行融合发展:一是在旅游直接相关的产业融合发展,如餐饮、住宿、旅游运输、文化娱乐、会展、体液、健康医疗以及旅游装备等产业,横店影视旅游、宋城文化演义旅游、义乌购物旅游等都是较为典型代表。二是与农业、工业、房地产、商业、金融、信息技术等其他产业的融合,由此衍生出农业生态旅游、工业生态旅游、养生旅游等新业态,促进传统产业向生态旅游业态注入新内涵。此外,"把浙江作为一个大景区"进一步强化了融合发展,作为浙江旅游一大亮点的无景区旅游、全域旅游,构建起以旅游为平台的复合型旅游产业结构,推动"小旅游"转向"大旅游"。

政府主导的制度创新进一步推动了浙江省生态旅游产业的快速发展。浙江省各级党委、政府特别是历届浙江省委、省政府充分尊重群众的创新意识,坚持市场取向,大胆推进旅游领域的各项改革。如浙江旅游行政管理体制的改革,率先建立了"风景旅游一体"的管理体制,较好地解决了旅游管理中的部门分割问题;杭州旅委会体制有利于进一步发挥旅游的综合功能。

(六)高度重视生态旅游惠民富民,当地生态旅游资源得以可持续性保护

生态旅游具有保护自然和维护当地居民利益的双重责任。当地居民作为核心利益相关者之一,重视并处理好他们的利益诉求对梳理景区良好形象、景区和谐发展和旅游业的可持续发展尤为重要。浙江省生态旅游建设十分注重保护当地居民利益,积极引导当地居民发展生态旅游经济,从中获取收益。以宁波乡村旅游发展为例,为了有效结合旅游建设,与当地农民利益形成三种典型模式:一是"公司+农户"模式。滕头生态旅游示范区在开发农家乐休闲旅游资源时,充分利用当地农户闲置资产、富余劳动力、丰富的农事活动招揽游客,不仅丰富了旅游活动,而且增加了农户收入。同时,引入旅游公司的管理,对农户的接待服务进行规范。二是"公司+集体+农户"模式。在宁波现代农业生态园等景区建设中,旅游公司先与当地社区(如村委会)合作,再通过村委会组织农户参加农家乐休闲旅游,公司一般不与农户直接合作,但农户接待服务、参与旅游开发则需经过公司的专业培训,并制定相关规定,保证接待服务水平,保障公司、农户和游客的利益。公司、村委会和农户各司其职,公司负责营销宣传、规划培训等,村委会负责选拔农户、定期检查等,农户负责维修自家民居,按规定接待游客等。三是"政府+公司+协会+旅行社"模式。宁海清潭古村落、象牙茅洋民俗文化村采用了此种模式,其中农村旅游协会负责组织村民参与地方戏的表演、导游、工艺品的制作、提供住宿餐饮等,并负责维护修缮各自民居,协调公司与农民的利益。由此可见,三种模式农户都可从生态旅游产业的发展中获取稳定收益。

五、浙江生态旅游产业发展的主要问题

浙江省生态旅游业的发展取得了瞩目的成就,但同时也存在着一系列的问题和阻碍，主要表现在生态旅游经济与生态环境保护的矛盾依然存在、浙江品牌影响力有待提升、生态旅游产品缺乏统筹以及生态旅游人才存在断层等方面。

（一）生态旅游经济发展与环境保护的矛盾犹存

任何产业的开发和建设都需要对一定的自然环境资源进行改变和利用，某种程度上或多或少会破坏自然生态环境。随着浙江省生态旅游发展，该产业旅游数量越来越多，这对生态资源和文化资源的保护而言是一个严峻的挑战：其一，在生态旅游项目的现实开发建设中，虽然采取生态保护措施，但通常陷入获取经济利益和保护生态自然环境的难以平衡困境；其二，部分景区综合接待能力较弱，浙江在"百日整治"期间共整治各类景区759家，排查整治停车场小、垃圾箱破、旅游厕所少等各类问题，若旅游景区内有关环境保护方面的消烟除尘、污水处理、垃圾处理和处置等实施不符合环境保护标准，则不能很好地处理控制污染，或一些人工景点和服务设施的设置不当也会破坏自然景观的和谐等等；其三，旅游产业受季节影响大，到旅游旺季尤其是小长假期间，很多热门景点容纳量的超负荷接待对旅游区的生态系统平衡也造成了损害；其四，由于个别游客道德和生态保护意识的欠缺，冒用年卡逃票、乱丢垃圾、不文明拍照等行为时有发生，对所在地的自然、人文景观造成破坏。

（二）生态旅游的浙江品牌影响有待提升

浙江省虽然有杭州西湖、乌镇、千岛湖等享誉国内外的生态旅游资源，但是全域旅游品牌依旧没有打响，国际旅游知名度比较低。从全省范围看，由于长期缺乏总体策划，许多地方在具体旅游促销行为操作上缺少联合促销的意识，旅游宣传和促销形不成整体合力，不利于全省旅游整体形象的建立。浙江已开始推出了"诗画浙江"这一统一旅游宣传品牌，逐步开展"诗画浙江"大型推广活动，重点推出"人文山水之旅"、"洗肺养生之旅"精品乡村游线以及"听海之旅"、"踏浪之旅"精品旅游线路，这意味着浙江旅游整体营销的触角开始向更大范围延伸，但目前依然处于起步阶段，还尚未实现真正意义上的浙江省域大景区、省域大花园。浙江省还须进一步拓展浙江旅游国内外市场，尤其是扩大其海外影响力、吸引力，推动浙江入境旅游市场发展。截至2015年底，浙江省接待入境过夜外国游客总数为333.96万人，低于北京、上海、广东三地，入境游客中，韩国、美国、日本位居前三，且亚洲国家外国游客占比约40%，欧洲国家游客数量偏少。依据《2016年浙江省旅游大数据半年度报告》数据显示，2016年上半年全省共接待游客3.88亿人次，游客来源地按总数大小排列前三位分别为上海、江苏、安徽。由此可见，不管是国内还是国外游客均主要来自于邻省或就近地区。此外，2015年入境过夜的外国游客平均停留时间为2.57天，大多入境游客仅以杭州游为主，2016年上半年杭州以及西湖景区接待国内游客数总量也高居榜首。这都说明浙江旅游长期主要倚重杭州，扩散效应小于极化效应，旅游辐射网络化程度低，整体形象不突出，资源共享和客源共享度差，区域旅游的分工协作体系不健全。

（三）生态旅游产品缺乏统筹

浙江省生态旅游项目和产品众多，但同质化、低端化产品市场激烈，尚未实现全域统筹"一盘棋"。浙江省"向上"推动"城市生态旅游圈"，"向下"打造"特色风情小镇"、"落地"发展"美丽乡村"。我国旅游产业进入了一个乡村旅游快速发展的新时期，2016年全国休闲农业和乡村旅游接待游客近21亿人次，营业收入超过5700亿元，从业人员845万人，带动672万户农民受益。中国社科院舆情实验室发布2016年《中国乡村旅游发展指数报告》，从乡村旅游发展成熟度上看，浙江省位居榜首。作为实施"美丽乡村"建设最早的省份，截至2016年，浙江共创建国家级休闲农业和乡村旅游示范县20个、中国美丽休闲乡村22个、中国最美田园19个。尽管在"美丽乡村"的建设中种类丰富，但难免有所重合，不少新建农居千篇一律，农宅的风格、色彩、材质趋于一致，乡村民宿一拥而上，同质化严重。以温州为例，据市农旅办统计，截至2015年底，全市有民宿200多家，其中高端民宿（单间价位400—1000元）约占10%，中端民宿（单间价位200—400元）约占20%，低端民宿（价位200元以下）约占70%，永嘉、乐清、文成、洞头、泰顺等地涌现出一大批乡村民宿，同质化、低端化民宿"圈子"已初步形成。由于各区县间的乡村旅游没有形成合力，各地区旅游产品也雷同单一，普遍缺少核心的定位和灵魂，甚至景区之间形成了很强的竞争关系。很多乡村景点的经营模式，不外乎旧庭院建筑、休闲农庄、农业旅游点、生态旅游点等，虽然类型不同，但是功能雷同，基本上都是欣赏田园风光、垂钓、采摘、烧烤、做游戏、吃农家菜等节目，带有深度参与性的活动依旧欠缺。

（四）生态旅游人才断层

随着生态旅游产业规模的不断扩大，既懂生态学和旅游学知识，同时又能正确把握生态旅游内涵的专业人才缺乏。目前，浙江省生态旅游人才队伍主要存在的矛盾可归结如下：生态旅游业规模扩大与专业人才有效供给不足的矛盾，生态旅游业转型升级与生态旅游人才结构性短缺的矛盾，社会对生态旅游服务质量越来越高的要求与生态旅游人才服务能力不足的矛盾，生态旅游业不断扩大对外开放与国际性人才短缺的矛盾。浙江省生态旅游实践尚短，对于生态旅游发展的研究不多，还未形成一套特有的理论体系，对于生态旅游的内涵和外延把握不清，而生态旅游的人才需要独特的生态旅游知识和培训才能保证服务质量，因而随着生态旅游业的快速发展，并没有这方面人才的补充，造成了许多岗位空缺，生态旅游开发、经营和管理等方面人才严重匮乏。尤其是乡村生态旅游，讲解员和导游还不及旅游景点多，大多都是"半路出家"，专业素养低。同时，也缺乏专业服务人员和在当地社区开展环保知识宣传教育的专业人才。评估因生态旅游引起的对生态环境的影响和制定保护措施所需要的生物、地理、气象等领域的专家更是相当稀少。与此同时，浙江目前为止尚无系统的生态旅游人才开发规划和配套政策，对已有的一些人才优惠政策缺乏有效的落实和改进，存在一定的人才流失现象。

六、浙江生态旅游产业发展的对策建议

生态旅游是一项复杂的系统工程，需要政府部门、旅游者、当地居民、行业协会等各相关群体的积极参与和支持配合。浙江省在生态旅游经济发展中，需遵循生态安全和环境保护优先、兼顾合理开发和利用的原则，生态建设产业化，产业建设生态化，走生态旅游经济的可持续发展之路。据此，提出如下几点对策建议：

（一）科学规划，完善管理

科学编制生态旅游产业发展规划。生态旅游产业是一个高度复合型的产业，其不仅涉及食、住、行、游、购、娱等旅游内部的核心行业，同时还与交通运输、信息服务、娱乐、金融业、邮电通讯业、房地产业、会展业、环保等产业相互依托，共存共荣。生态旅游产业链中的生态旅游资源开发产业和旅游要素产业的发展主要依靠政府的政策引导，而营造生态旅游环境的关联产业则主要依靠政府来协调相互之间的矛盾和利益。政府应加强政策引导，合理进行生态旅游产业发展规划。要生态旅游产业得到可持续发展，需要对旅游规划从编制到实施的全过程制定详细的规范和标准，并运用社会、媒体等力量进行跟踪和监督，确保旅游规划在开发旅游资源的同时切实保护生态环境，并且得到有力的实施。生态旅游规划编制之前，要有一支高水平的专业生态旅游产业规划队伍，重视征求当地社区和原住民意见，反复进行可行性论证，对生态旅游资源价值和市场潜力以及开发利用将造成的环境影响进行全面调查评估；规划编制过程中，注意听取各相关利益群体建议适时协调，优先安排用生态保护基础设施的建设；规划编制后，强化规划宣传，统一各方意志，统一行动，严格按照规划要求审批安排建设生态旅游项目，确保建设过程中的生态资源保护。

创新生态区域管理机制。完善各项管理制度，包括现行的各项环境管理制度、自然资源权属管理制度、有偿使用制度和使用权（产权）流转制度、旅游经营管理制度等。理顺旅游管理体制，继续推进浙江省生态旅游资源管理经营一体化体制改革，避免机构重叠、管理重复、政出多门。严格监督检查，加强对旅游区的生态环境检测，及时掌握旅游区生态环境变化，发布生态环境信息。注重景区控制管理，对进入生态旅游区的游客量进行严格控制，检测人们对自然生态资源的影响，保证在景区环境承载力范围之内。

(二) 法治约束，公众监督

建立健全法制体系。应出台《浙江省生态旅游区保护条例》、《浙江省生态旅游管理办法》、《浙江省生态旅游景区服务条例》、《浙江省旅游景区环境管理办法》等保护和鼓励发展生态旅游的新法规、新规章、新标准等，并完善现行地方法制体系。各地区需依照国家及省的法律法规规章等上位法，结合地方情况，制定完善一些地方性法规，促进生态旅游产业的可持续发展。

强有力的保障监督是制度得以执行的关键因素。生态旅游产业的发展离不开群众的参与和监督，但仅仅有群众的参与和监督是不够的，还应强化民间环保组织的监督力度。民间环保组织将《环境保护法》作为自己的行动武器，对一切破坏生态环境的不法行为进行监督，最大程度上促使相关的企业团体和个人用可持续发展理念来规范自身的道德和行为，减少人为因素对生态环境的破坏。为了强化民间组织的监督力度，建议政府加大对民间环保组织及其志愿者的支持和扶持力度，以便民间环保组织能更好地开展活动。

(三) 拓展市场，业态创新

做好全域旅游下的业态创新。形成大旅游产业的空间一盘棋。一是做到全域统筹"一盘棋"。依托浙江"山、水、岛、城"等旅游资源，着力构建"都市旅游"、"乡村旅游"、"海洋旅游"、"文化旅游"中"吃、住、行、游、购、娱"全业态、全过程、全时空的全域旅游产品，以满足游客的全方位体验需求，着力构建"诗画浙江"全域旅游产品。重点统筹优化"一核两翼四圈多点"的全省旅游空间格局：以"杭州"旅游中心城市为核心，实施全域旅游战略，全面推动全省旅游产业发展；实施"东扩西进"发展战略，积极推进东部"海上浙江"海洋海岛旅游业和西部山区"山上浙江"生态旅游业两翼的发展；以杭州、宁波、温州和金华—义乌等中心城市为依龙头构建四大都市旅游经济圈，全面带动区域经济的发展；以各旅游景点为基础，以全域旅游示范区和示范县为载体，积极培育全域旅游目的地。二是通过产业融合实现业态创新。依托区域内特色景点、特色农产品、特色风俗人情，努力构建"农业+、工业+、互联网+"旅游全产业链。大力发展乡村观光旅游、休闲度假旅游、健康养生旅游、文化创意旅游和教育实践体验旅游，积极推进农业与旅游业的深度融合；依托特色小镇、产业集聚区、工业园区等工业集聚平台，以工业生产过程、企业文化、工人工作生活场景、工业产品为吸引物，大力发展工业观光旅游、工业遗迹科教旅游和工业购物旅游，发展工业购物旅游，促进工业与旅游业的深度融合；利用互联网技术和虚拟现实技术，依托浙江省地理信息共享与交换平台，建议谋划建设"诗画浙江"网互联网旅游综合服务平台，为游客提供虚拟旅游体验、景点介绍、线路推荐、旅游购物等统一的互联网在线服务，实现"智慧旅游"。同时，旅游企业积极开展电子商务，实现在线购票、在线酒店预订结算、在线语音导览、移动端景区游览线路等景区互联网消费体验，实现"智慧景区"（王珊珊，2017）。

（四）协作共赢，建设精品

加强区域合作战略。整合周边区域旅游资源，增强综合竞争力。树立政府、企业、居民、游客"四位一体"的全民营销观，全力打造"诗画浙江"全域旅游品牌。建立区域生态旅游协调机制，培育生态旅游写作的市场环境以及区域生态旅游协作监督保障系统，消除不适应区域合作互动的各种政策壁垒，积极推进长三角、浙皖闽赣等旅游一体化，构建旅行社与景区以及旅游饭店的交流互动平台，合力建全旅游营销机制。进一步加强"新天仙配"、"江南仙境游"、"浙西风光精品旅游"、"宁沪杭生态旅游带、环太湖四城市"、"活力浙东南"、"新江南秀丽山水游"、"三门湾滨海之旅合作体"等旅游区域合作联合体的建设，深化省际合作。

（五）资金扶持，多元融资

推动形成"政府投入为导向、企业投入为主体、金融借贷为支撑、社会投资为补充"的产业资金投入机制。其一，创建投融资平台。具体而言，应在政府的率领下着力搭建投资主体多元化、融资方式多样化、运作方式市场化的投融资平台，鼓励大型生态旅游企业或企业集团进入，努力激活民间资金和外资，以突破资金瓶颈。其二，拓宽生态旅游产业的投融资渠道。放宽生态旅游基础设施建设和经营管理的市场准入门槛，积极引导各种渠道的资本合理流入生态旅游产业领域，通过制定互利互惠的生态旅游投融资政策，激发各方面投资主体的积极性。在遵循国家生态旅游产业政策法规划前提下，在一定的生态旅游产品开发领域，坚持"谁投资、谁经营、谁受益"的原则，采取 BOT（建设—经营—转让）、TOT（转让—经营—转让）、上市等融资渠道，吸纳社会资金、企业资金和外资，采取独资、合资、合作、经营权转让等多种形式加快全区生态旅游产业发展步伐。其三，构建特许经营制度。对具有自然垄断性生态旅游产业部类及其相关建设项目，可在一定程度和范围内试行特许经营。其四，善于经营和管理生态旅游无形品牌和无形资产。如对文化旅游产业活动的冠名权采取公开竞标方式，不断拓宽浙江省生态旅游产业的无形资产深度，真正走出一条极富创新而有效的生态旅游产业经营管理路子。

（六）招贤纳才，产教融合

着力培养高素质的旅游专业人才，特别是智慧旅游、乡村旅游等旅游新业态人才，真正成为全省旅游人才的培养基地，服务于地区旅游业的发展。积极引进生态旅游人才，尤其是熟知生态旅游的高级管理人才及能够评估生态环境影响和做好生态环境保护方面的专家（李植斌等，2013）。其一，应充分挖掘海外留学生和外国专业人士的作用。现今，发达国家各个现代旅游部门均有不少中国留学生，他们将带来大量的海外专业服务经验，而这些经验将带动着浙江省旅游行业更快与国际水平接轨。其二，创造性培养生态旅游人才。一是实行企业与高校联合的方式，高校可以为企业输送高层次人才，提高企业人员整体的科技素质，企业也可以为高校人才提供良好的实习场所，使其更快的适应旅游工作；二是对从事生态旅游工作的人员进行系统培训，还要注重培养谙熟地方特色的人才，严格执行旅游从业人员持证上岗制度，要求行"先培训，后上岗；先培训，后审批；先培训，后评量"的"三先三后"制度，将持证上岗率作为考核企业的重要指标；三是注重培训的效果，努力提高培训质量。在培训过程中逐步建立培训与考核分离制度，培训基地评估参与考核制度，参培人员激励机制，跟踪检查办法和制度。

【参考文献】

[1] 陈仙波，王福英．浙江生态旅游发展研究［J］．浙江树人大学学报，2003（4）．

[2] 浙江省发展生态旅游产业课题组．生态旅游：可持续发展的旅游产业——浙江发展生态旅游产业对策研究［J］．浙江经济，2004（14）．

[3] 阮慧娟，吴雪飞．浙江省乡村生态旅游的发展模式与路径探讨［J］．中南林业科技大学学报（社会科学版），2005（2）．

[4] 李包相，沈济黄，王竹．可持续发展的生态旅游——美国发展生态旅游的经验及其对浙江的启示［J］．规划师，2005（7）．

[5] 张建国，俞益武，朱志泉，蔡新光，袁益钧，蔡碧凡．浙江休闲观光农业现状评价与发展对策［J］．浙江林学院学报，2006（5）．

[6] 陈仙波．浙江旅游大趋势——献给浙江旅游发展30年［D］．2008浙江旅游业创新与发展论文集．

[7] 梁微，徐红罡．中国传统审美观念对生态旅游的影响——以解说系统本土化为例［J］．亚热带资源与环境学报，2010（5）．

[8] 胡胜国．浅谈吉林省生态旅游产业的发展前景［J］．中国商贸，2011（6）．

[9] 中国旅游研究院．旅游业发展的浙江模式［M］．中国旅游出版社，2011．

[10] 李东升.休闲观光农业的实践与探索——浙江省休闲观光农业发展浅析 [D].2011 中国（宁国）休闲农业与魅力乡村发展论坛论文集.

[11] 沈满洪,魏楚,程华等.2012 年浙江生态经济发展报告 [M].中国财政经济出版社,2012.

[12] 李植斌,邓洪娟,曹丽君.浙江省生态旅游发展成效、问题及对策研究 [J].江苏商论,2013（3）.

[13] 张跃西.生态旅游的浙江经验及启示 [D].2013 全国慢旅游与慢生活学术研讨会论文集.

[14] 乔海燕.美丽乡村建设背景下浙江省乡村旅游转型升级研究 [J].中南林业科技大学学报（社会科学版）,2014（1）.

[15] 朱红兵,冯翔.长三角区域旅游合作发展模式分类及评价研究 [J].地理与地理信息科学,2014（3）.

[16] 铁铮.生态旅游 20 年概念尚未统一 [J].绿色中国,2015（1）.

[17] 蔡圣杰.我国生态旅游发展中存在的问题及对策 [J].科技经济市场,2016（8）.

[18] 干永福."生态+"旅游 加出了生态文明与生态旅游一体化发展之路 [J].湖州日报,2016 年 11 月 4 日.

[19] 王珊珊.大旅游产业需着力"四个统筹" [J].浙江经济,2017（9）.

（作者：申晨,浙江理工大学经济管理学院、浙江理工大学浙江省生态文明研究中心）

分论之五：生态文化旅游发展的浙江实践

生态文化旅游是以旅游为载体，融入自然生态和文化资源，在可持续发展思想的指导下，追求人类、自然、经济、社会的和谐相处的一种旅游形式。自然生态的多样性与民族文化的多元性融合起来，能充分满足旅游者感受自然、体验文化的需要。以生态为基础、文化为特色、旅游为载体的生态文化旅游发展，不是生态、文化、旅游三者的简单叠加，三者的融合会带来诸如资源聚合效应、发展辐射效应、品牌宣传效应等增量效应，最终实现生态、经济、民生、社会的和谐稳定与综合发展。生态文化旅游业的发展必定会刺激传统文化的复苏，而文化经济价值的实现进而会增强人们对文化的认同，促使大家重视当地传统习惯和社会活动的文化价值，提高人们对传统文化的保护意识，促进文化的传承。本分论将浙江生态文化旅游发展过程划分为萌芽、初步发展和高速发展三个阶段，其生态文化旅游的典型模式包括生态农业文化旅游、历史文化旅游、非物质文化遗产旅游和民族文化旅游，总结了"创新旅游发展理念、创造产品业态形式、创意旅游文化项目和创优生态文化旅游规划"四条重要经验。最后，针对浙江省生态文化旅游发展中的问题提出相应建议。

一、浙江生态文化旅游发展的历史回顾

（一）生态文化旅游的内涵

"生态旅游"一词最早由世界自然保护联盟（IUCN）在1983年提

出,国际生态旅游协会在1993年将其定义为一种兼具保护自然环境和维护当地居民生活双重责任的旅游活动。"文化旅游"是指通过旅游来实现鉴赏、了解人类文化的一个过程。生态文化旅游是生态旅游和文化旅游的结合与提升。

国内外很多学者对生态文化旅游的概念进行过阐述。1989年,Fennell提出了Adventure Cultural Ecotourism旅游概念,认为探险、文化和生态旅游之间是相互联系的,这是最早将生态、文化、旅游联系在一起的。王跃(2001)认为,生态文化旅游是指人们追求融入奇特大自然的刺激性而进行的一种跨越生态空间的行为和过程,同时还承担着维护生态平衡的责任,指出了生态文化旅游的四个特性:参与性、动态性、开放性和效益性。柴毅龙(2003)通过分析生态文化与文化生态的不同内涵,指出了二者的内在联系。他认为,"生态文化"侧重于文化,"文化生态"的重点在于生态,不过,虽然两者存在着明显的差别,但是它们是可以相互转化的。王亚玲等(2004)认为,生态文化旅游是指游客置身于古朴、原始、风光旖旎的自然环境中,同时能够领略古今文化。冉琼等(2010)指出,生态文化旅游是一种依托自然和人文资源,遵循可持续发展的思想,对生态环境影响相对比较小的旅游发展方式,同时,还指出了生态文化旅游发展中存在的一系列问题。

尽管很多学者已经关注到了要将生态旅游和文化旅游结合起来,以改善旅游行业的产业结构,推动旅游业更好的发展,但生态文化旅游绝对不是生态旅游和文化旅游的简单叠加,生态文化旅游对资源的生态性和文化性都提出了要求,不能将两者剥离开,而是相互融合、共同发展。结合众多学者提出的生态文化旅游的概念和解释,可以认为,生态文化旅游是以旅游为载体,融入了自然生态和文化资源,在可持续发展思想的指导下,追求人类、自然、经济、社会的和谐相处的一种旅游形式。

(二)浙江省生态文化旅游的发展阶段

1. 生态文化旅游的萌芽阶段

1995年以来,浙江省旅游业快速发展,规模不断扩大,旅游收入持续增长，经济地位不断提升，开始关注生态文化旅游。1995年浙江省旅游业总收入仅为229.6亿元，然而，截至2007年，全省接待入境旅游者首次突破500万人次达到511.2万人次，居全国第四位，实现旅游外汇收入27.1亿美元，居全国第五位。此外，浙江省接待国内旅游者1.91亿人次，实现国内旅游收入1820亿元，分别居全国第四、第二位；实现旅游总收入2026亿元，居全国第四位。随着旅游经济整体实力的明显增强，单一的生态旅游或是文化旅游已经不能满足现代旅游市场的需求，旅游产业在满足浙江省的产业结构调整、生态环境改善和丰富人民群众文化生活方面提出了更高的要求。2007年中国共产党第十七次全国代表大会报告中提到，建设生态文明，基本形成节约能源资源、保护生态环境的产业结构、增长方式、消费模式，在全社会牢固树立生态文明观念，到2020年全面建设小康社会目标实现之时，我们这个历史悠久的文明古国和发展中社会主义大国，将成为生态环境良好、人民具有更高文明素质和精神追求的国家。为了响应中共十七大提出的生态文明社会的建设目标，作为我国经济发展中重要支柱性产业的旅游业，亟须改变传统生态旅游、文化旅游等单一的发展模式，需要创新旅游业的发展思维，寻找旅游业更加科学的发展路径。在这一背景下，以可持续发展为指导思想的生态文化旅游受到了各级政府的重视，纷纷开始转变传统的旅游业模式，大力发展生态文化旅游。

浙江省旅游资源丰富，旅游业发展条件得天独厚，发展生态文化旅游的潜力巨大。依托本省丰厚的自然生态资源和人文资源，浙江省开始推进旅游产业的转型，从传统的单一的旅游业发展模式向生态文化旅游转变，将旅游业作为引擎，促进生态、文化、旅游的协调发展，有效兼顾自然生态环境和人文景观的特色，满足游客对生态和文化的多样性需求。2009年经国家旅游局评定，浙江省共有261个A级景区。除自然景观外，浙江省还有着数量众多的人文景点。经建设部评定，2009年末，浙江省有闸口白塔等全国重点文物保护单位132处，省级文物保护单位382处；临海市等国家级历史文化名城6处，松阳县等省级历史文化名城11处，国家历史文化名镇14处，国家历史文化名村5处，省级历史文化街区、村镇78处；镇海口海防遗址等国家级爱国主义教育基地12处，省级爱国主义教育基地117处；嘉兴市南湖风景名胜区（中共一大旧址）等全国红色旅游经典景区5处；14处全国重点寺观。

2. 生态文化旅游的初步发展阶段

2010年，中国共产党浙江省第十二届委员会第七次全体会议通过了《中共浙江省委关于推进生态文明建设的决定》，根据党的十七大关于建设生态文明的要求，研究了推进生态文明建设的若干重大问题，决定中提到"加强生态文化比较研究，注重挖掘浙江山水文化、海洋文化、森林文化、传统农耕文化以及茶文化、花文化、竹文化、石文化中丰富的生态思想"和"加强森林公园、湿地公园、地质公园、矿山公园、遗址公园、海洋公园和植物园的建设和管理，使其成为传承生态文化的重要平台"。浙江省在本次会议上，提出了推进生态文明建设的总体要求，督促各级各部门按照省委部署，根据工作职责，加快制定和实施"十二五"时期的行动方案，将推进生态文明建设的各项任务落到实处。

在《浙江省旅游业发展"十二五"规划》中，浙江省旅游局制定了"十二五"期间旅游业发展的主要指标，提出要提升旅游产品的科学文化内涵，"进一步充实自然保护区、地质公园、森林公园和湿地公园旅游产品的科学内涵，提升产品的科普教育功能。积极探索各类物质与非物质文化遗存地旅游产品的开发方式和表现形式，使游客在生动活泼的旅游活动中获得知识和乐趣"，"十二五"旅游业发展的六个抓手中提出"重点发展以文化体验、休闲运动、养生保健、营地旅游、海洋旅游、城市休闲、乡村休闲、避暑度假、冬季旅游和度假置业为特色的十大新型特色景区"。由此可以看出，浙江省开始落实生态文明建设，旅游业开始由传统的模式向生态、文化、旅游相结合的生态文化旅游模式转变。

以创建"生态旅游示范区"、"生态文化示范基地"为抓手，引领旅游业新一轮发展。2013年是我国旅游业发展史上具有重大意义的一年，第十二届全国人大常委会审议通过《中华人民共和国旅游法》，各级党委对旅游业十分重视,激励我省扎实推进旅游发展方式的转变,促进旅游业转型升级。2014年,浙江省旅游业面临着新的形势,浙江省委省政府做出"两美浙江"重大战略决策,全力推进"五水共治"、"三改一拆"、"四边三化"等工作,让浙江环境更优,高速铁路网、高速公路网和城际交通圈的建设完善使我省旅游业发展的区位交通优势更加明显,旅游业发展的空间越来越大,这都为旅游业的发展创造了新的空间。此外,2014年新兴旅游产品供给量也在快速增长,产品开发进一步细分深化,乡村旅游、旅游小镇建设、休闲度假区建设、生态文化旅游等正在成为旅游投资的热点领域,浙江省的生态文化旅游发展受到了广泛重视。

3. 生态文化旅游的高速发展阶段

大力推动生态文化旅游。2015年,浙江省开始大力推进旅游改革工作的深化、扩面与突破,进一步明确了旅游业改革的方向和重点。在浙江省旅游局印发的《浙江省旅游景区提升三年行动计划(2015—2017)》中,提出了浙江省旅游业发展的总体目标,"着力做大做强浙江旅游景区,加快推进景区转型发展,不断提升景区发展质量,努力使景区生态环境更美、文化特色更明、服务品质更优、综合效益更好、市场竞争力更强,实现社会效益、经济效益、文化效益和生态效益的有机统一"。这意味着浙江省的生态文化旅游在2015—2017年进入高速发展的阶段。浙江省在《2015年全省旅游工作思路》中提出了七大重点,其中包括"立足浙江良好的生态环境,积极发展生态庄园、低空飞行、山地跑马场等多种形式的生态旅游精品,争取全年创建10家生态旅游区;挖掘浙江深厚的历史文化底蕴,结合全省特色小镇创建,打造一批青瓷、黄酒、丝绸、木雕等文化旅游基地,争取打造20家非物质文化遗产旅游经典景区"。将生态、文化、旅游相结合,大力推进我省旅游模式的革新。2016年,《浙江省旅游业发展"十三五"规划》经省政府常务会议审议通过,规划中提到"充分利用旅游业综合性、关联性、带动性强的特点,加强旅游与文化、体育、农业、工业、林业、水业、交通、商业等相关产业和行业的融合,不断拓展旅游发展空间,催生旅游新产品、新业态和新模式"。浙江省通过将旅游业与文化产业、生态行业相结合，利用旅游业来带动文化、生态行业的发展，改变传统单一的旅游模式，使得旅游业更好地践行了可持续发展理念。

大力发展和建设生态文化基地。2017年1月，浙江省林业厅和浙江省生态文化协会联合发文，新增36个生态文化基地。第一类是行政村。36家单位中行政村有21家，他们有两个共同特点：一是林木覆盖率比较高，村容整洁，环境优美；二是生态文化繁荣，在民居建筑、庭院设施、文物古迹、生态景观、历史典故等方面独具特色。例如诸暨市的东白湖斯宅村，以保护古遗产、传承古文化、延续血脉情为载体，实施斯氏古民居建筑群修缮、文化村落保护利用、笔峰书画院改造等工程。第二类是林场（森林公园、湿地公园），共有9家，在传播生态文化中，他们因地制宜开展一些有内容、有特色、有影响、有效果的生态文化宣传、教育活动，对促进周边地域经济社会可持续发展产生了较好的带动和示范辐射作用。例如浙江梁希国家森林公园，秉承生态保护和合理利用的规划理念，以保护、恢复和优化自然生态环境为主线，展现梁希先生的生平事迹，反映林业人的精神，传播梁希林业建设思想，弘扬森林文化。第三类是积极发展乡村旅游、观光休闲等生态产业的企业，共有6家，如慈溪市大山置业有限公司，以原有自然环境为依托，打造千亩杨梅、茶树与竹林套种园，发展生态旅游观光农业园，完善耕地保护制度、水资源管理制度、环境保护制度，健全生态环境保护责任追究制度和环境损害赔偿制度，体现"取之有时，用之有节"的生态价值观。"浙江省生态文化基地"的评选活动由浙江省林业厅和浙江省生态文化协会共同组织，旨在深入挖掘全省生态自然资源和生态人文资源，让弘扬生态文化、树立生态意识、增强生态责任的理念渗透到全社会各个领域和行业，这些"生态文化基地"成为了浙江省生态文化旅游的示范区。截至2017年，浙江省的生态文化基地增加到127个，生态文化旅游的规模逐步壮大，全省的生态文化旅游开始蓬勃发展。

二、浙江生态文化旅游发展的典型模式

浙江省拥有发展生态文化旅游的重要优势。习近平总书记曾提出"生态兴则文明兴,生态衰则文明衰。推进生态建设,打造绿色浙江,是社会文明的重要标志。"浙江省政府编制了《浙江生态省建设规划纲要》。该纲要把生态旅游列入了生态省建设的重要内容,要求把生态观念和生态文化融入旅游的各个环节,使生态旅游成为浙江省的重要品牌,带动全省旅游业整体水平的提高。浙江省在作出建设生态省、打造绿色浙江的重大战略决策的基础上,积极发展生态文化旅游,通过减轻环境压力来平衡经济、社会和生态三者之间的效益,通过保护旅游区自然生态和文化的完整性,促进旅游业的可持续发展,实现社会的利益共享和公平。浙江省生态文化旅游发展的典型模式主要有生态农业文化旅游、历史文化旅游、非物质文化遗产旅游和民族文化旅游等类型。

(一)生态农业文化旅游

生态农业文化旅游是一种新型农业生产经营形式,也是一种新型旅游活动项目,是在发展农业生产的基础上有机地附加了生态旅游观光功能的交叉性产业,是当今旅游新需求的必然产物。它把农业、生态和旅游业结合起来,利用田园景观、农业生产活动、农村生态环境和农业生态经营模式,吸引游客前来观赏、品尝、作习、体验、健身、科学考察、环保教育、度假、购物的一种新型的旅游开发类型。生态农业文化旅游是近几年才兴起的一种新型的旅游方式,人们多居住在城市里面,对于农村的概念越来越模糊。所以根据人们返璞归真的理想,开创了生态农业文化旅游的想法,并得到很好地实施和推广,很多地区都有生态旅游景区,人们对生态农业旅游的热爱也不断增加。

1. 水果旅游

对于那些拥有特色农产品的生态农业区来说,以农产品为核心,进行围绕某一种或几种特色农产品展开的主题辐射发展模式。专业村镇是这种模式的代表,需要三个基本条件:具有生产某种特色生态农产品的

历史传统和自然条件；有相应的产业带动，市场需求旺盛；需要有带动者通过产业集群形成一定的规模。

浙江绍兴上虞的"四季仙果之旅"成为全国乡村旅游的示范，实现了产业融合、经济发展、农民增收。为了满足都市居民回归原始、亲近自然、享受原生态的要求，绍兴上虞在2007年探索出了一条以不同季节的水果为引线的休闲旅游项目，以休闲旅游拉动农业，从而带动商贸的三产融合发展的新型生态旅游之路，称之为"四季仙果之旅"。自2007年以来上虞市大力宣传"四季仙果之旅"的特色旅游品牌，把一年四季的水果串起来，吸引市内外游客近百万人次，由于符合当下休闲短途的生态旅游趋势，很受杭州、上海等周边城市游客的喜爱。上虞拥有的国家3A级景区二都杨梅生态园、章镇猕猴桃发展基地和舜耕庄园桑果基地等都是"仙果之旅"的重要景点，采摘面积达到上万亩，这些具有规模的种植区对吸引游客起到关键的作用。"四季仙果之旅"相继获得"浙江省'最具活力'旅游节庆活动品牌"、"浙江省双十佳旅游模式"等殊荣，并且上虞在2013年以"四季仙果之旅"为核心，被评定为"全国休闲农业与乡村旅游示范县（区）"。浙江上虞拥有丰富的水果资源和重要的商贸地位，这些都是发展休闲农业产业最有利的条件，因此上虞充分融合农业、商业与当地文化，实现"吃、住、行、游、购、娱"各产业的互助式协调发展。

2. 茶文化旅游

浙江省是我国重要的产茶区。优越的自然环境和独特的浙地文化，孕育了悠久而闪亮的茶文化。茶叶生长适宜漫射光，云雾多和绿水青山环境。尤其是一些高山，受人为破坏少，原始自然风光保留完整，是名优茶的重要产地。浙江名山名水资源丰富，生态环境优越，是孕育茶文化的重要沃土。现代社会，随着经济的飞速发展，人们更加注重生活环境质量，自然、淳朴、健康的田园乡村成为人们竞相追逐的乐土，茶园凭借其得天独厚的生存环境完全迎合旅游者追求生态的需求。

借鉴生态农业文化旅游的思想，从茶叶生产、制作开始，通过充分融入游客的旅游需求,进而打造满足所有游客需求的产品类型。在茶叶生产地,结合优美的自然环境,开发生态观光旅游产品,在茶叶采摘、制作过程中,结合人们参与式、体验式需求,开发相应旅游产品,通过深度挖掘茶文化内涵特点,进而塑造可供参与的旅游产品。将茶文化、相关茶叶历史进行包装,开发成供游客研究的旅游产品。同时,深化与茶叶相关的饮食、产品等衍生内容,增加茶文化及茶叶生产制作链条。

3. 竹文化旅游

安吉竹海盛景凭借获得奥斯卡奖的电影《卧虎藏龙》被世人熟知,竹文化旅游资源独特的属性和丰富的赋存使其具有很强的吸引力,旅游开发价值高。安吉利用深厚的竹文化建成竹子博物馆、竹叶龙博物馆、山民文化馆等各类竹文化展示场馆。承办中国第一届竹文化节、"竹业走向二十一世纪"国际学术研讨会,开展国内外各类竹文化交流活动,增加旅游参观人数。

安吉在第一、第二产业发展的基础上,以商贸和休闲为主的第三产业快速发展。国际竹艺商贸城自 2007 年开张以来,已成为有一定影响力的竹产品商贸、旅游购物活动平台,同时培育了竹印象、建中竹炭、球龙袜业等旅游商品购物示范点。另外,2008 年安吉启动美丽乡村建设,把整个县域作为一个森林景点来规划,发展森林休闲旅游。拥有中国大竹海、中国竹子博览园、中南百草原、江南天池、山川乡 4A 级竹林景区 5 个,建成龙王山黄浦源、藏龙百瀑、大汉七十二峰等竹林特色景区 12 个,有以"体验森林生态、亲近自然山水"为主题的农家乐 600 余家,星级以上酒店 120 余家,其中五星级酒店 3 家、四星级酒店 8 家,床位达 1.5 万张。引进以竹为背景的主题乐园(天使乐园)、高端酒店(JW 万豪、君澜)、精品度假(香溢、帐篷客、谜·零碳)等新业态项目。安吉致力于从实践层面推动竹建筑、竹文化、竹产业往更加良性的方向发展,使这个绿色可持续的产业发展更进一步,在实践中创造更多的可能性。

1800 年前,汉灵帝借用《诗经》"安且吉兮",赐名浙江省安吉县为

"安吉"。1800年后的今天,安吉因竹而富、因竹而美、因竹而名。竹产业实现了从卖原竹到进原竹、从用竹竿到用全竹、从物理利用到生化利用、从单纯加工到链式利用的4次跨越;立竹量、商品竹年产量、竹业年产值、竹制品年出口额、竹业经济综合实力均名列全国第一,位居全国三十大竹乡之首。2005年8月15日,时任浙江省委书记习近平在安吉县天荒坪镇余村发表了"绿水青山就是金山银山"的重要讲话。安吉竹海,不仅让汉灵帝的"安且吉兮"走进了现实,而且用实践生动地阐释了"绿水青山就是金山银山"的科学论断。

4. 根雕文化

开化是中国根雕艺术之乡,有联合国教科文组织授予的"一级民间工艺美术家"称号的根雕大师和国内规模最大、工艺水平最高的众多根雕企业。开化通过实施"生态立县、特色兴县"发展战略,已发展根艺企业20余家,从业人员2000余人(具有初中级工艺美术职称的有40余人),每年加工创作的根艺作品在30万件(套)以上。从1994年起,"开化根雕"先后在杭州、上海、北京举办数十次根艺展览,并先后赴中国台湾和马来西亚举办开化根艺展。在中国国际民间艺术、国际民间手工艺品等博览会上,开化根艺作品曾6次获得金奖。2001年,开化县被授予"中国根雕艺术之乡"称号。2007年,"开化根雕"被纳入省级非遗代表作名录,在丰富群众文化生活的同时,又推动了特色文化的发展,成为当地农民增收的一大产业和生态旅游业的璀璨明珠。

通过搭建展示和交流平台,促进了根雕艺术的传承与创新,推动了根雕的产业化发展。2003年开化县委县政府提出大力发展文化产业,使根宫佛国文化旅游区步入发展快车道。2010年晋级国家4A级景区,更在两年中,完成从国家4A级景区到5A级景区的大跨越。如今,这里已成为国家级文化产业示范基地,每年接待游客上百万人次。2015年被浙江省评为三平方公里的根园小镇,第一批试点县。

(二)历史文化旅游

浙江是中国古代文明的发祥地之一,新石器时代的遗址就有一百多处。从远古的建德人开始，河姆渡、马家浜和良渚原始文化揭开了文明的篇章，传说中舜的后代受封于上虞和余姚，大禹治水到过绍兴，并长眠在此，在先秦已为百越文化中心。春秋时的越国、三国的孙吴和十国中吴越均以浙江为发端。随着浙江省旅游业的不断发展，浙江历史文化中众多的文物古迹和风景名胜的价值将被进一步发掘，具有得天独厚的资源优势，吸引大量的旅游观光客源，从统计数据来看，浙江众多历史文化名城已成为海内外旅游者的主要集散地和消费中心，因此历史文化旅游在浙江省生态文化旅游发展过程中发挥着十分重要的作用，具有战略性、基础性的地位。

1. 历史典故和历史人物旅游

杭州历史悠久，自秦时设县治以来，已有2200多年历史，是华夏文明的发祥地之一。早在4700多年前，就有人类在此繁衍生息，并产生了被称为文明曙光的良渚文化。杭州曾是五代吴越国和南宋王朝两代建都地，是我国七大古都之一，处处都是历史和传说，上至帝王将相，下至走卒匹夫，文化的遗迹无一不依附在杭州的亭阁楼台、水榭廊桥之中。岳飞与秦桧、白娘子与许仙、苏小小的慕才亭、白居易的白堤、苏东坡的苏堤、南宋皇室的八卦田……举不胜举。市内有西湖、西溪湿地等多处名胜古迹，也有浙江大学、中国美术学院等高等学府。宋以后有"上有天堂，下有苏杭"的美誉。是全国重点风景旅游城市和首批历史文化名城。杭州是中国东南重要交通枢纽，副省级城市之一，是中国最大的经济圈——长三角的副中心城市，也是世界休闲博览会和中国国际动漫节的永久举办地。

杭州还素有"丝绸之府"的美誉，距今四千七百年的良渚出土丝织物就已揭示了杭州丝绸的历史之久，旧时清河坊鳞次栉比的绸庄更见证了丝绸经济的繁荣。而今杭州的丝绸更有着巨大吸引力，"千里迢迢来杭州，半为西湖半为绸"，特别是坐落于下城区西健康路上的杭州中国丝绸城，为全国最大的丝绸专业市场。

2. 古村落旅游

浙江松阳以"古村+民宿"激活全域旅游。地处浙西南山区的松阳县，拥有格局完整的传统古村落超过100个，其中71个被选入"中国传统古村落"名录，被誉为"最后的江南秘境"和"古典中国"的样本。但置身于市场经济高度繁荣的区域，体量位居全国前茅的松阳传统村落，面临着保护和发展的双重压力。松阳县坚持把旅游业作为践行"绿水青山就是金山银山"战略思想的重要抓手，主动从旅游经济"引流"，以民宿促进传统村落一二三产融合发展，引导大众创新创业、促进农民增收，不仅为乡村复兴闯出一条新路子，还水到渠成地激活了全域旅游。对外开放的过云山居、茑舍、云上平田、麒麟山居、柿子红了、小茶姑娘、松泰大院、近水楼台等精品示范样板已具备较高知名度和良好的市场效益，吸引越来越多工商资本进入松阳，一批新的精品民宿蓄势待发。截至2016年12月，全县累计发展民宿289家，床位2602张，2016年1—10月接待游客129.41万人次，直接营业收入7681.92万元，同比分别增长20%和30%。全县民宿直接从业人员800余人，带动群众近4000人。如今，松阳全域传统村落和1200多幢传统建筑实现挂牌保护，140多座宗祠、20多座古廊桥、60多公里古道得到修缮保护，60余台传统民俗节庆活动重新实现常态化展演。"古村+民宿"的乡村全域旅游发展，呈现出"大家搭台，好戏连台"的喜人局面。松阳也因此被国家确定为华东地区唯一的中国传统村落保护发展示范县、全国传统村落保护利用实验区。

3. 名人名居旅游

绍兴地处长江三角洲南翼，是一座具有2500多年历史的文化古城，素有"东方威尼斯"之称，又有水乡、桥乡、酒乡、书法之乡、名士之乡的美誉。绍兴是我国首批历史文化名城、中国优秀旅游城市，并荣获联合国人居奖和中国最具幸福感的城市称号。

"名人名居+"文化旅游相融发展。绍兴是"鉴湖越台"名士之乡，是首批中国历史文化名城，古城区内名人故居星罗棋布。绍兴人杰地灵，王羲之、王阳明、鲁迅……一代名人在绍兴留下的故居故里，更是成为人们游览的热点。绍兴将每个名人故居景区充分挖掘内涵,丰富旅游要素,增强游客的互动与体验。如寻找祝福里的年味,鲁迅故里"祝福大典"、三味早读、兰亭"年画制作"、曲水流觞体验、沈园"赏梅"、沈园之夜演出、会稽山"祭禹祈福"等文化与旅游相结合的活动,既满足游客的需求,又进一步丰富绍兴旅游业态,景区游人如织,形成了绍兴文化旅游一道独特的风景。"古城古巷+"历史街区生机盎然。绍兴有八大历史街区,每一个历史街区都保存着自己的特色。鲁迅故里街区是以鲁迅故居和鲁迅遗存为主,书圣故里街区是以书圣王羲之遗存和古街区为特色,八字桥街区是以古桥和水为特色,越子城街区则是以越国为遗存,以绍兴龙山为主的街区……这些街区各具特色,各成景区,又是开放式的,因此,广受游客喜爱。

"水城+"乌篷的旅游方式。绍兴古城内有17条内河,小小乌篷如一个黑色的精灵穿梭在内河之中,使绍兴的城市充满着特色,也充满着灵气,成为绍兴一道独特的风景。鲁迅故里一天有5400余人坐乌篷船游览,东湖景区6000余人坐乌篷看社戏,成为一幅流动的美景。内河乌篷船特色水上旅游线和环城河精品水上旅游线,通过内圈、外圈精品水上旅游线路的打造,以水的灵动串联古城绍兴景区,形成水景互动、水岸互动、水乡互动、水城互动协调发展的全城旅游格局。绍兴水城旅游公司将以仓桥直街至西小河、书圣故里至八字桥为重点,打造水上旅游品牌活动,如水乡社戏、水乡婚礼、水上迎神赛会等。以"乌篷织梭"串起古城旅游,让小乌篷划出"绍兴范儿"。而一个更大的"水城+"旅游战略也已启动,那就是以游船穿起古城、古运河、古鉴湖,以水穿起越城、柯桥和上虞三区,使绍兴城市充满灵气和活力。

(三)非物质文化遗产旅游

浙江省作为全国非物质文化遗产保护综合试点省,非物质文化遗产普查工作启动早、规模大、方法新、措施实、成果丰。全省城乡普查覆盖面达到所有乡镇、街道及行政村,摸清了非遗资源的种类、数量、分布状况、生存环境、保护传承现状。浙江省先后入选第一批国家级非物质文化遗产44项、第二批国家级非物质文化遗产85项,两批上榜数量均居全国第一。例如,松阳高腔、宁波走书、东阳木雕、西湖绸伞、景宁畲族祭祀仪式……作为"非遗大省",浙江在发展生态文化旅游具有得天独厚的优势。此外,生态文化旅游同时也是文化遗产的一种最好的传载形式,旅游者通过游览参观,不但能够体味浙江非物质文化遗产的内涵,而且还可以通过旅游者交流和传播这种文化。生态文化旅游可以与浙江非物质文化遗产的内在精髓相结合,达到弘扬和保护历史文化的目的。

1. 龙泉青瓷

龙泉是浙江省历史文化名城,位于浙江西南部,与福建省接壤,以出产青瓷著称。龙泉青瓷是我国非物质文化遗产,源于五代,盛行于宋,是中国国制瓷史上一颗璀璨的明珠。有着"质如玉、亮如镜、声如磬"的美誉。龙泉青瓷不仅是皇宫的贡品,而且是中国对外经济、文化交流的世界性商品。龙泉青瓷小镇凭借青瓷制作历史经典产业列入首批中国特色小镇创建名单。总体格局为"一核心、三组团"。核心区位于上垟镇,地处浙闽边境龙泉市西部,距市区36公里,龙浦高速、53省道穿境而过。山水资源优越、瓷土资源丰富、民间制瓷盛行,历百年不衰。上垟作为现代龙泉青瓷发祥地,见证着现代龙泉青瓷发展的历史。走进上垟镇,深山小镇的瓷风古韵,从旧屋翻新的大街小巷里飘溢出来,曾经的上垟国营瓷厂办公大楼、青瓷研究所、专家宿舍、工业厂房、大烟囱、龙窑、倒焰窑等至今仍在,成为不可复制的青瓷文化历史。

"中国青瓷小镇开发项目"正式签约后,以上垟镇龙泉瓷厂旧址为核心,整合周边资源,深入挖掘龙泉青瓷文化内涵,建设成为开放式、生态化的人文景区。青瓷文化园是青瓷小镇项目的核心,保留原国营龙泉瓷厂风貌,设置青瓷传统技艺展示厅、青瓷名家馆、青瓷手工坊等各种青瓷主题的休闲体验区,为不可复制的青瓷文化历史增加了新的休闲体验。

中国青瓷小镇开发初见成效,吸引了多家青瓷企业、青瓷传统手工技艺作坊入驻，带动了当地4000多名农民就业创业。依托小镇浓厚的青瓷文化底蕴和依山傍水的秀丽风景，城镇建设风生水起，一个世界青瓷技艺传承地、青瓷文化创意集散地、青瓷文化交流汇集地为一体的世界级青瓷小镇已初具规模。

浙江省积极发展非遗主题小镇文化旅游。非遗主题小镇是指以特色非遗资源为基础，以文化旅游融合发展为方式，传承和弘扬独具特色的区域传统文化，影响和助推地方经济社会发展的文化区域。非遗主题小镇是地域概念，可以是一个村镇、一个集群、一个街区等。非遗资源主题突出。小镇区域内有1项以上，主题突出、特色明显的省级以上非遗名录项目带动，影响当地群众的生产生活方式，形成独特的文化符号或人文特征，彰显区域文化特色。在坚持保护为主、合理利用的原则基础上，区域内非遗资源与旅游相关业态有机融合，形成独具特色的文化旅游品牌活动，有较强的文化旅游成长潜质，具有广阔的文化旅游发展空间。旅游配套设施基本具备，能够满足游客的基本需求。发展规划思路明晰。小镇区域自然生态环境良好，建筑形态能反映传统风貌和地方特色，具有较为长远的非遗主题小镇发展建设设想和规划。

2. 水乡古镇

中国历史文化名镇绍兴市柯桥区安昌镇，是一个具有千年历史的典型江南水乡古镇，留存着许多特色鲜明的非遗资源，古镇区域内现有国家级非遗项目1项、省级非遗项目4项和市级非遗项目10项。古镇更是大力做好"非遗"与旅游融合发展的文章。自2000年初举办首届"腊月风情节"以来，已连续举办15年，期间举行的年俗、婚俗、商俗和各种民俗，展示了越地优秀非物质文化遗产的高品位内涵，吸引了大量中外游客前来游览采风、体验参与。在2013年省文化厅开展的"最美中国年·浙江年俗寻访"活动中，安昌古镇入选浙江省春节文化特色地区。据悉，此次安昌古镇入选非遗旅游景区，也是贯彻落实省委、省政府推进"美丽乡村"建设有关部署，发掘内涵，发挥优势，彰显文脉，凸现特色，促进非物质文化遗产与旅游相结合，努力培育和建设具有示范性、影响力的非遗主题小镇,大力加强"美丽乡村"建设中的非遗保护工作的重要体现。

非遗文化与旅游景区发展,是对非遗文化传承保护工作的一种"试水",而安昌古镇的工作显然为浙江其他地方提供了"样板"。非物质文化遗产旅游充分体现了着力推进"美丽非遗"建设,让"非遗"走出非遗馆,丰富传承途径,创新保护模式的思想。非物质文化遗产是对一个地区或民族深厚的传统文化和悠久历史的记载,反映历史文化传统和变迁。目前非物质文化遗产已成为极具吸引力的旅游资源,可以促进旅游产品的开发以及旅游文化品位的提升,其作为传统历史文化的承载者,可以满足旅游者体验文化、寻求差异的需求。浙江省非遗保护与利用的成功经验表明,现代观光旅游可以丰富非物质文化遗产的表现形式,重新赋予其市场价值,并激发和增加人们对非物质文化遗产的保护和传承意识。因此,将非遗保护与利用与旅游业,特别是生态文化旅游的发展结合起来具有重要的现实意义。

(四)民族文化旅游

民族文化旅游是指以民族文化为载体而开展的系列旅游活动。民族文化作为一个地区、一个民族悠久历史文化发展的结晶,蕴含着极其丰富的社会内容,由于地方特色和民俗特色是旅游资源开发的灵魂,具有独特性与不可替代性。旅游者通过开展民俗旅游活动,亲身体验当地民众生活事项,实现自我完善的旅游目的,从而达到良好的游玩境界。民族文化旅游的内容主要包括生活文化、婚姻家庭和人生礼仪文化、口头传承文化、民间歌舞娱乐文化、节日文化、信仰文化等。

景宁畲族自治县是全国唯一畲族自治县,也是浙江省唯一的少数民族自治县,对于浙江省民族文化旅游的发展具有不可替代的作用与价值。畲乡地区拥有丰富的经济、社会、原始宗教、游艺竞技等民族文化,同时,我们也应看到这些文化的形成与他们世代生活于其间的山乡氛围分割不开。因此,我们在开发和建设旅游景点时,要尽可能地把畲乡的传统艺术与民族特色和自然景色融为一体,以民族文化资源为主,结合山乡氛围，塑造畲城、畲乡山水风情的总体形象，并结合景宁其他特色资源的优势，如茶文化、原始生态风光等，使其资源的主、辅优势相互紧密结合。创造出畲乡民族文化旅游的特色。例如，长期以来，畲族民众创造和继承了一系列传统祭祀仪式，诸如做功德、传师学师等民俗活动，有着深厚的文化内涵，同时又成为极具个性的民族艺术。在当前现代化进程中，此类传统文化艺术的传承受到冲击，亟须加强保护。在发展浙江民族文化中，可将畲族祭祀仪式列入文化旅游项目之一，既能满足现代人对于不同民族风俗和文化的好奇和探索之心，同时也发展了畲族生态文化旅游，带动经济，弘扬和保护了民族文化。

三、浙江生态文化旅游发展的基本经验

浙江省充分依托生态优势，以文化旅游产业为引领，加快构建生态产业体系，充分挖掘传统历史文化、民俗文化、森林文化和旅游文化，运用现代工艺技术整理、制作，打造了一批拥有自主知识产权、具有市场竞争优势、弘扬生态文化的知名品牌，如安吉竹文化、杭州茶文化、东阳木雕文化、诸暨香榧文化等，均已成为推动区域经济发展的重要支柱。在生态文化旅游方面，浙江省在产品业态创新、发展理念创新、旅游项目创意、制度规划创优等方面积累了丰富的经验，依赖浙江省的特色，走出一条符合浙江省实际情况的生态文化旅游之路。

（一）创新旅游发展理念

对于发展新型生态文化旅游，浙江省在理念上大胆创新，依托得天独厚的自然和人文资源，因地制宜设计和实践不同形态的旅游模式。

1. 中心城市带动的旅游空间布局

浙江背倚大陆、濒临东海，拥有着广袤的腹地和星罗棋布的乡村，也有着曲折漫长的海岸线和巨大的海洋旅游潜力。在空间布局上，强调区域发展的均衡性和协调性，提出加快"东扩"发展海洋海岛旅游、"西进"发展生态旅游和乡村旅游，把"海上浙江"和"山上浙江"培育成为全省旅游业转型发展和创新发展的两翼。以杭州、宁波、温州、

湖州、嘉兴、绍兴、金华、衢州、舟山、台州、丽水等为代表的中心城市在"一核两翼四圈多点"的旅游业布局中发挥核心带动作用。

杭州确立了基本建成国际重要的旅游休闲中心的总目标，同步推进旅游智慧化和旅游品质化；宁波着力提升在海上丝绸之路和长江经济带建设中的作用，加快山海城协调发展；温州强化"五彩旅游"发展，建设国际休闲旅游目的地城市；湖州以"三带十区"建设为重点，建设国际生态休闲度假城市；嘉兴着力建设运河国际旅游休闲城市。此外，绍兴、金华、衢州等区域中心城市都进一步明确了的方向，进一步发挥旅游辐射作用。舟山加快建设国际著名的海岛休闲旅游目的地和世界一流的佛教文化旅游胜地；台州着力建设山海特色鲜明的国际化旅游目的地；丽水以国家全域旅游示范区和省级旅游综合改革试验区为重要平台，加快培育千亿元级第一战略支柱产业和生态旅游名城。

2. 依托乡村生态文化建设美丽乡村

乡村是浙江魅力所在，乡愁所系。随着全省美丽乡村建设的升级，浙江美丽乡村正从一处美迈向一片美，从一时美迈向持久美，从外在美迈向内在美。浙江把乡村旅游作为发展的一项重大任务，依托好山好水好空气和原生态，彰显乡味乡韵乡情，大力发展休闲度假、旅游观光、养生养老、创意农业、农渔体验、乡村手工艺等产品与业态，更好满足游客食住行游购娱等综合消费需求。

依托当地区位条件、资源特色和市场需求，围绕"看得见山、望得见水、记得住乡愁"目标，以美丽乡村建设为引领，大力促进旅游与农业、林业、渔业、水利、海洋等相关产业和行业的融合发展，发挥生态优势，挖掘民俗文化，彰显乡情特质、突出乡村特性，体现乡野特色，开发一批形式多样、特色鲜明的乡村旅游景区。到2017年，重点培育1000个乡村旅游A级景区和特色乡村民宿。

3. 借助特色小镇建设城镇休闲景区

特色小镇建设是浙江省利用自身的信息经济、块状经济、山水资源、历史人文等独特优势，为推动区域创新发展和产业升级发展的一项战略举措。特色小镇产业定位着力聚焦在信息经济、环保、健康、旅游、时尚、金融、高端装备制造等七大产业，兼顾茶叶、丝绸等历史经典产业。所有特色小镇要求建设成为3A级以上景区，以此确保高端人才的生活配套。

特色小镇注重绿色发展，浙江省政府文件强调，所有特色小镇要建设成为3A级以上景区，旅游产业类特色小镇要按5A级景区标准建设。在推进区域经济发展时，减少"三废"排放，不断提高大气和水环境质量。同时，特色小镇着重于集约发展，突破建设空间和用地紧缺的制约，浙江省第一批公布的37个特色小镇规划表明，亩均投资461万元，比全省平均水平有较大提高。特色小镇规划建设将粗放外延式发展，转变为集约内涵式发展，有利于提高空间利用和建设用地的集约水平，有利于资源环境保护，特色小镇建设正在成为践行"绿水青山就是金山银山"重要思想的生动实践。

4. 培育特色新型景区

依托博大精深的中医药、整合提升特色医疗、中医药疗养、美容保健、康体养生和温泉、竹炭、中草药等特色资源，培育一批医疗康体景区。建设一批以户外休闲、康体活动、垂钓、自行车、徒步健行、拓展运动、游轮游艇、房车基地、自驾车露营地等为特色的休闲运动项目景区。依托特色工业企业，打造体验性强、产业链长、影响力大的工业旅游A级景区。积极发展研学旅游，建立以乡情、县情、市情、省情、国情研学为主的研学旅行体系。支持各地依托自然和文化遗产资源、大型公共设施、知名院校、工矿企业。

（二）创造产品业态形式

浙江省在发展生态文化旅游的过程中，注重提升产品业态能力，加强资源整合，以产业融合为载体，推动旅游景区发展与新型工业化、信息化、城镇化和农业现代化相结合，不断丰富旅游元素、创造旅游产品，推动景区转型升级，引导旅游景区从纯观光型向休闲度假转变，打造浙江旅游新亮点。

1. 推进生态文化旅游度假区

把旅游度假区作为主平台,围绕"规范、考核、提升、拓展"四个主题,全面推进旅游休闲度假功能、资源环境整合功能、旅游产品培育功能和开发管理服务功能提升发展,努力把旅游度假区打造成为旅游业转型升级的示范区、旅游经济强省的先行区和旅游休闲度假产业的集聚区。到 2017 年,省级以上旅游度假区达到 50 家,创建国家级旅游度假区 5 家。

2. 打造文化旅游景区

深入挖掘整合文化旅游资源,在文化旅游示范基地、景区特色文化主题酒店、旅游文化演艺项目等方面取得了新突破。到 2017 年,全省重点建设了 50 个文化旅游示范基地、50 个非物质文化遗产旅游经典景区、在景区区域建成 50 家特色文化主题酒店,10 台全国著名的旅游文化演艺节目。

3. 推动旅游品牌影响力

通过加强旅游与文化、体育、农业、工业、林业、水利、交通、商业等相关产业和行业的融合,旅游业综合性、关联性、带动性强的特点进一步发挥,不断催生出新产品、新业态和新模式,增加了旅游消费市场的有效供给,使旅游业进一步成为带动国民经济转型发展和满足国民旅游消费需求的综合性大产业。在深度发展文化旅游上,浙江培育了一批文化旅游示范区和非物质文化遗产旅游经典景区,建设一批博物馆、文化创意园区(街区)和 A 级景区,打造一批具有浙江特色的文化旅游品牌线路,开发了一批具有地域文化特色和科技、艺术含量的旅游演艺产品。同时,旅游产业积极与高端产业尤其是信息产业融合,充分运用信息化手段,发挥浙江电子商务大省的优势,提升浙江旅游品牌的全球影响力。

(三) 创意旅游文化项目

把旅游文化项目作为扩大有效投资、转化生态优势的重要抓手,坚持"文化为体、创意为用",以创意连接文化与产业,打造一批文化旅游精品。

1. 创意特色文化项目

深挖钱塘江文化、根雕文化、杭州茶文化、红色文化、养生文化、民俗文化内涵,创意形成"慢生活"、"根雕佛国"、"特色小镇"、"美丽乡村"等特色文化符号。深化文旅融合,物化文化因子,有机融入项目的规划、设计、施工当中,确定主题风格,形成个性特点。嫁接创意策划,超前谋划、滚动储备一批文化旅游精品项目。

2. 强化龙头重点项目

发挥龙头带动作用,注重抓好大项目。浙江旅游项目投资万亿元工程正在加快实施。在杭州,国际金融会展中心、千岛湖国际商务度假中心、余杭大径山乡村国家公园等项目被列为"十三五"重点项目而备受关注。在宁波,华侨城欢乐海岸、宁海上金国际商业文化旅游区、北仑万年基业梅山湾游艇港城等项目也被列入"十三五"重点项目名单。在杭嘉湖平原上,湖州安吉天使乐园、长兴太湖龙之梦乐园、嘉兴温泉旅游度假综合体等"十三五"重点项目成为人们心向往之的旅游目的地。在浙中,东阳横店万花园、衢州新加坡(颐怀园)生态健康休闲谷、龙游红木家居文化园、仙居神仙温泉旅游综合体等项目正在推进。在浙南,丽水千峡湖旅游综合体、缙云仙都景区提升工程、温州雁荡山—楠溪江景区提升工程等项目被列入"十三五"发展的重点。一批类型优、业态新、特色明、带动强、效益好的大项目成为浙江旅游发展的最大潜力和转型升级的方向所在。

(四) 创优生态文化旅游规划

《浙江省旅游业发展"十三五"规划》指出,浙江"十三五"要建设成为我国旅游改革创新先行区、转型升级引领区、全域发展示范区、惠民富民样板区和国际知名的旅游目的地。这要求浙江必须建设大项目,搭建大平台,打造大板块,推动全省旅游业向规模化、集群化发展,进一步增强全省旅游业的竞争力。

1. 构建旅游发展规划

《浙江省旅游业发展"十三五"规划》是一个以生态旅游资源为基础，充分考虑各行业综合协调发展以推动旅游业迈向更高水平的综合性的旅游发展规划。站得更高，才能看得更远。面对经济新常态带来的新挑战和新机遇，以及人们不断提升的旅游消费需求和对旅游新产品、新业态的期待，浙江主动拥抱大众旅游时代，制定了以转型升级、提质增效为主线，以供给侧结构性改革为引擎的《浙江省旅游业发展"十三五"规划》。

2. 完善规划体系

"十三五"期间，浙江旅游业以"创新、协调、绿色、开放、共享"五大发展理念为引领，在改革创新中增强发展动力、在优化布局中推进全域发展、在平台建设中加快集群发展、在精准施策中做强乡村旅游、在融合发展中丰富产品供给、在行业转型中提升产业素质、在配套完善中提升公共服务、在品牌建设中扩大市场份额、在开发合作中加快发展步伐、在惠及民生中彰显社会功能，把旅游业打造成为全省未来发展的重点产业。《规划》把旅游业放在国家战略的层面高瞻远瞩，又切合浙江实际，把全省当成一个大景区来规划布局，给出了未来五年浙江旅游发展的方向和战略着力点，有助于全省各地区、各部门上下联动，形成合力，共同推进旅游公共服务设施的建设和完善，对浙江旅游持续健康发展具有里程碑的意义。可以预见，随着旅游业在国民经济中贡献度的不断提升，老百姓在旅游发展中的获得感持续增强，旅游业在转型升级中的竞争力不断加大，"十三五"期间旅游业将为建设美丽浙江作出更大的贡献。

四、浙江生态文化旅游发展的主要问题

随着我国经济的快速发展，旅游业成为一大支柱性产业，逐渐从单一的生态旅游、文化旅游发展成为兼具生态和文化的生态文化旅游。浙江省依托本省丰富的自然资源和文化资源，大力发展生态文化旅游这一旅游方式，但是，在发展过程中，生态文化旅游还存在着一系列的问题。

（一）生态文化旅游的特色不够鲜明

浙江省拥有着丰厚的自然资源和文化资源，但在生态文化旅游的开发中，各个景点内容较为雷同，旅游开发的类型较为单一，主要包括森林公园生态文化旅游、湿地公园生态文化旅游、生态文化村旅游等，开发的方式一般为博物馆式、主题公园式、生态文化村式等。各地在对生态文化旅游进行规划开发时，往往倾向于选取某一类型进行模板式开发，没有能够结合其地方特色进行多种类型的综合性开发，因此，开发的内容大多一致，缺乏新意，导致各地的生态文化旅游的特色不够鲜明，不容易给游客留下深刻的印象。

截至 2017 年 1 月，浙江省的生态文化基地增加到了 127 个。尽管生态文化基地众多，但是种类却十分有限，仅有行政村、林场（森林公园、湿地公园）、以发展立体种植、养殖业、发展乡村旅游、观光休闲、花卉苗木等生态产业为主的企业等为数不多的几种类型。由于开发形式的单一，极易造成内容的重复，例如，诸暨市东白湖镇斯宅村、丽水市莲都区碧湖镇堰头村、衢州市衢江区洋坑村等都是以保护古遗产、传承古文化为载体，依托良好的生态环境和深厚的文化底蕴，发展观光、体验、休闲度假等旅游项目；开化的钱江源国家森林公园、桐庐的大奇山国家森林公园、台州市椒江区大陈岛森林公园、武义县西联乡的牛头山国家森林公园等，均将自然生态知识的科普教育与生态休闲度假相结合，走向现代森林旅游发展之路。

湖南省张家界的生态文化旅游开发极具当地的生态文化特色，十分具有借鉴意义。张家界是土家族、白族、苗族等少数民族的聚居地，以民俗文化为主的旅游项目十分丰富，例如土家风情园、秀华山馆等风情景点和魅力湘西、天门狐仙等演艺节目，全面展现了土家族、白族、苗族等少数民族传统习俗和民族文化。此外，张家界的红色革命文化也十分突出，例如贺龙故居、湘鄂川黔革命根据地省委旧址是全国重点文物保护单位，独特的自然生态环境和地处边区的独特位置使这里的红色革命文化独具特色。同时，天门山寺、五雷山、普光禅寺、玉泉洞石窟群等宗教旅游景点也使得张家界的宗教文化具有极其重要的地位。张家界还有着形式多样的特色文化旅游节庆活动，2008年张家界市政府在宝峰湖风景区举行首届"中国山歌节"，2009年由湖南省文化厅主办了中国最大规模乡村音乐盛会"张家界国际乡村音乐周"，都在全国范围内产生了较大的影响。张家界旅游业的发展很好地融合了当地的生态环境和特色文化，打造出了一批极具当地特色的旅游景点和旅游项目，表现出了良好的发展势头。

由此可见，浙江省的生态文化旅游之地虽然较多，但是形式单一，内容重复，生态文化特色不够鲜明，容易造成游客的"视觉疲劳"，不容易留下深刻印象，这是浙江省生态文化旅游面临的一个十分严峻的问题，亟须增强生态文化旅游开发的创新性。

（二）生态文化传承人日益消减

浙江省的生态文化底蕴丰厚，形式多样，包括茶文化、竹文化、酒文化、戏曲文化、根雕文化、古建筑文化等众多形式，这些文化遗产的一个重要特点就是以人为载体进行传承与发展，代代相传是这些文化传承的重要渠道，传承人在文化的延续方面起到了关键作用。

由于缺乏传承人，浙江省灿烂瑰丽的文化宝库的"库存"正日益减少。例如浙江省丽水市的景宁畲族自治县，这是全国唯一的畲族自治县。畲族人最擅长以歌代言，没有谱，歌词都是根据日常生活和劳动场景自编的，唱着山歌迎来送走一个个季节。畲族的祭祀仪式和民歌，于2006年进入了浙江省首批非物质文化遗产名录。就在畲族山歌越来越广为人知时，畲族语言却变得越来越"神秘"。随着人口的流动，越来越多的畲族人融入城市，古老的畲语开始变音、变声，会说畲语的畲族人，正在以每10年10%的速度减少，能够将这门语言和畲族文化传承下去的传承人越来越少，如此发展下去，畲语很有可能像其他语言一样濒危甚至消失，畲族文化的传承面临着严峻的形势。除此之外，浙江还是戏剧大省，有30多个戏种，民营剧团有500多家。传统曲艺具有鲜明的民间特色和独特的艺术风格，像是平湖调、莲花落等还保留了丰富多彩的民俗，不少曲种的演员由于收入低而不愿从事这一行业，戏曲学校招生越来越困难，听众也在流失，面临着无法传承的尴尬境地，已有很多曲种濒临消失。

生态文化的长足发展核心在于传承人，传承人是这些文化代代薪火相传的关键，然而，浙江省的生态文化传承人正在日益消减，这对生态文化的传承十分不利，如何保护并扩大传承人队伍，是浙江省亟待解决的一大问题。

（三）专业经营管理人才规模和层次有待扩大

人才是科学发展的第一资源，是富民强省最具优势、最可依靠的战略资源。高技能人才是我省旅游业转型的重要支撑，又是我省人才工作的短板。生态文化旅游作为一个新兴的、朝阳的产业，拥有一批专业的经营管理人才是十分重要的。然而，尽管浙江省的生态文化旅游近几年发展较快，但是专业的经营管理人才跟不上发展的速度，专业人才紧缺的矛盾越来越突出。

从旅游行业从业人员的学历层次分析，截至2010年，浙江省旅游饭店、旅游景区、旅行社等在编就业人员有27万余人，其中拥有大专学历的占20.9%，本科学历占7.62%，研究生学历占0.8%，由此可见，旅游从业人员的学历水平整体较低，高学历人员十分短缺，旅游行业整体文化素质水平还很低。从类型来看，旅游服务技能人才约17万人，专业技术人才约5.2万人，旅游管理人才（含企业经营管理、旅游部门行政管理人才）约4.8万人，专业人才总量较少，结构分布也不太合理。此外，旅游相关专业的招生也愈发困难，部分旅游院校及专业开始面临生源不足、招生规模下降的局面，学生报考旅游相关专业的第一志愿填报率有所下降，也出现了旅游专业的毕业生就业岗位与专业对口率有所降低的现象（见表5-1）。专业人才的匮乏以及生源不足导致了浙江省旅游人才紧缺，这一现象已十分严峻。

表 5 – 1　　　　2011—2013 年浙江省旅游相关专业毕业生
旅游行业就业率一览

年份	酒店管理专业	旅游管理专业	导游专业
2011	47%	55%	65%
2012	59%	73%	71%
2013	56%	70%	64%

浙江省旅游人才队伍建设仍存在一些矛盾：旅游规模不断扩大与旅游人才有效供给不足的矛盾；旅游业转型升级与旅游人才结构性短缺的矛盾；社会对旅游服务质量越来越高的要求与旅游人才服务能力不足的矛盾；旅游业不断扩大对外开放与国际性人才短缺的矛盾。这些矛盾背后蕴藏着一些体制机制问题，主要表现在：旅游人才培养机制与市场需求难以对接，旅游人才激励保障体系、旅游服务薪酬机制、旅游人才市场配置机制不完善，旅游人才职业发展通道不畅通，旅游人才公共服务不足等。这说明了浙江省已经认识到了在旅游业发展中，尤其是新兴的生态文化旅游业，浙江省在专业人才方面存在的问题十分严峻。业以才兴，国以才治，实现浙江省从传统旅游业向生态文化旅游模式的转变，关键在人才，希望在人才。浙江省需要理清思路、创新理念、下大力气，克服各种困难，坚定不移地走"科教兴旅，人才强旅"之路。

（四）生态文化旅游的衍生产品形式单一

旅游衍生品是指具有地方特色、富有纪念意义的旅游商品。它是当地风土人情的象征，能够弘扬地域文化，让游客通过购买旅游衍生品来表达自己到此一游的心境，留作纪念或是送人。但是，目前浙江省生态文化旅游市场上的旅游衍生产品长期以来存在着同质化现象严重、产品形式单一、粗制滥造等问题，很多景区看到的衍生品几乎是重叠的，是一样的，大多是一些钥匙链、明信片、纪念章等的小物件，富有代表性的旅游衍生品并不多，做工一般，外观不够精致，特色不够鲜明。

旅游衍生品的成功与否与价格无关，只要能够反映当地文化风情、具有特色，就能够引起游客的购买冲动。同时，如果这件商品有了自己的品牌，就更能够拉动旅游消费的增长，例如法国的香水、瑞士的军刀、意大利的皮鞋等，这些都已经成为了一个国家或地区的标志，是人们到当地旅游时购买旅游衍生品的首选。旅游衍生品重在产品创意，即使各个景区的衍生品都大同小异，也应该根据不同地区的特色、文化等赋予这些产品不一样的内涵，但是这一行业的知识产权保护滞后，造成了相互抄袭的现象，导致企业进行设计创新的积极性下降。由于缺乏创意和特色，做工又不精致，旅游衍生品成为制约旅游业发展的软肋。有数据显示，在发达国家，旅游购物要占到旅游花费的40%—60%，而在我国却不足20%。

作为旅游业延伸产业链的重要一环，浙江省旅游衍生品存在着种类结构单一、品质低劣、缺乏时代特色、地区特色不明显、缺少纪念性、缺乏统一规划等问题，产品开发还处于不成熟阶段，这样必将制约浙江省生态文化旅游产业的进一步发展，成为浙江省生态文化旅游业发展的瓶颈。

（五）生态文化旅游的宣传力度不够

尽管浙江省正在大力推进本省生态文化旅游的发展进程，但投资和宣传力度仍然不够，未能通过产业集群发展以形成规模效应和区域品牌效应，导致本省生态文化旅游知名度不高。

2008年11月，湖北省委、省政府提出了建设"鄂西生态文化旅游圈"，在2009年，先期启动十二大工程总投资1222亿元，包括武当山文化旅游扩复建、神农架生态保护与利用景观建设、荆门大洪山整体开发等项目。同时，湖北省政府还提出了鄂西生态文化旅游产业集群发展，重点培育五大旅游产业集群：一是以旅游中心城市为依托的旅游服务业集群。即以鄂西地区各个旅游中心城市为依托，构筑旅游服务业集群，以旅游服务业聚集基础较好的地段为中心，构筑内外交通、信息咨询、旅行服务平台，为游客提供优质高效的综合旅游服务。二是以核心吸引物为中心的综合旅游产业集群。即以2011年遴选的鄂西生态文化旅游圈十大核心景区为中心，构筑综合旅游产业集群，高质量地建设十大核心景区的核心景点，围绕核心景点，合理布置餐饮、服务、交通、文娱、购物等配套功能，为旅游者提供舒适便捷、个性化、体验式的综合性服务。三是以旅游景观廊道为依托的餐饮购物业集群。以特色化、风味化、民族化、地域化为发展方向，以文化主题餐厅、风味小吃街、特色农家乐、休闲农庄为载体，以各级旅游景观廊道为依托构筑旅游餐饮集群。四是以特色村镇为依托的旅游文化产业集群。从现有的专业旅游城镇、旅游名村中遴选若干文化基础好、发展潜力大、聚集引力强的村镇，建设旅游文化产业集群，按照城镇功能旅游化、建筑风貌景观化、文化氛围个性化和服务标准国际化的要求，因地制宜地把旅游城镇、特色乡村简称服务平台、景观节点、体验中心、富民基地。五是以生产基地为依托的旅游商品产业集群。开发土特产品系列、民间工艺美术品系列、土苗文化纪念品系列、奇石根雕盆艺系列、山水书画艺术品系列、邮票画册音像品系列、矿产玉石系列、特色工业产品系列等特色旅游商品（2014，詹丽）。湖北省政府通过聚集产业，提高产业贡献力，发挥旅游业"一业兴带百业旺"的综合优势，从而提升品牌形象，扩大鄂西品牌旅游的竞争力和影响力。

湖南省政府十分支持张家界的生态文化旅游的发展。2011年底湖南省旅游局编制了《大湘西生态文化旅游圈旅游发展总体规划》，根据该规划从2011年至2020年，湖南省将投资2000亿元，把大湘西打造成国际知名生态文化旅游目的地。同时，该规划中也提出大湘西"125146"的旅游空间布局，即"一个龙头、二个中心、五个支撑城市、一条廊道、四条精品带、六大功能区"，并指出着力建设张家界这一旅游龙头。

由此可见，湖北省和湖南省政府对于本省生态文化旅游的投资力度都十分大。生态文化旅游具有综合性的特点，它的发展离不开政府协调旅游、财政、交通、宣传等部门，加强领导，统筹管理。

浙江省已有127个生态文化基地，但由于浙江省对生态文化旅游的投资和宣传力度不足，导致本省的生态文化旅游在省外知名度不高，游客也大多为省内游客，影响力十分有限。从表5-2可以看出，全省2016

年各市接待游客的数量中,杭州市依然高居榜首,而拥有莲都区碧湖镇堰头村、景宁县大仰湖溪源湿地群自然保护区等4个生态文化基地的丽水市和拥有衢江区洋坑村、常山县新昌乡黄塘村等3个生态文化基地的衢州市接待游客数量相对较少,旅游总收入也较低,对浙江省生态文化旅游的发展十分不利。

表 5-2　　2016 年浙江省分市接待游客总数量和旅游总收入

地区	接待游客总数量		旅游总收入	
	绝对量(万人次)	增长(%)	绝对量(亿元)	增长(%)
杭州市	14059.1	13.5	2571.8	16.9
宁波市	9371.9	16.0	1446.4	17.3
温州市	8944.9	16.4	959.9	19.4
湖州市	8887.0	25.7	880.5	25.8
嘉兴市	7893.8	23.7	850.9	25.2
绍兴市	8370.4	15.0	891.0	16.9
金华市	8745.1	23.4	957.5	26.6
衢州市	5349.4	22.1	361.5	25.6
舟山市	4568.1	17.8	655.9	18.5
台州市	8930.7	20.1	942.6	25.8
丽水市	6607.6	4.9	535.8	25.8
全省	58450.6	9.2	8093.2	13.4

数据来源:《浙江旅游统计便览(2016年度)》。

五、浙江生态文化旅游发展的对策建议

(一) 凸显生态文化的保护和活化

在生态文化旅游中,旅游业的发展与当地的生态文化息息相关。旅游业作为资源依附性很强的产业,比其他任何行业都更依赖于自然资源与人文资源,因此,浙江省要想实现生态文化旅游的可持续发展,就一定要重视生态文化的保护和活化,坚守生态保护的底线,坚持生态文明的理念,把好山好水好空气、原汁原味原风情作为发展生态文化旅游的

最大优势、最好品牌，推动旅游开发向集约型转变，更加注重资源能源节约和生态文化保护，以旅游产业发展带动城乡环境改善，积极倡导低碳旅游，推行绿色消费，使生态文化旅游业真正成为资源节约型和环境友好型的生态化产业，成为实现"绿水青山就是金山银山"的重要载体，使旅游业成为带动浙江国际化发展的先导产业。

1. 对文化遗产实行活化保护

保护文化资源要活化，要保留传统文化，但不是原封不动，要将传统要素与现代文明有机结合，找到两者的平衡点。保护传统文化，也要让其得到发展，让遗产文化融入当代人的生活中，保持历史的活态，这样文化才会有无限的生命力。活化是有效保护、积极保护，不是意味着一成不变，而是本地文化的传承与发展。

2. 规划生态文化资源的开发和建设

我省在对生态文化资源进行开发与建设时，要坚持旅游业可持续发展的方针，立足于人民群众的长远利益，制定科学的规划，将合理利用资源与保护环境有效结合，坚持在保护生态文化的前提下进行开发利用，促进旅游开发与环境保护协调发展。

由于旅游是一种对环境有特殊影响和累计性破坏的产业，要加强对生态文化环境的保护，树立生态保护第一的思想，重视环境立法和管理，倡导旅游开发者及游客严格遵守我国的《环境保护法》、《森林法》、《文物保护法》、《野生动植物保护法》等与旅游密切相关的环境保护法律法规，并针对旅游业对环境的潜在影响，增加补充规定。

3. 提高公众对旅游资源的保护意识

在进行旅游资源的开发与利用时，政府应加强自然资源和环境保护方面的宣传教育，提高旅游管理者、旅游者的可持续发展意识，逐步形成文明旅游、科学旅游、健康旅游的社会氛围。

（二）丰富生态文化旅游产品和衍生商品

旅游产品及衍生商品不仅能够满足旅游者的购物需求，还能够传播旅游地形象，带动旅游地经济的发展，促进规模经济或旅游产业链的形成,因此,浙江省应重视生态文化旅游产品的开发,丰富生态文化旅游产品及衍生商品的种类,突出强化景区游览、餐饮、住宿、娱乐、购物等功能,延长游客逗留时间,提高景区综合消费的附加值,不断增加旅游综合收入。加强旅游业与经济社会的融合发展,以更大力度、更宽视野推进旅游业与三次产业的融合发展,积极发展休闲度假旅游,进一步拓宽发展空间,增强发展动力,夯实发展基础,在融合发展中不断丰富旅游产品、创新旅游业态,优化旅游产品体系。生态文化旅游产品及衍生商品的设计与开发应注意以下几点:

1. 突出地域特色

不同的地区在不同的历史、自然、社会、文化的积淀下,会形成不同的地域特色,如服饰、饮食习俗、建筑风格、节日庆典等。生态文化旅游产品和衍生商品的开发一定要结合当地的地域文化特色,因为人们旅游的目的不外乎文化的趋同和求异,只有具备了当地的文化特色,才能够具有吸引力。

2. 实施生态型开发

生态文化旅游产品的开发可以分为原生态型开发、次生态型开发和文化移植性开发。原生态型开发是以自然环境为主的开发,使旅游产品保持当地原有的民俗特色,让游客观光和体验当地的民风、习俗与文化。次生态型开发是指在无法对当地原生态环境进行相对封闭的保护时,可以通过陈列、学术交流或者文化表演等形式宣传、展示当地的民俗、文化、历史等。例如,在一些古镇的开发中,如果无法将居民迁出,可以由当地居民提供食宿和文化的讲解,游客可以生活在古镇中亲身体验当地生活。文化移植性开发是指兴建大型民俗风情园,将各地风情集中在一个新建的场馆中进行展示。

促进文化创意产品开发。依托浙江省丰厚的自然资源和人文资源,如西湖、越剧等,用专业化的团队进行文化创意产品开发,深入挖掘文化内涵,开发、构建文创主题产品。同时也要出台文化旅游产品发展政策,加强对知识产权的保护。

3. 促进生态文化旅游业与服务业的融合

优先考虑国民休闲度假需求，积极发展休闲度假旅游，大力开发运动休闲、商务会展、文化创意、旅游电商、旅游金融、禅修旅游等新型旅游产品，积极培育美食、茶楼、休疗养、化妆、保健、婴童、婚庆、摄影、工艺美术等与旅游密切相关的特色潜力行业。积极推动体育旅游，加强竞赛表演、健身休闲与旅游活动的融合发展，支持和引导有条件的体育运动场所面向游客开展体育旅游服务。

加快发展健康医疗养生旅游，充分依托和利用整形整容、内外科、中医药等优质医疗资源，发展特色医疗、中医药疗养、美容保健等医疗旅游产品。

积极发展研学旅游，建立小学阶段以乡土乡情研学为主、初中阶段以县情市情研学为主、高中阶段以省情国情研学为主的研学旅行体系。

支持各地依托自然和文化遗产资源、大型公共设施、知名院校、工矿企业、科研机构，建设一批研学旅行基地，逐步完善接待体系。规范发展主题公园，支持传统戏剧的排练演出场所、传统手工艺的传习场所和传统民俗活动场所建设，打造特色鲜明、艺术水准高的专场剧目，大力开展群众参与性强的文化旅游活动。

（三）扩大生态文化传承人队伍

在对生态文化进行保护与传承的过程中，扩大传承人的队伍是重中之重。想要扩大这一队伍，可以从两方面着手：一是加大对传承人的保护力度，二是培养新一代生态文化传承人。

1. 加大对传承人的保护力度

对生态文化的传承与发扬与传承人的保护是同步的，传承人维系着这些文化的兴衰，保护生态文化传承人在某种程度上就是在保护生态文化。浙江省文化厅在2013年也提出，"积极探索非遗继承人特殊的成长规律，推动非遗传承模式改革，促进传承人传承观念、业务能力和综合素质不断更新提高，使之成为民族文化传统自觉的传承者、建设者和践行者"。

浙江省应发挥政府、学术界、新闻媒体和社会团体等不同主体的积极作用，从而落实对传承人的保护。政府应高度重视生态文化传承人，出台相应的保护政策，建立医疗保障制度，从而解决这些传承人的生活困难并保障他们良好的身体条件，让他们能够没有后顾之忧、全身心投入到生态文化的传承中去；学者们的认同让这些传承人的身份得到认可；新闻媒体可以通过大力宣传，提高他们的影响力，加快他们传承人身份得到认可的进程，成为受人尊重的文化名人；社会团体对传承人的支持能够让他们的生活得到更好的照顾（黄永林，2013）。因此，不同的主体应该发挥各自的作用和优势，在政策、学术、资金等各个层面对传承人的保护工作给予重视和支持，将生态文化传承人的保护落到实处。

2. 培养新一代传承人

生态文化传承是一门"冷门"的教育，不光学习的过程异常辛苦，就业的前景也不容乐观，因此，鲜有年轻人愿意学习。要想培养新一代传承人，就要保障他们从事传承行业的安稳的工作环境，不能只是让他们拿着信仰苦苦支撑，这样只会让人才逐渐凋零。

要想激发学习生态文化人才的积极性，就要求政府能够高度重视生态文化人才的培养，有针对性地加强培养力度，帮助新一代传承人尽快成才。同时，在就业方面给予从业者较好的前景保障，让这些人才工作安心、放心，不至于让他们对未来失去信心。此外，可以在高校设置相关专业，采用校企合作、联合办学的形式，将人才培养与市场需求紧密结合，对生态文化人才进行针对性培养，毕业直接就业，并且，在人才培养上也要严格把控，防止市场需求过度饱和。通过这些方式，激发年轻人的学习热情，让生态文化传承更好地融入社会，从而得到更好地传承和发扬。

（四）培养生态文化旅游专业人才

人才是我国经济社会发展的第一资源。随着知识经济的兴起，人才日益成为推动社会经济发展的关键因素。作为我国经济发展的重要支柱性产业，旅游业也应该落实"科教兴旅、人才兴旅"的战略，确立旅游人才优先发展地位，引导旅游业科学发展。同理，生态文化旅游作为一种新兴的朝阳产业，原有的旅游业开发规划、经营管理的方法已不再适用，需要采用新的理念来进行指导。因此，我省应深入贯彻落实科学发展观和科学人才观，以满足建设生态文化旅游强省的人才需求为指引，着力适应旅游业转型、新业态快速发展需要，实现旅游人才发展从注重单项、分散开发向系统、整体开发转变，完善"政府引导、部门协作、企业主体、市场配置"的旅游人才发展机制，不断优化人才发展环境，提高人才服务质量，促进旅游人才结构调整，为把旅游业培育成国民经济的战略性支柱产业和人民群众更加满意的现代服务业提供人才保障。同时，我省也需要切实加强旅游专业人才培养、使用，大力引进、培养旅游规划、项目投资、建设运营、智慧景区、市场营销、管理服务等专业人才，建设景区资源评价专家、景区评定检查员、景区职业经理人三支队伍，强化景区管理服务一线员工培训，从而有效解决我省生态文化旅游中存在的一系列问题，为生态文化旅游这一新的旅游模式注入新鲜血液。

1. 突出培养创新型复合型旅游人才

建立学校教育和社会实践相结合、国内培养和国际交流合作相衔接的开放式培养体系，依托省内高水平研究型大学，推动生态文化旅游专业与相关专业的发展，同时加强校企合作，加大培养专业人才的力度。除此之外，我省还可以依托国家重大旅游项目和旅游工程，建设一批省级示范性旅游科研创新基地，培养高层次的创新性、复合型旅游人才。

2. 大力开发旅游紧缺人才

加强旅游人才规划引导，促进旅游人才结构调整。同时推动旅游行业、院校等开展旅游紧缺人才需求预测，及时发布紧缺人才的供求信息。此外，可以引导高校或旅游院校根据旅游行业发展趋势调整专业设置，扩大紧缺人才的培养规模。最后，还可以推动建立和完善旅游紧缺人才开发的社会化机制，推动社会积极开展旅游紧缺人才岗位分类研究，推动旅游企业成为人才开发主体。

3. 统筹人才队伍的建设

做好旅游人才队伍的梯队建设。开展行政管理人才队伍、旅游企业经营管理人才队伍、旅游专业技术人才队伍、旅游服务技能人才队伍和乡村旅游实用人才队伍的建设,推动建立健全多层次、多类型的旅游人才培训体系,开展行政管理、经营管理、专业技术、服务技能等人才的分级分类培训,对旅游人才队伍分类培养,推动各级各类旅游人才专家库的建设。

(五)结合智慧经济手段重塑生态文化旅游

"互联网+旅游"势头良好,为生态文化旅游提供转型升级新思路。浙江通过基础、应用、营销、电商、服务五个方面的"互联网+旅游",对浙江省打造万亿元旅游产业起到了巨大的推动作用。充分利用"互联网+"手段,更好运用现代信息技术,提高旅游管理、服务和营销水平,推动旅游业与互联网的深度融合,进一步增强全省旅游业发展的动力和活力。

1. 积极发展旅游电子商务

积极探索其与农村电子商务、区域电子商务、电子商务物流、社区服务等跨界融合,力争到2020年,培育建成一批旅游电子商务示范县,90%以上旅游产品及旅游商品实现电子商务化,全省旅游在线交易额超过2500亿元,在线旅游交易渗透率达到25%以上。

2. 利用互联网技术提升旅游管理和服务水平

通过深化"互联网+"旅游,既能让游客享受到便捷通达的服务,让旅游更人性化。同时也是希望通过大数据,加强旅游主管部门的精准服务和有效监管,在全省重大景区对游客承载量进行测算,能避免过度拥挤造成的后果,也能更好地服务旅客。到2020年,全省3A级以上景区和省级以上旅游度假区实现免费WiFi、智能导游、电子讲解、在线预订、信息推送等功能全覆盖,4A级以上景区和省级以上旅游度假区具备电子票验证、刷卡支付和移动支付功能,达到国家智慧旅游景区标准。

3. 借助互联网打造"旅游+"形式

全域旅游在过去可能更多的是地理空间上的全域化,而"旅游+"则大大丰富了全域旅游的内涵。"旅游+文化"、"旅游+体育"、"旅游+研学"、"旅游+会展"、"旅游+工业"等新形式、新业态层出不穷,不断拓宽旅游业发展空间,丰富旅游产品业态,创新旅游商业模式,培育旅游经济发展新动能。浙江实施"旅游+"工程,以更大力度、更宽视野推进旅游业与一二三产业的融合发展。

坚持创新驱动实施旅游与互联网整合发展,全面提升生态文化旅游品质服务水平,大力发展智能化服务平台,推进现代化旅游管理,使旅游在浙江,不再是看风景、拍照片、吃吃饭,而是成为联动一二三产业的绿色产业,与新的生活方式高度融合的"多行业综合体"。

(六) 生态文化旅游融入美丽乡村建设和特色小镇建设

1. 生态文化旅游融入美丽乡村建设

发展生态旅游要充分与美丽乡村建设紧密结合,发挥农村自然风光优美、生态环境宜人和历史文化遗存丰厚等优势,大力发展"农家乐"、田间采摘、休闲观光、养老养生等生态文化旅游业,更好地促进农业增效、农民增收。同时,发展生态文化旅游要和新农村建设相结合,统筹搞好乡村旅游开发的规划、建设和管理工作,坚持以人为本、规划先行,坚持质量第一、安全为上,坚持保护为主、科学开发、有限开发、永续利用,科学编制乡村旅游发展规划,精心设计旅游产品,依法加强生态环境保护,提高管理信息化水平,努力把生态文明乡村打造成旅游业发展的大平台和农民致富的新载体。目前正值全国掀起美丽乡村建设热潮,我省一些市县乡村生态旅游资源丰富,要加快调研,尽快制定与完善我省推进生态农业与乡村生态文化旅游发展的规划。将美丽乡村的建设与发展生态旅游和文化紧密相结合,与经济形成良性互动。

2. 生态文化旅游融入特色小镇建设

将生产展销、文化创意、休闲游憩等功能有机融合的特色小镇也是浙江发展生态文化旅游的重要平台,是促进工业转型升级、培育新增长动力的重要力量。从起源来说,特色小镇的灵感其实来自于国外的特色小镇,如瑞士的达沃斯小镇、美国的格林威治对冲基金小镇、法国的普罗旺斯小镇。这些小镇的产业富有特色,文化独具韵味,生态充满魅力,对浙江优化生产力布局和发展浙江特色小镇颇有启迪。而与传统小镇相比,特色小镇的显著特点是它不是简单地作为一种聚居形式和生活模式而存在,同时还是一种宝贵的生态和文化旅游资源和贸易、休闲、度假的场所。因此,依托特色小镇发展浙江生态旅游,既有利于深入挖掘浙江文明,传承创新建设内涵,充分发挥我省文化资源优势,打造文化品牌,使特色小镇成为唤醒历史记忆、弘扬历史文化和保护生态的有效载体,从而带动经济社会持续健康发展。

浙江省应充分发挥特色小镇标杆引领作用,以创建 A 级景区为抓手,加快旅游功能培育,形成一批产业特而强、功能聚而合、形态精而美、体制活而新的特色小镇。到 2020 年,全省要建设 100 个特色小镇,其中旅游类特色小镇都要按照 5A 级旅游景区的标准打造,其他类型的特色小镇都要按照 3A 级以上旅游景区标准设计建设。浙江依托"小而美"的特色小镇、特色鲜明的旅游风情小镇建设不断提升生态文化旅游发展的实力和水平。

在尊重小镇自然生态、历史文化遗存的基础上,按照城市设计的理念和方法,对特色小镇的风貌特色、产业发展、空间布局进行科学规划。坚持人与自然和谐共生,注重借景山水、巧用田园、就地取材,体现纯朴的乡村特色。坚持地域人文特色,把传统文化和风土人情融入"山、水、村"中,真正体现出"望得见山,看得见水,记得住乡愁"的小镇魅力。坚持科学管控,规划创新,塑造出特色鲜明、色彩协调、风貌优美的小镇形象。并在结合特色风情旅游精品小镇的建设的基础上,建立美丽乡村建设、发展生态休闲旅游的示范点。

【参考文献】

[1] Fennell D., P. F. J. Eagles. Ecotourism, in Costa Rica: A Con-

ceptual Framework [J]. Journal of Parks and Recreation Administration, 1989, (1): 23–34.

[2] 王亚玲, 尹志辉, 门珊珊. 生态文化旅游的价值评价研究 [J]. 价值工程, 2004 (2): 50–51.

[3] 冉琼, 苏智先. 生态文化旅游发展中的问题与对策 [J]. 前言, 2010 (19): 163–164.

[4] 黄永林. 非物质文化遗产传承人保护模式研究——以湖北宜昌民间故事讲述家孙家香、刘德培和刘德方为例 [J]. 中国地址大学学报, 2013 (2): 95–102.

[5] 蒋肖斌. 民宿, 在松阳缓缓生长 [N]. 光明日报, 2016.12.09.

[6] 俞益武, 于由. 浙江生态省建设与发展生态旅游的关系 [J]. 浙江农林大学学报, 2004, 21 (4): 466–470.

[7] 编辑部. 打造浙江旅游"大产业"升级版 [J]. 浙江经济, 2014 (21): 32–33.

[8] 课题组. 发展生态旅游浙江的必然选择 [J]. 今日浙江, 2004 (14): 19–21.

[9] 魏峰群. 对历史文化名城旅游开发的探索和思考 [J]. 旅游科学, 2006, 20 (2): 30–34.

[10] 中国共产党浙江省第十二届委员会. 中共浙江省委关于推进生态文明建设的决定 [J]. 政策瞭望, 2010 (13): 16–19.

[11] 浙江省旅游局. 2015年全省旅游工作思路 [Z]. 2015.03.12.

[12] 浙江省旅游局. 浙江省旅游景区提升三年行动计划 (2015—2017) [Z]. 2015.3.27.

[13] 浙江省旅游局. 浙江省旅游业发展"十三五"规划 [Z]. 2016.12.05.

[14] 詹丽, 阙如良, 何伟军, 邓念梅. 鄂西生态文化旅游产业集群发展研究 [J]. 资源开发与市场, 2014 (9): 1127–1129.

[15] 浙江省旅游局. 浙江省旅游业人才发展"十二五"规划 [Z]. 2012.7.21.

[16] 浙江省发改委社会处. 浙江省旅游产业发展规划（2014—2017）[Z]. 2015.1.19.

（作者：张蕾、赵冰、张璇珂，浙江理工大学经济管理学院、浙江理工大学浙江省生态文明研究中心）

附录：浙江生态旅游发展中的企业实践

1. 银江智慧旅游集团：智慧旅游与平台建设

银江智慧旅游集团（以下简称"集团"）是银江股份旗下一家全域智慧旅游解决方案和运营服务提供商。集团拥有业界领先的行业解决方案，通过多种形式的运营服务，以创新思维满足不同客户的差异化需求。集团自2012年以来一直专注开展旅游业务，围绕"智慧旅游"和"平台建设"在旅游行业内承接了近百个全国全域智慧旅游项目。

集团的管理服务平台和APP类型项目主要包括：

（1）杭州智慧旅游　　　　（2）乌镇智慧旅游

（3）桐庐智慧旅游　　　　（4）舟山智慧旅游

（5）仙居智慧旅游　　　　（6）河南智慧旅游

（7）河北智慧旅游　　　　（8）无锡智慧旅游

（9）遵义智慧旅游　　　　（10）乐自游

集团服务的综合型项目主要包括：

（1）浙西大峡谷智慧旅游　　（2）西山国家森林公园智慧旅游

（3）新昌大佛寺智慧旅游　　（4）重庆武陵山智慧旅游

（5）资兴市东江湖景区智慧旅游

（6）三台山智慧公园家景区智慧旅游

（7）广州市旅游局广州智慧旅游

（8）江西景德镇智慧旅游

集团全域智慧旅游建设内容主要包括：

（1）大数据中心　　　　（2）综合管控平台

（3）公共服务平台　　　（4）信息发布平台

（5）营销运营平台　　　（6）全媒体管理和服务平台

（7）应急指挥系统　　　　　（8）电子票务系统
（9）智能 WiFi 覆盖　　　　（10）环境监测系统
（11）车流量监测及停车管理诱导系统
（12）客流分析系统　　　　　（13）导游导览系统

集团主要从事咨询规划、投资建设、涉旅产业、智慧旅游、内部运营和互联网六大板块，业已形成了独特的服务优势和鲜明的服务特色。

银江智慧旅游集团的六大板块：

咨询规划板块
以全域旅游规划、智慧旅游规划形成完善的生态旅游发展规划与建设思路。以营销策划为抓手全面打造个性化IP及进行旅游市场精准推广。

投资建设板块
丰富的投融建经验及专业的专家团队保障生态旅游投资建设。特色生态小镇、生态景区、生态酒店、生态民宿涵盖生态旅游主要领域。

涉旅产业板块
通过银江集团业务体系、智慧城市产业体系、银江旅游生态圈的产业导入、产业合作、产业培训等丰富生态旅游业务发挥旅游价值。

智慧旅游板块
通过生态旅游与信息科技的碰撞，导入智慧旅游，着力在政府管理管控、市场监管、民生服务打造夯实的信息基础。

内容运营板块
以目的地内容运营，旅游资源代运营为核心去推动生态旅游活动、生态旅游赛事、生态旅游休闲、生态旅游养生等不同旅游场景。

互联网板块
以旅游宝民生服务平台撬动大消费市场，形成最具本地化特色的生态旅游文化输出、服务输出、内容运营、市场营销、消费聚集平台。

银江智慧旅游集团打造的特色旅游景点：

| 华夏微电影小镇 | 大通古镇 | 廿八都古镇 | 奢享度假酒店 | 诗意润庐民宿 |

2. 浙江绿境环境工程有限公司：环境治理、环境检测

浙江绿境环境工程有限公司及其全资分公司杭州旭辐检测技术有限公司拥有一批技术能力出色的开发研究人员和先进的实验室设备，公司致力于旅游环境方案设计、生态环境工程建设、生态环境检测。公司具备生态工程设计施工、总承包、运营等甲级能力评价证书及CMA计量认证证书，承担的项目覆盖浙江、上海、江苏、广东、广西、西藏、山西等地区。

公司及下属全资分公司在生态环境工程建设、生态治理方案设计、生态环境调查检测、辐射环境和声环境检测等方面业已形成的一定特色。生态调查以及电磁环境和噪声检测等工作主要是指调查工程占地（包括变电站和塔基永久占地和临时占地）类型和面积，工程影响区域内植被类型和面积，施工期植被破坏及恢复情况以及工程影响区域内水土流失情况，特殊生态敏感区（如自然保护区、世界文化和自然遗产地等）、重要生态敏感区（风景名胜区、森林公园、地质公园等）以及饮用水水源保护区保护等。公司具体的服务对象包括：

（1）中国电建集团华东勘测设计研究院有限公司
（2）中国能建集团浙江省电力设计院有限公司
（3）中国电力工程顾问集团华东电力设计院有限公司
（4）国电环境保护研究院
（5）国网浙江省电力公司及下属各公司等单位的合格供应商
（6）中国移动浙江分公司等三大移动通信运营商
（7）浙江铁塔公司

此外，还包括新昌大佛寺放生池水质量调查检测和生态治理方案的编制，富阳黄公望森林公司电磁环境检测，浙江省内近40家医院和50家工业企业的电离辐射环境检测等。

作为第三方检测、调查和评估机构,浙江绿境环境工程有限公司及其全资分公司杭州旭辐检测技术有限公司正遵循环境治理现代化的思路,积极投身于美丽中国和美丽浙江建设实践,为构建政府、企业和社会"三位一体"的治理框架贡献自身的力量。